Elitesoziologie

Campus Studium
Sozialwissenschaftliche Studienbibliothek, Band 2
Herausgegeben von Johannes Berger (Mannheim)

Michael Hartmann ist Professor für Soziologie an der Technischen Universität Darmstadt. Bei Campus erschien von ihm zuletzt *Der Mythos von den Leistungseliten* (2002).

Michael Hartmann

Elitesoziologie

Eine Einführung

Campus Verlag
Frankfurt / New York

Bibliografische Information der Deutschen Bibliothek
Die Deutsche Bibliothek verzeichnet diese Publikation in der Deutschen Nationalbibliografie. Detaillierte bibliografische Daten sind im Internet über http://dnb.ddb.de abrufbar.
ISBN 3-593-37439-0

Umschlaggestaltung: Guido Klütsch, Köln
Satz: Satz-Studio Rolfs, Dreis-Brück
Druck und Bindung: Druckhaus Beltz, Hemsbach
Gedruckt auf säurefreiem und chlorfrei gebleichtem Papier.
Printed in Germany

Inhalt

1. Einleitung

Durch die von der SPD initiierte Debatte über die so genannten Eliteuniversitäten hat die Elitendiskussion in Deutschland einen neuen Schub erfahren. Plötzlich fordern Politiker, Manager und Journalisten fast unisono auch hierzulande Elitehochschulen, ein deutsches Harvard oder ein deutsches Princeton. Die berühmten privaten Eliteuniversitäten der USA werden zum unhinterfragten Vorbild für die gewünschte und bereits geplante Umgestaltung der hiesigen Hochschullandschaft. Ganz neu ist diese Vorliebe für den Begriff der Elite nicht. Schon seit Beginn der neunziger Jahre erfreut er sich einer stetig steigenden Unterstützung durch die maßgeblichen Medien, aber auch prominente Wirtschaftsvertreter und Politiker. Ihrer Ansicht nach bedarf Deutschland dringend handlungsfähiger Eliten, soll es im internationalen Wettbewerb Schritt halten und nicht im Mittelmaß versinken.

Das mediale Dauerfeuer zeitigt inzwischen auch in der breiten Bevölkerung Wirkung. Zwar steht eine Mehrheit dem Begriff Elite nach wie vor kritisch bis ablehnend gegenüber, die Minderheit, die ihn bejaht, wächst aber kontinuierlich. So konnte die FAZ im letzten Oktober stolz vermelden, dass inzwischen 54 Prozent der Bundesbürger dafür seien, besonders begabte Schüler in Eliteklassen oder Eliteschulen zu fördern, und nur noch 33 Prozent dagegen. Das ist eine beachtliche Veränderung innerhalb weniger Jahre. Dennoch bleibt bei der Mehrheit der Bevölkerung ein Unbehagen, wenn von Eliten die Rede ist. Man assoziiert damit doch immer noch in erster Linie ungerechtfertigte Privilegien (wie zum Beispiel die horrenden Gehälter, Abfindungen und Pensionszusagen in den Chefetagen der deutschen Großkonzerne), Abgehobenheit und Arroganz der Macht. Man denkt an Personen wie die ehemaligen Vorstandsvorsitzenden von Mannesmann und der Bundesagentur für Arbeit, Klaus Esser und Florian Gerster. Das Verhalten solcher Spitzenmanager scheint den meisten typisch zu sein für die Eliten. Wenn der Vorstandssprecher der Deutschen Bank, Josef Ackermann, vor jenem Gericht in Düsseldorf, das die außerordentlich hohen Abfindungen für die Vorstands- und Aufsichtsratsmitglieder von Mannesmann verhandelt, den Satz formuliert, Deutschland sei »das einzige Land, wo die Leute, die Werte schaffen, vor Gericht kommen«, und dabei lächelt, dann bestätigt er, wenn auch ungewollt, diesen Eindruck.

Ist von Elite die Rede, dann beeilen sich die Befürworter deshalb auch stets zu versichern, es dürfe sich dabei auf keinen Fall um Herkunftseliten handeln, die nur ihre Privilegien zu verteidigen suchten. Man wolle vielmehr Leistungseliten, so die übliche Formulierung, oder aber Werteliten, wie es hin und wieder auch ausgedrückt wird. Was aber verbirgt sich hinter all diesen Begriffen? Was ist unter Eliten zu verstehen? Gibt es sie und, wenn ja, wer zählt dazu? Auf all diese Fragen eine Antwort zu finden, bemüht sich die Soziologie schon seit mehr als einem Jahrhundert. Ihre Beschäftigung mit dem Thema hat dabei eine wechselvolle Geschichte. Sie kennt ausgesprochene Hochkonjunkturen wie um die Wende vom 19. zum 20. Jahrhundert, in den dreißiger Jahren, nach dem Zweiten Weltkrieg oder in jüngster Zeit, aber auch lange Phasen weitgehenden Desinteresses, aus ihrem Blickfeld verschwunden ist die Thematik aber nie. Die Frage, welche Personen eine Gesellschaft führen, wie sie das tun und woher sie kommen, hat zu allen Zeiten – mal mehr, mal weniger – die Phantasie der soziologischen Betrachter angeregt.

Schaut man zwecks einer ersten begrifflichen Klärung zunächst in einschlägige Enzyklopädien wie etwa die von Brockhaus oder Meyer, dann findet man folgende Definition. Mit Elite, einem vom französischen Wort élire (auswählen) stammenden und seit dem 17. Jahrhundert in Frankreich geläufigen, seit dem 18. Jahrhundert auch in die deutsche Sprache übernommenen Begriff wird dort eine soziale Gruppe bezeichnet, »die sich durch hohe Qualifikationsmerkmale sowie durch eine besondere Leistungsfähigkeit und Leistungsbereitschaft« (Brockhaus Enzyklopädie) beziehungsweise »durch bes. Wert oder Leistung auszeichnet« (Meyers Enzyklopädisches Lexi-

Fragen der Elite-Soziologie

→ allg. Begriffsgeschichte

kon) und zudem die gesellschaftliche Entwicklung maßgeblich bestimmt.

Historisch gesehen wurde der Begriff Elite im 18. Jahrhundert vom aufstrebenden französischen Bürgertum als **demokratischer Kampfbegriff** gegen Adel und Klerus entwickelt. Die individuelle Leistung sollte an Stelle der familiären Abstammung die entscheidende Voraussetzung für die Bekleidung gesellschaftlicher Spitzenpositionen bilden. Im 19. Jahrhundert veränderte sich die Verwendung des Elitebegriffs dann tief greifend. Er wurde nun als Gegenbegriff zu dem der Masse benutzt. Das Bürgertum und mit ihm die bürgerlich akademische Intelligenz waren damals zutiefst beunruhigt über das Phänomen der städtischen Massen, die mit der Bevölkerungsexplosion in Europa entstanden waren und einhergingen mit der Entstehung der industriellen Arbeiterklasse. Sie sahen die herrschende Ordnung durch politische Unruhen und revolutionäre Bestrebungen der Massen gefährdet. Die auf diesem Hintergrund formulierten **klassischen Elitetheorien** von Mosca, Michels und Pareto[1] bildeten mit ihrer Gegenüberstellung von Elite und Masse später eine wichtige ideologische Grundlage für den aufkommenden **Faschismus** in Italien und Deutschland. Die von ihnen vertretene Überzeugung, dass die Herrschaft einer kleinen Elite über die große Mehrheit unumgänglich sei, wurde von den faschistischen Parteien als zentrale Begründung für das Führerprinzip benutzt.

Die Diskreditierung des Elitebegriffs durch den Faschismus und der Konflikt mit dem sozialistischen Lager führten nach dem Zweiten Weltkrieg zu einer umfassenden Neubestimmung. Nachdem man sich zunächst (vor allem in Deutschland) auf den Begriff der **Wertelite** zurückbesonnen hatte, unter Elite, zumindest in öffentlichen Verlautbarungen, nur eine durch bestimmte moralische und ethische Qualitäten ausgezeichnete Minderheit verstand, ging man in den Sozialwissenschaften relativ schnell und später dann auch in der Öffentlichkeit dazu über, die in den USA gebräuchliche funktionalistische Definition von Eliten zu übernehmen. Diese Sichtweise dominiert bis heute, obwohl

1 Siehe dazu Kapitel 2.

in jüngster Zeit wieder stärkere Anklänge an die klassische Dichotomie von Elite und Masse zu vernehmen sind.

> Ein stärker dichotomisches Weltbild erfreut sich gerade unter den Angehörigen des akademischen Bürgertums in den letzten Jahren einer deutlich wachsenden Beliebtheit. Das lässt sich an einer Reihe von Stellungnahmen im Rahmen der Diskussion über die Eliteuniversitäten ablesen. Typisch ist in dieser Beziehung der Prorektor der Universität Heidelberg, Karlheinz Meier, der seine Forderung nach einer freien Auswahl der Studierenden durch die Hochschulen mit der Aussage zu untermauern suchte: »Elite und Masse passen nicht zusammen«.

Es gibt ihr zufolge keine einzelne Elite mehr, die als auserwählte Minderheit der Masse gegenübersteht, und auch keine herrschende Klasse, sondern nur noch funktionale Sektor- oder Teileliten. Deren Mitglieder unterschieden sich vom Rest der Bevölkerung dadurch, dass sie wegen der von ihnen besetzten Spitzenpositionen in den verschiedenen Bereichen in der Lage seien, die gesellschaftliche Entwicklung maßgeblich zu beeinflussen. In diese Positionen seien sie dabei allein aufgrund ihrer individuellen Leistung gelangt.[2] Es handele sich also, hier variieren die verwendeten Begriffe etwas, um leistungsabhängige **Positions- oder Funktionseliten**.

Zu ihnen zählt die funktionalistische Eliteforschung die Inhaber der jeweils höchsten Positionen aus Politik (Mitglieder der Bundes- und Landesregierungen, Fraktions- und Parteivorstände), Verwaltung (Staatsekretäre, Ministerialdirektoren, Präsidenten wichtiger Behörden), Wirtschaft (Vorstands- und zum Teil auch Aufsichtsratmitglieder großer Unternehmen, Präsidenten und Vizepräsidenten der großen Verbände), Justiz (Bundesrichter), Medien (Eigentümer, Herausgeber, Geschäftsführer, Intendanten, Direktoren und Chefredakteure der wich-

2 Näheres in Kapitel 3.

tigen Medien), Wissenschaft (Hochschulrektoren und Leiter der Großforschungseinrichtungen), Militär (Generalität und Admiralität) und Gewerkschaften (Vorsitzende und Stellvertreter). Im Kern wird diese Auflistung von allen, das heißt auch den kritischen Eliteforschern geteilt. Einzig die Einbeziehung der Gewerkschaftsspitzen ist nicht unumstritten. Zwar finden sie in allen großen deutschen Elitestudien Berücksichtigung, sie werden aber nicht nur von kritischen Elitetheoretikern wie Mills oder Bourdieu nicht zu den gesellschaftlichen Eliten gerechnet, sondern durchaus auch von funktionalistisch orientierten wie Suzanne Keller.

Das Beispiel Keller zeigt, dass sich nicht nur Theoretiker wie Bourdieu, die Eliten immer in einem engen Zusammenhang mit dem Begriff der herrschenden Klasse sehen, gegen die Klassifizierung der führenden Gewerkschafter als Elite wenden. Auch andere, weniger gesellschaftskritisch ausgerichtete Autoren beschleicht angesichts der realen Machtverhältnisse diesbezüglich zumindest ein ungutes Gefühl. Das ist nur zu verständlich, betrachtet man den Einfluss der Gewerkschaftsführungen auf politische Entscheidungen heutzutage. Wie die Stellung der Spitzengewerkschafter wirklich ist, hat letztes Jahr auch die Suche der IG Metall nach einem neuen Vorsitzenden gezeigt. Alle Arbeitsdirektoren, bei denen man angefragt hat, ob sie zu einer Kandidatur bereit seien, haben dankend abgewinkt. In Gewerkschaftskreisen wird kolportiert, sie hätten ihre Absage durchweg damit begründet, dass ein solcher Wechsel nicht nur (mehr oder minder) spürbare Einkommenseinbußen beinhalten, sondern auch einen sozialen Abstieg bedeuten würde.

Es ist noch eine zweite Einschränkung erforderlich. Auch die Medienelite lässt sich bei näherem Hinsehen nicht als gesonderte Elite charakterisieren. Die Medienlandschaft wird nach dem Durchbruch der kommerziellen Anbieter in jenen Ländern, die bis vor zwei, drei Jahrzehnten nur öffentlich-rechtliche Fernseh- und Rundfunkanstalten kannten, heute in allen führenden Industriestaaten von großen Kapitalgesellschaften (wie Bertelsmann, Disney oder Time-Warner) oder Medientycoons (wie Berlusconi oder Murdoch) dominiert. Da die verbleibenden öffentlich-rechtlichen Institutionen gleichzeitig immer stärker von politischen Interessen beherrscht werden, kann von einer wirklich eigenständigen Rolle der Medienelite eigentlich keine Rede mehr sein. Berücksichtigt man zudem noch das seit dem Zweiten Weltkrieg deutlich gesunkene Gewicht der militärischen Elite – so haben die Einwände des US-amerikanischen und des britischen Generalstabs gegen einen Irak-Krieg weder an dessen Beginn noch an dessen Verlauf etwas Nennenswertes ändern können – und die zurzeit wieder klar zu erkennende Abhängigkeit der Wissenschaftselite von Wirtschaft und Politik, dann kristallisieren sich letzten Endes die Spitzenvertreter aus Wirtschaft, Politik, Verwaltung und Justiz als die entscheidenden gesellschaftlichen Eliten heraus. Ihnen wird daher im empirischen Teil das besondere Augenmerk gelten.

Die vorliegende Einführung in die Elitesoziologie besteht aus zwei großen Teilen. In den Kapiteln zwei bis vier wird die soziologische Diskussion über die Eliten in ihren Grundzügen nachgezeichnet und kritisch beleuchtet. Zu diesem Zweck werden sowohl die Klassiker Michels, Mosca und Pareto als auch die funktionalistischen Ansätze (von Lasswell/Kaplan und Kornhauser über Dahrendorf, Stammer und Keller bis hin zu Hoffmann-Lange und Field/Higley) und die elitekritischen Theorien (Mills und Bourdieu) einer näheren Betrachtung unterworfen. Die Kapitel fünf und sechs widmen sich dann am Beispiel der fünf größten Industriestaaten (Deutschland, Frankreich, Großbritannien, Japan und die USA) einer empirischen Analyse sowohl der Rekrutierungsmechanismen für die entscheidenden Elitepositionen (speziell der Rolle der Bildungsinstitutionen in diesem Prozess) als auch der Stellung der wichtigen Eliten zueinander sowie im Verhältnis zur übrigen Gesellschaft. In diesem Zusammenhang wird abschließend noch der Versuch unternommen, anhand der aufgezeigten Differenzen und Defizite der bisherigen Eliteforschung für einige zentrale Punkte Lösungsansätze zu formulieren.

2. Elite und Masse

Die sozialwissenschaftliche Diskussion über die Elite war in ihren Anfängen untrennbar mit jener über die Massen verbunden. Elite und Masse stellten in dieser Debatte zwei Seiten derselben Medaille dar. Elite markierte den positiv besetzten, Masse den negativ besetzten Begriff. Die klassischen Werke zum Elitebegriff von Mosca (1896), Pareto (1916) und Michels (1911) wurden denn auch fast zeitgleich mit dem Klassiker von Le Bon über die *Psychologie der Massen* (1895) veröffentlicht.

Dass alle grundlegenden Bücher zu dieser Thematik innerhalb von nur gut 20 Jahren um die Jahrhundertwende vom 19. zum 20. Jahrhundert erschienen, ist kein Zufall. Das Bürgertum und mit ihm die bürgerlich akademische Intelligenz waren damals zutiefst beunruhigt über das Phänomen der **städtischen Massen**, die mit der Bevölkerungsexplosion im Verlauf des 19. Jahrhunderts überall in Europa entstanden waren. Die Industrialisierung hatte durch die spürbare Reduzierung der Sterblichkeitsziffern, einen Anstieg der Geburtenrate und die allmähliche Anhebung des Lebensstandards ein Wachstum der europäischen Bevölkerung bewirkt, das es zuvor noch nie gegeben hatte. Hatte sich die Einwohnerzahl Europas zwischen 1300 und 1700 nur sehr langsam von ca. 80 Mio. auf ungefähr 110 Mio. Menschen erhöht, so fiel die Steigerung im 18. Jahrhundert mit knapp 80 Mio. auf ca. 188 Mio. schon erheblich höher aus, um dann im 19. Jahrhundert aber neue Dimensionen zu erreichen. Lebten um 1850 schon ungefähr 267 Mio. Menschen in Europa, so waren es 1900 bereits über 400 Mio. Die jährliche Zunahme der Bevölkerung lag bei ca. 10 Prozent und hatte sich damit verglichen mit dem Zeitraum von 1650 bis 1750 mehr als verdreifacht (Bergeron/Furet/Kosseleck 1969/1998: 230ff.; Dülmen

1982/1998: 20f.; Palmade 1975/1998: 10ff.; Romano/Tenenti 1967/1998: 14f.).

Gleichzeitig fand eine bis dahin ebenfalls unbekannte Verstädterung statt. Deren Beginn datiert (mit Ausnahme Großbritanniens) allerdings ein halbes Jahrhundert später. Die Anzahl der Großstädte mit mehr als 100.000 Einwohnern hatte sich von 1800 bis 1850 zwar schon von 22 auf 47 gut verdoppelt und ihr Anteil an der Gesamtbevölkerung auch von ca. 3 Prozent auf ca. 5 Prozent erhöht, ein Drittel dieser Zunahme entfiel aber allein auf England (Bergeron/Furet/Kosseleck 1969/1998: 232), so dass die eigentliche Urbanisierungsdynamik sich im übrigen Europa erst in der zweiten Hälfte des 19. Jahrhunderts entfaltete. Das galt ganz besonders für Deutschland, wo das Wachstum der Großstädte ein unglaubliches Tempo erreichte. Innerhalb von nur vier Jahrzehnten, zwischen der Reichsgründung 1871 und 1910, versechsfachte sich die Zahl der Großstädte von 8 auf 48 und versiebenfachte sich die Zahl ihrer Bewohner. Lebte 1871 nicht einmal jeder zwanzigste Deutsche in einer Großstadt, so war es 1910 mit 21,3 Prozent mehr als jeder fünfte (Wehler 1995: 512). Allein die Hauptstadt Berlin zählte 1914 2,07 Mio. Einwohner, verglichen mit 826000 vierzig Jahre zuvor. Selbst in Frankreich, das von allen großen europäischen Ländern das mit Abstand geringste Bevölkerungswachstum (mit nur 40 Prozent zwischen 1801 und 1884) aufzuweisen hatte, verlief die Entwicklung immer noch beeindruckend. Gab es 1846 außer Paris nur noch ganze drei Städte mit mehr als 100000 Einwohnern, so stieg deren Zahl bis 1886 immerhin auf sieben. In Paris, der absolut dominierenden Hauptstadt, wohnten 1886 bereits 2,345 Mio. Menschen gegenüber nur 945000 Mitte des Jahrhunderts (Armengaud 1986: 169f.). Parallel zum Wachstum der Großstädte entstanden zudem sehr dicht besiedelte Regionen wie das nordenglische Industrierevier oder das Ruhrgebiet.

Die schnelle Urbanisierung ging einher mit der Entstehung der industriellen Arbeiterklasse. Während dieser Prozess in Großbritannien um 1850 schon weit vorangeschritten war – jeder vierte Erwerbstätige war zu diesem Zeitpunkt bereits zur Arbeiterschaft zu rechnen –, begann er in den anderen Ländern West- und Mitteleuropas erst in der zweiten Hälfte des 19. Jahrhunderts. Besonders rasant verlief die Entwicklung wieder in Deutschland. Die Fabrik- und Bergarbeiter, deren Anteil an den Erwerbstätigen sich zwischen 1850 bis 1871 schon von ungefähr 6 auf 12 Prozent verdoppelt hatte, stellten im Jahre 1907 bereits fast ein Drittel (Wehler 1995: 141 f., 773 ff.). Gleichzeitig erfolgte eine Konzentration der Arbeiter in den Großbetrieben. Innerhalb von nur 25 Jahren, zwischen 1882 und 1907, stieg der Prozentsatz der Beschäftigten, die in Unternehmen mit mehr als 50 Arbeitnehmern tätig waren, von 22,8 auf 42,4 Prozent. Rechnet man den Bergbau hinzu, wo über 96 Prozent in solch größeren Betrieben beschäftigt waren, und berücksichtigt außerdem, dass der Anteil der Beschäftigten in Unternehmen mit mehr als 1000 Beschäftigten in der Industrie von 1,9 auf immerhin 4,9 Prozent und im Bergbau von 33 auf 58,2 Prozent zunahm (Hohorst/Kocka/Ritter 1975: 75), dann wird das Ausmaß der Veränderungen deutlich, die damals die Grundstrukturen der Gesellschaft erfassten. Das Industrieproletariat betrat unübersehbar die geschichtliche Bühne.

Für viele zeitgenössische Betrachter beinhaltete das Aufkommen von Massen damit gleich in doppelter Hinsicht eine Bedrohung der bestehenden gesellschaftlichen Verhältnisse. Die Existenz solcher Massen leiste, so die im Bürgertum insgesamt und der Intelligenz im speziellen verbreitete Ansicht, nicht nur der allgemeinen Kriminalität Vorschub, sondern gefährde die herrschende Ordnung auch ganz grundsätzlich durch politische Unruhen und umstürzlerische Bestrebungen. Was den zweiten Punkt betrifft, so schien das Verhalten der städtischen Massen in der Französischen Revolution von 1789 und den folgenden revolutionären Erhebungen von 1848 (Deutschland, Frankreich, Italien, Österreich-Ungarn) bis 1905 (Russland) eindeutig zu sein. Wenn Massen politisch in Bewegung kamen, so bestand ihr Ziel allem Anschein nach stets in der Revolutionierung des existierenden Herrschaftssystems.

Je stärker der Einfluss der Arbeiterklasse wurde, umso größer wurde diese Angst, hatten die kontinentaleuropäischen Arbeiterparteien und Gewerkschaften doch einhellig den Sozialismus und damit den Sturz der bürgerlichen Ordnung zu ihrem Ziel erklärt. Unter Massen wurden dementsprechend in erster Linie die proletarischen Massen verstanden. Die Grenzen zwischen Masse und Klasse verschwammen dabei zunehmend. Die Furcht war besonders stark in jenen Ländern, die entweder wie Frankreich (1789, 1830, 1848 und die Pariser Kommune 1871) besonders viele revolutionäre Erhebungen zu verzeichnen hatten, oder aber wie Deutschland und Italien die Nationalstaatsbildung parallel zur Industrialisierung vollzogen, so dass der Versuch, ein bürgerlich parlamentarisches System zu etablieren, zusammenfiel mit dem sichtbaren Erstarken der Arbeiterklasse. Von den Massen war jedenfalls nichts Gutes zu erwarten, so die im bürgerlichen Milieu weit verbreitete Einstellung.

2.1 Die Psychologie der Massen (Gustave Le Bon)

Diese Haltung des Bürgertums war es, der Gustave Le Bon den sensationellen Erfolg seines 1895 erschienenen Buches *Psychologie des foules* (deutsch *Psychologie der Massen*) zu verdanken hatte.[3] Es gelang ihm mit seiner Analyse, an die Ängste der bürgerlich-intellektuellen Kreise anzuknüpfen und ihnen dafür eine scheinbar exakte wissenschaftliche Begründung zu liefern.

Gustave Le Bon (geboren 1841 in Nogent-le-Routrou, gestorben 1931 in Paris) war ursprünglich Arzt, bevor er sich nach dem deutsch-französischen Krieg von 1870/71 intensiv der Anthropologie zuwandte. Er veröffentlichte mehrere ethnologisch ausgerichtete Bücher über fremde Kulturen, unter anderem über die der Araber und die Indiens, um sich dann der Völker- und schließlich der Massenpsychologie zu widmen.

3 Er profitierte dabei von zwei kurz zuvor veröffentlichten, kriminologisch orientierten Werken von Gabriel Tarde (»*Die Gesetze der Nachahmung*«, 1890) und Scipio Sighele (»*Die verbrecherische Masse*«, 1893) über das Verhalten von Massen, ohne das aber zunächst zuzugeben (Dingeldey 1964: XX).

Sehr deutlich wird das gleich in der Einleitung, die Le Bon mit »Das Zeitalter der Massen« übertitelte. Schon diese Überschrift ist charakteristisch, weil sie genau die Gefühle der großen Mehrheit der Leser ansprach, die durch die Vermassung der Gesellschaft den Untergang des Abendlandes beziehungsweise seiner Kultur kommen sahen.[4] In seinen Ausführungen kommt Le Bon denn auch schon auf den ersten Seiten auf die wesentlichen Punkte zu sprechen. Sei noch bis Ende des 18. Jahrhunderts »der Wettstreit der Fürsten« die Haupttriebkraft der Ereignisse gewesen und die Meinung der Massen völlig unbedeutend, so habe sich das innerhalb nur eines Jahrhunderts ins Gegenteil verkehrt. Die »Stimme des Volkes« sei nun entscheidend, schreibe den Königen ihr Verhalten vor. Die **Masse**, deren Forderungen auf nichts Geringeres hinaus liefen »als auf den gänzlichen Umsturz der gegenwärtigen Gesellschaft« zugunsten eines »primitiven Kommunismus«, sei dabei umso mehr zur Tat entschlossen, je weniger sie zur Vernunft befähigt sei. Letztlich habe die Aufgabe der Massen in der Geschichte bisher nur in der Zerstörung der alten Kulturen bestanden und nicht in ihrer Schaffung. Geschaffen und geleitet worden seien die Kulturen bislang immer »von einer kleinen, intellektuellen Aristokratie«. Die **Herrschaft der Massen** bedeute dagegen »stets eine Stufe der Auflösung«, weil Kultur Eigenschaften wie Vernunft, Triebkontrolle oder ganz allgemein ein hohes Bildungsniveau voraussetze, die den »den sich selbst überlassenen Massen völlig unzugänglich« seien. Es sei daher zu befürchten, dass sich dieser Prozess mit der aktuell herrschenden Kultur wiederhole, weil man unvorsichtigerweise Stück für Stück jene Schranken niedergerissen habe, die die Massen hätten zurückhalten können (Le Bon 1895/1964: 2ff.).

Obwohl Le Bon im weiteren Verlauf seiner Analyse zu teilweise durchaus differenzierten, vielfach allerdings auch einander widersprechenden Einschätzungen des Massenverhaltens gelangt, so geben seine einführenden Bemerkungen doch den Grundton vor, der das ge-

4 Wie bedeutsam dieses Gefühl gerade auch für die Entstehung und weitere Entwicklung der Soziologie gewesen ist, zeigt Berking in seinem Buch *»Masse und Geist«* (1984) sehr schön am Beispiel der deutschen Soziologie im Wilhelminischen Kaiserreich und in der Weimarer Republik.

samte Werk durchzieht. Die Masse, die sich von der Summe der einzelnen Mitglieder dadurch grundsätzlich unterscheide, dass sie »ein einziges Wesen« bilde und dem *»Gesetz der seelischen Einheit der Massen«* (ebd.: 10; Hervorhebung im Original) unterliege, ist für ihn roh, barbarisch, leicht beeinflussbar, triebhaft, reizbar, unvernünftig, herrschsüchtig und nur unter ganz bestimmten Voraussetzungen zur »Sittlichkeit fähig«, und das aufgrund ihrer Triebhaftigkeit dann auch nicht auf Dauer. Daher sei es auch ein »Glück für den Fortschritt der Kultur, dass die Übermacht der Massen erst dann geboren wurde, als die großen Entdeckungen der Wissenschaft und der Industrie vollendet waren« (ebd.: 35), denn ihre Verwirklichung wäre unmöglich gewesen, hätte die Demokratie bereits ihre volle Macht entfaltet. Kulturen sind für Le Bon, wie er in dem Kapitel über die »Wählermassen« schreibt, nur denkbar als »das Werk einer kleinen Minderheit überlegener Geister« (ebd.: 134).

In der Gegenüberstellung der »kleinen Minderheit überlegener Geister« und der großen Masse ähneln die Ausführungen Le Bons denen von Mosca, Pareto und Michels über Elite und Masse. Zwar verwendet Le Bon weder den Begriff Elite noch den der herrschenden oder politischen Klasse in seinem Buch, die inhaltlichen Übereinstimmungen sind an dieser wie auch anderen Stellen aber doch deutlich. Sie zeigen sich vor allem dort, wo Le Bon das Verhältnis von **Masse und Führer** analysiert. Die Massen suchen sich seiner Meinung nach unwillkürlich einen Führer. Die Masse sei »eine Herde, die sich ohne Hirten nicht zu helfen weiß«, und höre daher immer auf den, der über einen starken Willen verfüge. Die Herrschaft der Führer sei dementsprechend »äußerst gewaltsam«, verdanke sogar »nur dieser Gewalt ihre Geltung« (ebd.: 83 ff.). Hier klingen ebenso wie etwa in der Beurteilung des Parlamentarismus Argumentationsfiguren an, die zumindest in ihrem Kern, zum Teil aber auch bis in die konkreten Formulierungen hinein (wie zum Beispiel bei den Aussagen zur Rolle der Gewalt) an die drei Klassiker der Elitesoziologie erinnern.

2.2 »Die herrschende Klasse« (Gaetano Mosca)

Gaetano Mosca war der Erste, der sich ausführlich mit einer Soziologie der Eliten beschäftigt hat. Sein Hauptwerk *Elementi di Scienza Politica* erschien bereits ein Jahr nach Le Bons *Psychologie des foules* und basierte in seinen wesentlichen Teilen auf den zwei bereits 1884 und 1887 veröffentlichten Werken *Sulla teoria dei Governi e sul Governo representativo. Studi storici e sociali* und *Le Constitutioni moderne.*[5]

Gaetano Mosca (geboren 1858 in Palermo, gestorben 1941 in Rom) war ursprünglich als Jurist tätig, bevor er 1898 eine Professur in Turin erhielt. Von 1923–1933 lehrte er dann in Rom. Neben seiner wissenschaftlichen Arbeit war er auch als Politiker aktiv, so als Abgeordneter des italienischen Parlaments, als Unterstaatssekretär im Kolonialministerium (1914–1916) und als Senator (ab 1919).

Seine entscheidenden Grundgedanken formuliert Mosca in dem »Die politische Klasse« genannten 2. Kapitel. Es beginnt mit dem wohl meistzitierten Satz Moscas: »Unter den beständigen Tatsachen und Tendenzen des Staatslebens liegt eine auf der Hand: In allen Gesellschaften, von den primitivsten im Aufgang der Zivilisation bis zu den vorgeschrittensten und mächtigsten, gibt es zwei **Klassen**, eine, die herrscht, und eine, die beherrscht wird. Die erste ist immer die weniger zahlreiche, sie versieht alle politischen Funktionen, monopolisiert die Macht und genießt deren Vorteile, während die zweite, zahlreichere Klasse von der ersten befehligt und geleitet wird. Diese Leitung ist

---

5 1923 erschien eine um sechs Kapitel erweiterte 2. Auflage, die die Grundlage der heute gebräuchlichen Übersetzungen bildete. Sie erhielt in der US-amerikanischen Übersetzung 1939 den Titel *»Ruling Class«* und wurde nach dem Zweiten Weltkrieg in der deutschen Übersetzung unter *»Die herrschende Klasse«* veröffentlicht.

mehr oder weniger gesetzlich, mehr oder weniger willkürlich oder gewaltsam und dient dazu, den Herrschenden den Lebensunterhalt und die Mittel zur Staatsführung zu liefern.« (Mosca 1923/1950: 53). Die allgemeine Gültigkeit dieses Prinzips wird für Mosca auch durch das allgemeine Wahlrecht und den Parlamentarismus nicht außer Kraft gesetzt. Im Kapitel über das Wahlrecht sagt er ganz explizit, dass im »Repräsentativsystem« trotz gegenteiligen Anscheins genauso wie bei jeder anderen Regierungsform »eine **organisierte Minderheit** der unorganisierten Mehrheit ihren Willen« aufzwinge (ebd.: 134). Die Gewählten seien in der Regel nicht die Vertreter der Mehrheit, die nur ihre Macht für einen bestimmten Zeitraum an sie abtrete, sondern Teil der **herrschenden Minderheit**. Von einer Regierung der Mehrheit könne daher überhaupt keine Rede sein.

Trotz seiner sehr kritischen Sicht auf das parlamentarische System gehörte Mosca dennoch zu seinen prinzipiellen Verteidigern. Für ihn fielen, wie er im Kapitel über den Parlamentarismus sehr deutlich formulierte, »die Untugenden der Parlamente, die Nachteile ihrer Einmischung in die Regierungstätigkeit gegenüber den schlimmen Folgen ihrer eventuellen Abschaffung oder Entmachtung kaum ins Gewicht« (Mosca 1923/1950: 215). Auch in den sechs drei Jahrzehnte später geschriebenen neuen Kapiteln bleibt Mosca dieser Sichtweise im Kern treu. Auf der einen Seite gesteht er eine beträchtliche Veränderung in seiner Haltung im Sinne einer größeren Nachsicht dem »parlamentarischen Regime« gegenüber ein, auf der anderen bekräftigt er aber auch seine frühere Grundauffassung von der Minderheitsherrschaft, der zufolge »jede Staatsform, die auf dem Mehrheitswillen zu beruhen vorgibt, eine Unwahrheit in sich enthält« (ebd.: 317).

Mit dem Begriffspaar organisiert und unorganisiert spricht Mosca einen der zwei Punkte wieder an, die er bereits im Anschluss an die zitierte Grundaussage als entscheidend dafür anführt, dass die Herrschaft der Minderheit über die Mehrheit unausweichlich sei. Sie sei, so seine Worte dort, zum einen einfach deshalb »unvermeidlich«, weil erstere organisiert, letztere aber unorganisiert sei. Eine Minderheit sei quasi per definitionem organisiert, denn hundert Menschen hätten es nun einmal leichter, »im Einverständnis zu handeln« als tausend. Je größer ein Staatswesen und je kleiner dementsprechend die herrschende Minderheit in Relation zur Bevölkerung sei, desto einfacher sei es konsequenterweise für die Minderheit, ihre Herrschaft zu sichern. Den zweiten Grund sieht Mosca darin, dass die herrschenden Minderheiten zumeist aus Individuen bestünden, die der Masse der Beherrschten vor allem materiell und intellektuell überlegen seien (ebd.: 55). Diese Überlegenheit stellt für ihn neben dem moralischen Prestige das entscheidende Mittel zur Leitung der Massen dar (ebd.: 206).

Mosca beleuchtet sie daher im weiteren Fortgang seiner Argumentation an verschiedenen Stellen noch näher. Was ihre materielle Seite betrifft, so weist er vor allem darauf hin, dass in den fortgeschrittenen Gesellschaften Reichtum zum charakteristischen Merkmal der **herrschenden Klasse** werde anstelle der in früheren Entwicklungsstufen ausschlaggebenden Kriegstüchtigkeit. Er bilde jetzt die Grundlage der politischen Macht. »Die Herrschenden sind nunmehr die Reichen und nicht mehr die Starken«, so sein kurzes und präzises Fazit (ebd.: 58).[6] Sei der Reichtum historisch zunächst auf den Besitz von Grund und Boden gegründet worden, so werde deren Platz als Resultat der Entwicklung von Industrie und Handel inzwischen zunehmend vom Geld eingenommen. Mobiler Reichtum in Form von Geld sei dem immobilen in Form von Grund und Boden außerdem, und hier greift Mosca sein Argument von der Wichtigkeit der Organisierung wieder auf, insofern grundsätzlich überlegen, als er bedeutend leichter zu organisieren sei. Relativ leicht könnten große Summen in den Händen Einzelner konzentriert werden, so dass eine »winzige Zahl von Männern« alle Großbanken, Transportunternehmen oder sonstigen großen Aktiengesellschaften eines Landes kontrollieren könne. Die wenigen, denen

6 Neben dem Geld sieht Mosca auch in der Wissenschaft beziehungsweise in den auf ihr basierenden Berufen eine neue soziale Kraft, die allerdings nur »bis zu einem gewissen Grade dem materiellen Einfluß der Reichen und dem moralischen Einfluß des Klerus die Waage hält« (ebd.: 126).

Hunderte von Millionen Verfügung stünden, könnten »wirtschaftliche Gruppen der verschiedensten Art« für sich gewinnen, aber auch »Ministerien, gesetzgebende Körperschaften und Zeitungen einschüchtern und korrumpieren« (ebd.: 128). Die »Plutokratie« sei unter allen materiellen Kräften daher die mächtigste.

Was die »geistige« Überlegenheit der herrschenden Minderheit angeht, so sieht Mosca ihren wesentlichen Grund nicht in der biologischen Vererbung bestimmter Eigenschaften[7], sondern – hier ganz an heutige Autoren wie Bourdieu erinnernd – in ihrer Erziehung, der familiären Weitergabe von Verhaltensweisen und Einstellungen sowie sonstigen Umgebungseinflüssen. Es gebe zwar zweifelsohne erhebliche angeborene Unterschiede zwischen den Individuen, »aber mehr als alles andere bedingen Traditionen und Milieueinflüsse die Stärke, Schwäche und Durchschnittlichkeit solcher Qualitäten in jeder größeren Menschengruppe« (ebd.: 63). Das gelte gerade auch für jene charakterlichen Vorzüge (wie etwa Mut im Kampf oder Ausdauer in der Verteidigung), die man üblicherweise den »Oberklassen« zurechne.

Seine Kritik an biologistischen Erklärungsmustern führt Mosca zu einer zweiten Grundaussage. Da die politische Klasse ihre Herrschaft nicht vererbbaren Eigenschaften verdanke, sondern dem Besitz »sozialer Kräfte«, die die notwendige geistige und wirtschaftliche Überlegenheit sowie das erforderliche moralische Prestige verliehen, müsse jede Veränderung bei den sozialen Kräften (wie etwa das Auftauchen des Geldes als neuer Reichtumsquelle) auch zu Veränderungen in der **Zusammensetzung der politischen Klasse** führen. Das aber führe zwangsläufig zu Auseinandersetzungen um die Herrschaft. Man könne deshalb die gesamte Geschichte »auf den Konflikt zwischen dem Bestreben der Herrschenden nach **Monopolisierung** und **Vererbung** der politischen Macht und dem Bestreben neuer Kräfte nach einer Änderung der Machtverhältnisse erklären« (ebd.: 64f.).

Alle politischen Klassen, so Mosca, tendierten zur faktischen und nicht selten auch zur gesetzlichen Erblichkeit. Reichtum und kriegeri-

---

7 Mosca wendet sich dabei sogar explizit gegen Vertreter dieser Sichtweise wie die Rassenideologen und theoretischen Wegbereiter des Nationalsozialismus Gobineau und Gumplowicz (ebd.: 62).

sche Tüchtigkeit würden durch Tradition und direkte Vererbung in den Familien weitergegeben, die Praxis der hohen Politik durch Vertrautheit seit Kindesbeinen. Schließlich bleibe auch bei öffentlichen Ämtern, auf die man durch theoretisch jedermann zugängliche Prüfungen gelange, die Tatsache bestehen, dass der Mehrzahl der Bevölkerung nicht nur die Ressourcen für die lange Ausbildung fehlten, sondern auch die Verbindungen, um »den rechten Start zu finden und das Tasten und die Fehler zu vermeiden, die in einem ungewohnten Milieu ohne Führer und Helfer unvermeidlich« seien (ebd.: 62).

Relativ stabile gesellschaftliche Verhältnisse, so Mosca an anderer Stelle, würden dabei stets die Monopolisierungsbemühungen begünstigen. Selbst bei einem parlamentarischen Regierungssystem würde das Ausbleiben größerer Erschütterungen, seien sie innerer oder äußerer Natur, dazu führen, dass es für den Nachwuchs der herrschenden Klasse immer leichter werde, »in die Stellungen ihrer Väter einzurükken. Es würde eine kleine Welt entstehen, eine Clique einflussreicher Familien, in die neue Männer nur schwer Einlaß fänden« (ebd.: 218). Der Aufstieg von tüchtigen Männern aus der Unterschicht würde dadurch wesentlich eingeschränkt. Eine entscheidende Konsequenz dieser Entwicklung wäre eine gefährliche Veränderung in der Zusammensetzung der herrschenden Klasse. Sie würde »immer ärmer an kühnen, kampflustigen Charakteren und reicher an weichen, nachgiebigen Individuen« (ebd.: 104).[8] Zwar könne die mangelnde Energie der einzelnen Mitglieder der Oberschicht in entwickelten Gesellschaften in gewissem Maße durch ihre höhere Kultur, ihren größeren Reichtum und ihren festen Zusammenhalt ausgeglichen werden, auf Dauer aber sei die herrschende Klasse nicht mehr in der Lage, auf drohende Gefahren angemessen zu reagieren. Das politische Regime breche »beim ersten ernsten Stoß von außen oder von innen« zusammen (ebd.: 105f.).

Der Konflikt zwischen den **Monopolisierungsbestrebungen der Herrschenden** und dem **Aufstiegswillen neuer Kräfte** kann für Mosca denn auch allenfalls zeitweise zugunsten ersterer gelöst werden. Auf lange Sicht sei das nicht möglich, so dass es zwingend zu einer dauern-

8 Siehe auch ebd.: 340f.

den wechselseitigen Durchdringung eines Teils der Unterschicht mit der Oberschicht komme. Sollten bestimmte Eigenschaften, durch die politische Klassen an die Macht gelangt seien, an Bedeutung verlieren oder sie gänzlich einbüßen, müssten diese Klassen (wie zum Beispiel die römische oder die venezianische Aristokratie) sogar »unweigerlich« herabsinken (ebd.: 65). Die Zusammensetzung der herrschenden Klasse würde sich in so einem Falle zwangsläufig ändern.

Die weitere Beschäftigung mit diesem Problem bildet auch einen wesentlichen, wenn nicht sogar den zentralen Inhalt jener sechs Kapitel, die Mosca der Erstausgabe seines Buchs bei der 2. Auflage 1923 hinzufügte. Er beginnt dabei mit der ganz allgemeinen Feststellung, dass »das Werk von Herrschern nur dann dauerhafte Bedeutung hatte, wenn sie eine zeitgemäße Umwandlung der herrschenden Klasse herbeiführten« (ebd.: 277). Im weiteren Gang der Argumentation definiert er dann präziser als zuvor die Bemühungen um Schließung beziehungsweise Öffnung der herrschenden Klasse als **aristokratische** beziehungsweise **demokratische Tendenz** (ebd.: 322). Beide seien immer wirksam, wobei das demokratische Prinzip sich im Normalfall als langsames »Eindringen von Elementen aus der Unterschicht in die Oberschicht« vollziehe und nur selten in Form von gewaltsamen Erhebungen (ed.: 336). Dieser Prozess sei allerdings, und Mosca formuliert das sogar als Regel, nur dann positiv zu bewerten, wenn die sozialen Aufsteiger die Voraussetzungen besäßen, sich zügig die »besten Eigenschaften der alten Herrenklasse anzueignen«. Schädlich sei es hingegen, wenn die »alten Herren von den Neuankömmlingen gewissermaßen aufgesaugt und assimiliert« würden, weil die herrschende Klasse dann nicht die notwendige Blutauffrischung erhalte, sondern »selbst zum Pöbel« werde (ebd.: 344). In einer Mischung der beiden genannten Tendenzen, der »Lehre von der goldenen Mitte«, wie er es selbst formuliert, sieht Mosca in seinem Fazit denn auch den besten Weg, während er das absolute Übergewicht einer von beiden für heftige politische Krisen wie das Ende des Römischen Reichs oder die russische Revolution verantwortlich macht (ebd.: 347).[9]

9 Vergleiche auch ebd.: 129.

2.3 Der »Kreislauf der Eliten« (Vilfredo Pareto)

Die Formulierung, mit der Pareto in die Geschichte, auch die der Soziologie, eingegangen ist, ist die vom »**Kreislauf der Eliten**« (Pareto 1916/1955: 224, §2042)[10], ihrem stetigen Auf- und Abstieg. Dieser Kreislauf stellt für ihn ein unabänderliches Grundgesetz der Geschichte dar, dem sich keine Gesellschaft entziehen könne.

> Vilfredo Pareto (geboren 1848 in Paris, gestorben 1923 in Céligny bei Genf) entstammte einer alteingesessenen Genueser Familie. Nach einer Tätigkeit als Ingenieur und Generaldirektor einer Firma und einer vergeblichen Kandidatur für das italienische Parlament wandte er sich immer stärker der Wissenschaft zu. Zunächst galt sein Interesse der Ökonomie. Er übernahm 1893 den Lehrstuhl des Wirtschaftswissenschaftlers Walras an der Universität Lausanne und veröffentlichte u.a. ein Standardwerk zur Einkommensverteilung. Im Laufe der Jahre verlagerte sich sein Interesse dann immer mehr hin zur Soziologie. Er veröffentlichte mehrere soziologische Arbeiten, bis er aufgrund einer umfangreichen Erbschaft seine Professur 1907 aufgeben konnte, um sich ausschließlich der Arbeit an seinem »Trattato« widmen zu können. Die ihm kurz vor seinem Tod von Mussolini verliehene Senatorenwürde nahm er nicht an.

Obwohl Paretos Ausführungen dazu in vielerlei Hinsicht an Mosca erinnern, ist der Begründungszusammenhang doch nur teilweise derselbe und vor allem deutlich stärker in eine systematische soziologische

10 Die Angabe des § erfolgt, weil die verschiedenen Übersetzungen sich in ihrer Auswahl aus dem Gesamttext des Trattato deutlich unterscheiden und durch die Nennung der § eine Orientierung gegeben ist.

Gesamttheorie eingebunden.[11] Zunächst definiert Pareto im 11. Kapitel seines »Trattato« Elite ganz allgemein als eine Klasse von Menschen, die aus denjenigen gebildet wird, die in ihrem jeweiligen Tätigkeitszweig die höchsten Leistungen erbringen. Um welchen Tätigkeitsbereich es sich dabei handelt, ist für ihn gleichgültig. Er zählt ausdrücklich sowohl politisch mächtige oder einflussreiche Personen wie Napoleon oder Madame Pompadour dazu als auch begnadete Schachspieler oder begabte Diebe und Gauner (ebd.: 220ff., § 2032–2038).

Diese stark an die funktionalistischen Elitetheorien späterer Jahrzehnte erinnernde Sichtweise lässt Pareto im weiteren Verlauf der Argumentation dann aber relativ schnell zugunsten eines klassisch dichotomischen Modells hinter sich. Das beginnt mit der Unterteilung dieser Klasse der Leistungsstärksten in eine regierende und eine nicht-regierende Elite, bei der erstere alle jene Mitglieder der Klasse umfasst, die »unmittelbar oder mittelbar eine bemerkenswerte Rolle in der höchsten Gewalt spielen« (ebd.: 222, §2032). Die Bevölkerung insgesamt zerfällt dementsprechend für Pareto dann in eine zweigeteilte Elite und die große Masse, die »niedere, elitefremde Schicht«, wie er sie zunächst nennt. Etwas später spricht er dann von oberer und niederer Klasse oder Ober- und Unterschicht, schließlich auch von herrschender Klasse, die er mit der Elite gleichsetzt. Wie Mosca ist auch Pareto davon überzeugt, dass es überall, also auch in parlamentarischen Demokratien, eine kleine herrschende Klasse gibt, die sich »teilweise mit Gewalt und teilweise durch den Konsensus der beherrschten Klasse, die zahlenmäßig viel größer ist, an der Macht hält.« Der Begriff der »Volksvertretung« sei daher eine »Fiktion« (Pareto 1916/1962: 190, § 2244).

11 Das bedeutet allerdings nicht, dass sie damit auch widerspruchsfreier ist. In dieser Hinsicht unterscheiden sich die beiden Autoren kaum. Die Ausführungen enthalten bei Pareto wie bei Mosca zahlreiche Widersprüche und logische Sprünge oder Brüche. Vergleiche dazu unter anderem Hamann 1964 und Hübner 1967.

Die zum Teil willkürlich anmutende Verwendung der einzelnen Begriffe macht deutlich, dass es bei Pareto (wie bei Mosca) erhebliche inhaltliche Unklarheiten gibt. Diese schlagen sich auch in den Übersetzungen nieder. So findet sich einer der meistzitierten Sätze von Pareto: »Die Geschichte ist ein Friedhof von Eliten« nur in der Übersetzung von Eisermann. Bei Brinkmann (wie auch in der französischen und US-amerikanischen Ausgabe) findet man an dieser Stelle statt »Eliten« den Begriff »Aristokratien«. Da Pareto Aristokratien und Eliten an manchen Stellen aber synonym verwendet, wird nicht ganz klar, was hier gemeint ist, obwohl Pareto nach der Übersetzung von Brinkmann in § 2051 davon spricht, dass die Aristokratien nur einen Teil der Oberschicht und der Elite ausmachen. Die US-amerikanische Übersetzung dieses § von Bongiorno und Livingston (Pareto 1935: 1429) ist mit der Verwendung des Begriffs »contains« nicht eindeutig, die von Eisermann enthält ihn nicht.

Für das wesentliche Ziel von Pareto, die Untersuchung des **sozialen Gleichgewichts**, ist nun entscheidend, dass es seiner Meinung nach »in Wirklichkeit« keine Prüfungen gibt, mittels derer Leistung genau gemessen und jedem damit sein Platz zugeteilt werden könnte. Zwar existierten »Etiketten« wie Rechtsanwalt oder Minister, die mit oder ohne vorausgegangene Prüfung dieselbe letztlich ersetzten, sie könnten aber nicht verhindern, dass gerade in die regierende Elite Personen vordrängen, denen die entsprechende Eignung fehle. Anders als in anderen Zweigen menschlicher Tätigkeit, wo die Etiketten von den Individuen in der Regel persönlich erworben werden müssten, spiele bei der regierenden Elite Vererbung eine große Rolle. Diese könne sich direkt (wie früher vielfach und auch noch bei den Monarchen heutiger Tage) vollziehen oder aber eher indirekt, wie der Einfluss von Vermögen auf die Wahl von Senatoren oder Abgeordneten zeige. Blieben diese Abweichungen vom Idealfall unwichtig, weil ohne größere Bedeutung für die Entwicklung der Gesellschaft, oder zumindest in den Relationen »einigermaßen konstant«, so könne man darüber hinweg sehen. Dem aber sei nicht so. Die Schwankungen hätten vielmehr erheblichen Einfluss auf das soziale Gleichgewicht (Pareto 1916/1955: 222 ff.; § 2035–2040).

An diesem Punkt kommt Pareto dann erstmals auf den »Kreislauf der Eliten« zu sprechen, bei dem entweder einzelne Personen beziehungsweise Teile der herrschenden Elite durch aufsteigende Elemente aus den Unterschichten ersetzt würden oder aber die gesamte herrschende Elite durch eine neue gestürzt würde. Für die konkrete Form dieses Kreislaufs sei nämlich entscheidend, wie innerhalb der Elite das Verhältnis sei zwischen denen, die die für »eine wirksame Teilnahme« erforderlichen Eigenschaften besäßen, und denen, auf die das nicht mehr zutreffe. Dieser Prozess vollziehe sich nur dann ohne große Erschütterungen der Gesellschaft, wenn die herrschende Klasse beständig durch Personen aus den Unterschichten mit den notwendigen Merkmalen aufgefrischt würde und gleichzeitig ihre »entartetsten Mitglieder« durch Abstieg verliere. Würde dieser normalerweise kontinuierlich erfolgende Kreislauf hingegen spürbar gebremst oder gar gestoppt, so dass sich überlegene Elemente in den Unterschichten und unterlegene in den Oberschichten ansammelten, dann komme es unweigerlich zum Sturz der herrschenden Klasse durch Revolutionen. Eine besondere Rolle spiele dabei die Bereitschaft, zum Mittel der **Gewalt** zu greifen. Wenn in den Oberschichten diejenigen überhand nähmen, die die Anwendung von Gewalt mieden, und in den Unterschichten zugleich solche, die zur Gewaltanwendung entschlossen seien, dann sei das Schicksal der herrschenden Klasse besiegelt (ebd.: 224–231, § 2043–2059).

Das Verhältnis zur Gewalt wird für Pareto, und hier bezieht er die für sein gesamtes Werk zentralen Kategorie der **Residuen** und **Derivationen** in die Analyse der Eliten mit ein[12], bestimmt durch die Relation zwischen den Residuen der Klassen I und II innerhalb von Elite und Masse beziehungsweise Ober- und Unterschicht. Residuen stellen für ihn jene mit den Gefühlen verbundenen, unveränderlichen Struk-

12 Pareto geht es dabei allerdings ganz überwiegend um die Residuen. Den Zusammenhang zwischen dem Kreislauf der Eliten und den Derivationen behandelt er dementsprechend knapper.

turen im Menschen dar, von denen der dominante nicht-logische Teil des Handelns geleitet wird.[13] Von den sechs Klassen an Residuen repräsentiere die Klasse I den »**Instinkt der Kombinationen**« und die Klasse II die »**Persistenz der Aggregate**« (ebd.: 64–89, § 889–1055). Erstere sei für Innovationen, spekulative Aktivitäten (speziell im Wirtschaftsleben) und eine Einstellung der Skepsis verantwortlich, letztere für stabile Orientierungen in allen Bereichen, das heißt für eine Rentierhaltung in der Ökonomie ebenso wie für feste Werte und den Glauben. Man könne sie durchaus »mit der Trägheit in der Mechanik vergleichen« (ebd.: 76, § 992). Generell sei im Lauf der Zeit vor allem eine allmähliche Abschwächung der Residuen der Klasse II in der Oberschicht festzustellen, das heißt eine Abschwächung ihrer religiösen Gefühle, ihrer Sparneigung und ihrer Gewaltbereitschaft.

Vor allem in Kapitel 12 widmet sich Pareto dem Zusammenhang zwischen **Residuen** und **Elitenzirkulation** dann intensiver (Pareto 1916/1962: 167–222, § 2178–2392)[14]. Eine regierende Klasse, so sein Ausgangspunkt, versuche oft, gewaltsamen Widerstand durch »List, Betrug und Bestechung« zu verhindern oder zu überwinden. Diese dem Regieren angemessene Verhaltensweise sorge innerhalb der herrschenden Klasse auf Dauer für eine deutliche Verschiebung zugunsten der Residuen der Klasse I gegenüber denen der Klasse II. Die »Füchse«, so Pareto in Anlehnung an Machiavelli, verdrängten die »Löwen« (ebd.: 167, § 2178). Auf politischer Ebene würden damit langfristige und ideelle Interessen durch kurzfristige und materielle ersetzt, auf ökonomischer die vorsichtigen Rentner durch die unternehmungslustigen und innovativen Spekulanten und auf ideologischer der Glaube an Ideale durch wissenschaftlichen Skeptizismus.

13 Eisermann spricht von Gefühlsstrukturen (Eisermann 1987: 143), Bach von universalen soziomentalen Strukturen (Bach 1999: 101) und Hamann vom konstanten, irrationalen Kern sozialer Handlungen (Hamann 1964: 6).

14 Im Folgenden wird in erster Linie auf die Übersetzung von Eisermann Bezug genommen, weil die entscheidenden Passagen des Kapitels 12 in ihr mit 56 Seiten gegenüber nur 21 Seiten bei Brinkmann wesentlich umfangreicher ausfallen. Ansonsten erscheint mir die Übersetzung von Brinkmann genauer zu sein, auch wenn sie sprachlich insgesamt sperriger ist.

Für den Machterhalt der herrschenden Klasse hätten diese Veränderungen zunächst durchaus positive Konsequenzen. Taktisches und zweckmäßiges Vorgehen in der Politik stabilisiere ihre Position erst einmal in erheblichem Maße. Dies träfe vor allem dann zu, wenn es ihr gelänge, auch die Mehrzahl jener Menschen aufzusaugen, die in der beherrschten Masse über die »Instinkte der Kombinationen« verfügten. Mit ihnen würden der »regierten Klasse« nämlich die potentiellen Führer entzogen, sie in der Regel unfähig gemacht, »etwas Dauerhaftes in die Wege zu leiten« (ebd.: 168, § 2179). In der Wirtschaft sei die Stärkung der innovativen spekulativen Elemente ähnlich zu beurteilen. Zwar brächte sie »in die herrschende Klasse viele Personen, die Reichtum zerstören, aber noch mehr, die welchen erzeugen«, wie die ökonomische Prosperität der zivilisierten westlichen Nationen sehr deutlich zeige (ebd.: 202, § 2301). Ein starkes wirtschaftliches Wachstum wiederum bilde eine entscheidende Voraussetzung für jene Regierungen, die auf den Einsatz von Gewalt verzichteten und stattdessen auf List, Betrug oder (ganz allgemein) taktisches Verhalten setzten. Zum einen benötigten sie für ihre eher kurzfristig orientierte Politik der öffentlichen Verschuldung stetiges Wachstum, zum anderen seien sie für ökonomische Krisen auch weit anfälliger als jene Regierungen, die vorwiegend auf Gewalt bauten.

Die potenziellen Gefahren, die für die herrschende Klasse nach Paretos Ansicht mit der Verdrängung der Residuen der Klasse II verknüpft sind, deuten sich hier schon an. Auf Dauer können die genannten Vorzüge seiner Meinung nach denn auch nicht verhindern, dass die Macht der herrschenden Elite bedroht, schließlich gebrochen und sie dann durch eine neue Elite abgelöst wird. Ausschlaggebend dafür sei vor allem ein Punkt, die mangelnde Bereitschaft der herrschenden Klasse, zur Gewalt zu greifen. Mit dem kontinuierlichen Rückgang jener Elemente, die über die Residuen der Persistenz verfügten, lasse auch sie nach und gehe letztlich so gut wie ganz verloren. Verantwortlich für diesen Rückgang sei vor allem in der heutigen Gesellschaft, so Pareto ergänzend in Kapitel 13, dass die herrschende Klasse die normale Zirkulation der Eliten be- oder gar verhindere. Wenn sie nur noch solche Elemente der beherrschten Klasse aufnehme, die den Mitgliedern der herrschenden gleichen wollten und in den Eigenschaften »mit der Glut«

der Neubekehrten häufig sogar noch darüber hinausschössen, dann würden die in ihr schon überreichlich vorhandenen Residuen der Kombinationen noch weiter verstärkt statt abgeschwächt, wie es eigentlich erforderlich sei (ebd.: 237f., § 2482–2485) Umgekehrt träten in der Unterschicht vermehrt Elemente auf, bei denen die Residuen der Persistenz sehr stark seien und die damit auch »Gewalt zu gebrauchen verstehen«. Sie lösten die alte Elite ab und konstituierten eine neue, bei der der ganze Kreislauf aufs Neue begänne, »und so weiter« (ebd.: 210, § 2319).

Revolutionen brächen folglich immer dann aus, wenn der Unterschied zwischen der Zunahme der Kombinationsinstinkte in der regierenden und dem Wachstum der Persistenz der Aggregate in der regierten Klasse »hinreichend groß« würde (ebd: 169, § 2179).[15] Neben der Gewaltbereitschaft lasse die Abnahme der Residuen der Klasse II in der herrschenden Klasse nämlich auch den Glauben an gemeinsame Ideale schwinden. Der in ihr um sich greifende Skeptizismus schwäche nicht nur ihre Widerstandskraft, er begünstige auch das Aufkommen humanitärer Gefühle in ihren Reihen. Elemente, die davon besonders stark erfasst würden, könnten dann sogar auf die Seite der beherrschten Klasse wechseln und dieser damit die Führungspersönlichkeiten liefern, die der Unterschicht fehlten. In letzterer entwickelten sich zwar Elemente, die über die »zum Herrschen notwendigen Residuen« verfügten und auch »zur Gewaltanwendung entschlossen« seien, im Allgemeinen würden Revolutionen aber dennoch »von Menschen der Oberschicht geleitet, weil diese die für den Kampf nützlichen geistigen Fähigkeiten« besäßen (Pareto 1916/1955: 230, § 2058).

15 Diese etwas lapidare Begründung lässt einige Fragen offen. Was »hinreichend groß« bedeutet und wodurch diese Situation genau herbeigeführt wird, kann aus der gesamten Argumentation von Pareto allenfalls indirekt und auch dann nur mit viel gutem Willen herausgelesen werden. Eine wirklich systematische Begründung fehlt.

2.4 Das »eherne Gesetz der Oligarchie« (Robert Michels)

Robert Michels der dritte Klassiker der Elitesoziologie, verfolgt in seinem wichtigsten (und bis heute auch weitaus bekanntesten) Buch *Zur Soziologie des Parteiwesens in der modernen Demokratie*[16] einen weniger umfassenden Anspruch als Mosca und Pareto.

Robert Michels (geboren 1876 in Köln, gestorben 1936 in Rom) kam aus einer alteingesessenen Kölner Kaufmannsfamilie. 1901 ging er nach Abschluss seines Studiums nach Italien und wurde dort Mitglied der sozialistischen Partei, nach seiner Rückkehr nach Deutschland dann der SPD. 1907 verließ er die italienischen Sozialisten. Nach Lehraufträgen an Universitäten in Belgien und Frankreich erhielt er 1914 bereits als italienischer Staatsbürger (seit 1913) eine Professur für Nationalökonomie und Statistik an der Universität Basel. 1922 schloss Michels sich der italienischen faschistischen Partei an und bekam fünf Jahre später auf Mussolinis Veranlassung einen Lehrstuhl an der Universität Perugia.

Wollten jene in ihren Hauptwerken, wie schon deren Titel verraten, allgemeine Grundlagen für die Politikwissenschaft beziehungsweise Soziologie entwickeln, so beschränkt sich Michels im Wesentlichen auf die Analyse der modernen Parteien. Sein Hauptinteresse gilt der Möglichkeit innerparteilicher Demokratie, die er in erster Linie am Beispiel der deutschen Sozialdemokratie untersucht, weil sozialrevolutionäre Parteien wie die SPD »ihren wesentlichsten Lebenszweck in der Bekämpfung der **Oligarchie** in all ihren Formen« sähen. Das Auftreten oligarchischer Tendenzen bei diesen Parteien sei deshalb besonders aussagekräftig und ein »Beleg für das Vorhandensein imma-

16 Eine Kurzfassung der wichtigsten Argumente ist in Michels 1908 erschienenem Aufsatz für das »Archiv für Sozialwissenschaft und Sozialpolitik« zu finden (Michels 1908/1975).

nenter oligarchischer Züge in jeder menschlichen Zweckorganisation« (Michels 1911: 12). Schon in seiner Einleitung macht Michels dabei klar, dass er solche Tendenzen für ein unausweichliches Grundelement jeglicher Parteiorganisation hält. Unter explizitem Bezug auf Mosca, und damit geht er weit über den unmittelbaren Bereich der Parteien hinaus, spricht er sogar von einem unvermeidlichen Widerspruch jeder Emanzipationsbewegung. Sie wie auch die Menschheit insgesamt könne auf die »politische Klasse« nicht verzichten, obwohl letztere immer nur einen »Bruchteil« der Gesellschaft ausmache (ebd.: 20).

Seine eigentliche Analyse beginnt Michels allerdings zunächst mit einer die **Organisation** positiv würdigenden Feststellung. Ohne Organisation sei Demokratie nicht denkbar. Nur durch sie könne der Arbeiterstand politische Widerstandskraft entfalten, denn als Einzelner sei der Proletarier als schwächstes Glied der Gesellschaft der »Willkür des ökonomisch Stärkeren hilflos preisgegeben«. Er schränkt diese Bewertung aber sofort wieder ein. Das Prinzip der Organisation enthalte zugleich nämlich auch all jene Gefahren in sich, die die Demokratie entstellten, hin und wieder »bis zur Unkenntlichkeit« (ebd.: 21f.). Mit zunehmender Organisation sei die Demokratie sogar stets »im Schwinden begriffen« (ebd.: 33).

Michels führt im Folgenden drei Gründe an, die seiner Meinung nach für die zwangsläufige **Oligarchisierung von menschlichen Zweckorganisationen** sorgen. Er unterteilt sie in technisch-administrative, psychologische und intellektuelle Ursachen. Technisch-administrativ würden oligarchische Tendenzen im Wesentlichen dadurch befördert, dass eine dem Ideal der Demokratie entsprechende »direkte Selbstverwaltung« aufgrund der Anzahl der Beteiligten technisch unmöglich sei. Das gelte für Volksversammlungen ebenso wie für Parteiversammlungen. Um handlungsfähig zu sein, müssten folglich Delegierte und eine Führung gewählt werden. Alle Bemühungen, diese Führung dann einer direkten demokratischen Kontrolle zu unterwerfen, müssten aber auf Dauer scheitern, weil allein die Größe der Organisation solches unmöglich mache. In die gleiche Richtung wirke auch die zunehmende interne Differenzierung. Eine »feste Organisation«, so Michels Resümee, bedinge »ein festes **Führertum**«, das heißt berufliche **Führer**. Das aber bedeute »den Anfang vom Ende der Demokratie« (ebd.: 35f.).

Erheblich ausführlicher beschäftigt sich Michels dann mit den psychologischen Ursachen, wobei seine Argumentation und auch seine Formulierungen stark an Le Bon erinnern. Entscheidend ist aus seiner Sicht die Unwilligkeit der breiten Massen, sich mit den Problemen auseinander zu setzen, die für die Organisation anstehen. Die Mehrzahl sei froh, wenn sie Personen finde, an die sie die Aufgaben delegieren könne. Das hierin zum Ausdruck kommende »Führungsbedürfnis« sei mit der Unfähigkeit zur Eigeninitiative und zumeist auch noch mit einem »Heroenkultus« gegenüber den Führern verknüpft. Die »inhärente Ohnmacht« der Massen zeige sich darin, dass sie sich wie ein aufgestörter Ameisenhaufen verhalte oder gar »in chaotischer Flucht« davonlaufe, wenn ihr im Kampf die Führer abhanden kämen (ebd.: 53 ff.). Schließlich brächten die Massen ihren Führern nicht nur Dankbarkeit für deren in der Vergangenheit erbrachte Opfer entgegen, sondern auch eine große Verehrung. Sie bedürften »in ihrem primitiven Idealismus weltlicher Götter« (ebd.: 67). Verstärkt würde diese passive Haltung, und das sei die dritte entscheidende Ursache, dann noch durch die intellektuelle Überlegenheit der berufsmäßigen Führung, die vor allem durch die praktischen Erfahrungen in der Parteiarbeit hervorgerufen werde. Die Kluft zwischen Führung und Massen nehme in Hinblick auf die notwendige Sachkenntnis immer mehr zu. Das gelte besonders für die parlamentarische Arbeit. Letztlich bilde die »Inkompetenz der Masse« die »festeste Verankerung der Führungsgewalt« (ebd.: 83).

Die Führungen, deren Macht durch all die genannten Faktoren so enorm gestärkt sei, könnten diese dann durch verschiedene Entwicklungen stabilisieren und verstetigen. Zunächst begünstige das »Gesetz der Trägheit«, eine Mischung aus Traditionsgefühl und Wunsch nach Stabilität der Verhältnisse auf Seiten der Massen, eine ständige Wiederwahl der einmal an die Spitze gewählten Führungen (ebd.: 93). Dazu kämen dann die Tendenz dieser Führungen, ihre eigenen Reihen zunehmend auf dem Weg der Kooptation zu ergänzen (ebd.: 99 f.), ihre finanzielle Macht gegenüber den angestellten Parteifunktionären, die sie »zur Konsolidierung und Sicherung« der eigenen Machtstellung gebrauchen könne (ebd.: 123), und die Nutzung der Presse für die eigenen Zwecke. Mit »der Bildung des Führertums« beginne daher, so

Michels, auch »sein kastenmäßiger Abschluß« (ebd.: 151). Auch die stets aufkommende Opposition ändere daran nichts. Entweder werde sie, wie zumeist der Fall, von der etablierten Parteiführung durch die Vergabe von Ämtern und Ehren neutralisiert, so dass es zu einer »Amalgamierung beider« komme (ebd.: 184f.) oder aber sie siege tatsächlich, was selten eintrete, verändere ihren Charakter dann aber so, dass man sie letzten Endes von den alten Führern nicht mehr unterscheiden könne. Die »Revolutionäre der Gegenwart«, so Michels sehr prägnante Schlussfolgerung, seien »die Reaktionäre der Zukunft« (ebd.: 191f.).

Auf die psychologischen Veränderungen, denen die Parteiführer unterliegen, sind sie erst einmal gewählt, geht Michels dann noch näher ein. Er konstatiert einen »natürlichen Machthunger« bei den Führern. Wer Macht habe, werde in der Regel versuchen, sie auszubauen und sich der Kontrolle der Massen zu entziehen (ebd.: 195). Der Besitz von Macht lasse den Charakter nicht unberührt. Das gelte in besonderem Maße, wenn es gelänge, Teilhabe an der »öffentlichen Macht« zu erreichen (ebd.: 201). Dazu komme die materielle Abhängigkeit von der Partei, da weder die ehemaligen Arbeiter noch die »Überläufer aus der Bourgeoisie« in ihre alten Berufe zurück könnten (ebd.: 196f.). Auf Dauer bleibe es außerdem nicht aus, dass sich die Führer als »Ausdruck des Gesamtwillens« der Masse betrachteten (ebd.: 209) und die Partei zunehmend mit ihrer eigenen Person gleichsetzten (ebd.: 215ff.).

Den letzten Teil seines Buches widmet Michels dem Versuch, aus seiner Analyse des modernen Parteiwesens allgemeine Schlussfolgerungen zu ziehen. Dabei bezieht er sich explizit auf die Kernaussagen von Mosca und Pareto. Obwohl seine Formulierungen nicht immer ganz eindeutig sind, weil er im Indikativ verbleibt, wenn er die beiden referiert, und so eine genaue Trennung zwischen nur referierter und eigener Meinung erschwert wird, zeigt sich doch an vielen zentralen Stellen eine deutliche inhaltliche Übereinstimmung. Schon die als Kapitelüberschrift gewählte Formulierung vom »ehernen Gesetz der Oligarchie« ist in dieser Hinsicht charakteristisch. Michels geht im weiteren aber über seine Grundthese hinaus, dass jede Organisation der von ihm als »organisch« betrachteten Bildung von Oligarchien unterliege (ebd.: 385). Er begibt sich auf das Feld genereller Betrachtungen, was die Möglichkeit demokratischer Herrschaft in einer Gesellschaft angeht.

Letztlich kommt er dabei zu denselben Schlussfolgerungen wie Mosca und Pareto. »Das Führertum ist eine notwendige Erscheinung jeder Form gesellschaftlichen Lebens«, so sein knappes Resümee (ebd.: 383). Die »sachliche Unreife der Masse« liege »im Wesen der Masse selbst als einer, wenn auch organisierten, so doch dem Komplex der von ihr zu lösenden Aufgaben gegenüber immanent inkompetenten, weil arbeitsteilungs-, spezialisierungs- und führungsbedürftigen, amorphen Masse« (ebd.: 388). Die Kämpfe zwischen Aristokratie und Demokratie oder zwischen Regierung und Opposition seien deshalb nichts anderes als Kämpfe zwischen einer Minderheit, die bereits herrsche und ihre Herrschaft monopolisieren möchte[17], und einer, die an die Herrschaft wolle. Es komme dabei nicht einmal zu einer Ablösung der alten durch eine neue Minderheit, sondern nur zu einer Amalgamierung beider. Eine »Klique der herrschenden Klasse« werde nur durch eine andere ersetzt. So sei es selbst in der französischen Revolution nicht gelungen, den Adel wirklich von der Macht zu verdrängen. (ebd.: 363 ff.).

Michels fasst das Resultat seiner Analyse schließlich in der »Formel von der Notwendigkeit der Ablösung einer herrschenden Schicht durch eine andere und das von ihr abgeleitete Gesetz der Oligarchie als der vorbestimmten Form menschlichen Zusammenlebens in größeren Verbänden« zusammen (ebd.: 376). Trotz dieser pessimistischen Haltung hält Michels das Prinzip der Demokratie aber nicht grundsätzlich für falsch. Es biete immerhin, so seine abschließenden Bemerkungen, die Chance zu einer gewissen »Milderung der oligarchischen Krankheit«, da es im Wesen der Demokratie wie auch der Arbeiterbewegung liege, im Einzelnen die Fähigkeit zu Kritik und Kontrolle zu stärken. Die Demokratie sei daher verglichen mit der Aristokratie immer noch »das geringere Übel« (ebd.: 389 ff.).[18]

17 Wie Mosca und Pareto spricht auch Michels davon, dass alle herrschenden Klassen bestrebt seien, ihre Macht ihren Nachkommen zu vererben (Michels 1911: 13).

18 Diese Haltung hat Michels später aufgegeben, um zu einem direkten Verfechter des italienischen Faschismus zu werden.

2.5 Zusammenfassung

Die theoretischen Ansätze der drei Klassiker der Elitesoziologie weisen in ihren Kernaussagen große Übereinstimmungen, aber auch ein paar wichtige Unterschiede auf. Gemeinsam ist allen drei zum einen die grundlegende Unterteilung der Gesellschaft in **Elite und Masse**, zum anderen die Denkfigur von der Zirkulation der Eliten.

Im Gegensatz von Elite und Masse sehen sie unisono ein allgemein gültiges Prinzip der Menschheitsgeschichte. Ihrer Ansicht nach herrscht zu allen Zeiten, das heißt unabhängig von der jeweiligen Entwicklungsepoche und Regierungsform, eine kleine Elite mit verschiedenen Mitteln (ganz wesentlich aber mit Gewalt) über die große Masse. Erstere verfüge dabei über die materiellen, intellektuellen und psychologischen Fähigkeiten, die zur Ausübung von Macht und damit zur Herrschaft erforderlich seien, letztere nicht. Sie sei nicht nur geistig deutlich unterlegen und vollkommen von ihren Gefühlen beherrscht, sondern auch gleich im doppelten Sinne führungsbedürftig, subjektiv wie objektiv.

Unterhalb dieser allgemeinen Einschätzung zeigen sich bei näherem Hinschauen aber auch bemerkenswerte Differenzen. So versucht einzig Pareto, ganz systematisch eine allgemeine Definition des Begriffs »Elite« zu entwickeln. Mosca begnügt sich bei seinem zentralen Begriff »herrschende Klasse« weitgehend mit den unterschiedlichsten Beispielen aus der Geschichte (in erster Linie der antiken und der sonstigen europäischen), um zu verdeutlichen, was gemeint ist. Michels schließlich behandelt anhand der deutschen Sozialdemokratie zwar sehr detailliert die Frage von Führung und Basis, verzichtet bei seinen allgemeinen Schlussfolgerungen aber völlig auf klare Begriffsbestimmungen und greift stattdessen einfach auf die Begrifflichkeiten von Mosca und Pareto zurück. Was alle drei dann allerdings wieder eint, ist der ständige Wechsel zwischen verschiedenen Begriffen wie Elite, herrschende Klasse, regierende Klasse, politische Klasse, obere Klasse, Aristokratie oder Oberschicht auf der einen und Masse, Massen, beherrschte Klasse, untere Klasse oder Unterschicht auf der anderen Seite. Er zeigt nicht nur, dass Pareto seinen Versuch einer strikten Definition nicht einmal annähernd durchhält, sondern auch, wie unsystematisch sowie teilweise unreflektiert, oberflächlich und willkürlich alle drei Klassiker mit zentralen Begriffen umgehen.[19] Ganz und gar ungeklärt bleibt dabei vor allem das für eine Soziologie der Eliten entscheidende Verhältnis zwischen Eliten und Klassen.

Auf diesem Hintergrund ist es nicht überraschend, dass sowohl bei Mosca als auch bei Pareto erhebliche inhaltliche Unklarheiten festzustellen sind und viele Fragen offen bleiben. Besonders deutlich wird das bei ihren Differenzierungsbemühungen innerhalb der Elite. So spricht Mosca in dem Kapitel, das sich mit der »Entstehung und Organisation der Politischen Klasse« befasst, ausdrücklich davon, dass sich unterhalb der »obersten Schicht der herrschenden Klasse« stets »eine andere, viel zahlreichere Schicht« finde, zu der alle diejenigen zählten, die »sich für leitende Stellungen eignen« (Mosca 1923/1950: 329). Von ihr hänge letztendlich die Stabilität jedes Staatswesens ab und nicht von der obersten Schicht. Als Beispiele nennt Mosca zunächst das unterhalb der Generalität angesiedelte Offizierscorps und die hohe Beamtenschaft, das heißt Gruppen, die man nach seinem bis dahin üblichen Sprachgebrauch durchaus zur herrschenden Klasse rechnen kann. Der Eindruck, den er damit erweckt, wird aber nur zwei Seiten später konterkariert durch die Formulierung, die Bürokratie rekrutiere sich »faktisch fast immer aus der Mittelschicht, das heißt aus der zweiten Schicht der herrschenden Klasse« (ebd.: 331). Wenn Mosca an dieser Stelle die gesamte Mittelschicht als die untere Schicht der herrschenden Klasse bezeichnet, so erweitert er den Begriff der herrschenden Klasse damit dramatisch, ohne allerdings Konsequenzen für seine gesamte Analyse zu ziehen.

Ähnlich sieht es bei Pareto aus. Er unterteilt die Elite auch in eine regierende und eine nichtregierende. Was unter letzterer aber zu verstehen ist, bleibt bei ihm eher nebulös. Unmittelbar in Anschluss an die Unterscheidung definiert Pareto sie als jene Mitglieder der Elite,

19 Auch wenn man einschränkend anmerken muss, dass ein Teil der begrifflichen Unterschiede bei Pareto und vor allem Mosca sicherlich auf die Übersetzungen zurückzuführen ist und Mosca selbst zum Beispiel den Paretoschen Begriff »Elite« als ungenau für die Bezeichnung seiner politischen Klasse abgelehnt hat (Mosca 1923/1950: 363), bleibt diese Kritik doch zutreffend.

die (wie etwa berühmte Schachspieler) auf ihrem Gebiet zwar die Spitze bilden, jedoch weder direkt noch indirekt eine »bemerkenswerte Rolle in der höchsten Gewalt spielen« (Pareto 1916/1955: 222, § 2032–2034). Er gibt diese Definition aber sofort wieder auf, um diesen Teil der Elite im weiteren entweder nicht mehr zu erwähnen oder Gruppen wie zum Beispiel die Politiker dazu zu rechnen. Genau diese Politiker wiederum zählt er im nächsten Kapitel dann aber zu den »Menschen der beherrschten Klasse«, und zwar zu jenen, die gemäß den zwei Hauptinstrumenten der Machterhaltung von der herrschenden Klasse als Polizisten beziehungsweise Soldaten oder aber als Politiker benutzt werden (Pareto 1916/1962: 194, § 2257). Von einer klaren Bestimmung ist Pareto also mindestens genauso weit entfernt wie Mosca.

Ein ähnlich unklares Bild bietet sich, wenn man einen genaueren Blick auf die zentrale Argumentationsfigur vom »Kreislauf der Eliten« wirft. Das Grundmuster ist zunächst relativ eindeutig: Innerhalb der herrschenden Klasse oder Elite und vor allem zwischen ihr und der beherrschten Klasse oder Masse findet ein ständiger Austausch statt. Erstere kann ihre Macht dauerhaft nur dann behaupten, wenn es ihr gelingt, kontinuierlich die geeignetsten Elemente aus der letzteren aufzusaugen. Dieser Prozess wird im Verlauf der Zeit aber in wachsendem Maße durch Bemühungen der herrschenden Klasse, ihre Stellung zu vererben und damit zu monopolisieren, gebremst oder gar gestoppt. An einem bestimmten Punkt wird die notwendige »Blutauffrischung« durch Zugangsbarrieren dann so stark behindert, dass der normale Kreislauf nicht mehr funktioniert und Revolutionen ausbrechen, in deren Verlauf die alte herrschende Klasse durch eine neue abgelöst wird.

Schon diese Grundfigur wird aber nur in ihrem Kern von allen drei Klassikern geteilt, denn in einer entscheidenden Frage bezieht Michels schon hier eine deutlich abweichende Position. Er bestreitet im Unterschied zu Mosca und Pareto eine wirkliche Ablösung der alten herrschenden Klasse, selbst in Revolutionen, sieht vielmehr nur eine permanente Amalgamierung der alten Eliten mit neuen aufsteigenden Elementen (Michels 1911: 364). Diese Differenz macht auf die grundlegende Schwäche des Zirkulationsmodells aufmerksam. Es bleibt trotz einer Vielzahl von historischen Beispielen seltsam blutleer und abstrakt. Es fehlt ihm eine wirkliche Fundierung.

Das gilt vor allem für Pareto. Wenn er den Kreislauf im Wesentlichen mit Veränderungen in der Zusammensetzung der Residuen in der herrschenden wie der beherrschten Klasse erklärt, so gerät er mit dieser vorwiegend psychologisch ausgerichteten Begründung in zwei große Dilemmata. Zum einen kann er nicht schlüssig herleiten, warum sich die Residuen bei Elite und Masse in der von ihm geschilderten Art und Weise verändern, zum anderen bleibt er die Antwort auf die Frage schuldig, warum der normale Kreislauf nicht dauerhaft funktioniert, es irgendwann unausweichlich zu Revolutionen kommen muss. Sein Hauptargument ist jedenfalls alles andere als zwingend. Die Monopolisierungsbestrebungen der herrschenden Klasse und die dadurch ausgelösten Aufstiegsblockaden reichen, wie Bottomore am Beispiel Indiens mit seiner sehr starren Kastenstruktur zeigt (Bottomore 1964/1966: 52), offensichtlich nicht aus, revolutionäre Prozesse in Gang zu bringen. Die Formulierung Paretos, Revolutionen brächen immer dann aus, wenn der Unterschied zwischen den Residuen »hinreichend groß« sei (Pareto 1916/1962: 169), ist dementsprechend allgemein und nichts sagend.

Ohne Rückgriff auf reale, vor allem sozialstrukturelle Veränderungen bleibt die Argumentation weitgehend formal und ahistorisch. Das gilt im Kern auch für Mosca, obwohl er den materiellen Voraussetzungen von Veränderungsprozessen erheblich mehr Aufmerksamkeit schenkt. So erklärt er nicht nur die psychologischen Eigenschaften der herrschenden Klasse viel stärker als Pareto mit sozialen Einflüssen, er misst den sozialen Kräften auch weit mehr Gewicht zu, wenn es um die Zirkulation der herrschenden Klassen geht. Trotz dieser Differenzen kennt die Geschichte im Grundsatz aber auch für ihn (ebenso wie für Pareto und Michels) nur einen immer wiederkehrenden Kreislauf, in dem eine herrschende Klasse oder Elite die andere ablöst. Die optimistische Sicht der Aufklärung auf die Menschheit und ihre Entwicklungsmöglichkeiten wird bei allen drei ersetzt durch eine pessimistische. In ihren Augen kennt die Menschheitsgeschichte nur ein Muster: Kleine Minderheiten kämpfen beständig um die Macht und die große Mehrheit der Bevölkerung schaut mehr oder weniger nur zu. Michels formuliert das am drastischsten: »Die Massen begnügen sich damit, unter Aufbietung aller Kräfte ihre Herren zu wechseln« (Michels 1911: 377).

Obwohl die ideologische und zum Teil auch praktische Nähe zum italienischen Faschismus die Arbeiten von Mosca, Pareto und Michels spätestens nach dem Ende des Zweiten Weltkriegs für längere Zeit in Verruf gebracht hat, ist ihr Einfluss auf die Elitensoziologie beziehungsweise die gesamte Eliteforschung und -diskussion bis heute ungebrochen. Pareto bildete mit seinem Versuch, ein Gleichgewichtsmodell für die Gesellschaft zu entwickeln, und seiner abstrakten Definition des Elitebegriffs sogar einen unmittelbaren Vorläufer jener funktionalistischen Elitetheorien, die seit den fünfziger Jahren die klassische Sichtweise abgelöst haben und bis heute in der Debatte über die Eliten dominieren.

Zwar haben Mosca und Pareto im Unterschied zu Michels, wohl nicht zuletzt auch aufgrund ihres deutlich höheren Alters und ihrer gesicherten beruflichen Position, den unmittelbaren Verlockungen des Faschismus widerstanden, ideologisch aber müssen sie zweifellos zu seinen Wegbereitern gezählt werden.

Orientierungsfragen

1. Wie charakterisiert Le Bon die Masse?
2. Was versteht Mosca unter den Monopolisierungsbestrebungen der herrschenden Klasse?
3. Was bedeutet der Kreislauf der Eliten bei Pareto?
4. Welche Gründe führt Michels für sein ehernes Gesetz der Oligarchie an?

Weiterführende Literatur

Berking, Helmuth (1984), *Masse und Geist. Studien zur Soziologie in der Weimarer Republik.* Berlin: Wissenschaftlicher Autoren-Verlag.

Bottomore, Thomas B. (1966), *Elite und Gesellschaft. Eine Übersicht über die Entwicklung des Eliteproblems.* München: C.H. Beck.

Le Bon, Gustave (1964), *Psychologie der Massen.* Stuttgart: Alfred Kröner.

Michels, Robert (1911), *Zur Soziologie des Parteiwesens in der modernen Demokratie. Untersuchungen über die oligarchischen Tendenzen des Gruppenlebens.* Leipzig: Verlag Werner Klinkhardt.

Michels, Robert (1975), »Die oligarchischen Tendenzen in der modernen Gesellschaft.« Ein Beitrag zum Problem der Demokratie, in: Röhrich, Wilfried (Hg.), *›Demokratische‹ Elitenherrschaft. Traditionsbestände eines sozialwissenschaftlichen Problems.* Darmstadt: Wissenschaftliche Buchgesellschaft, S. 47–116.

Mosca, Gaetano (1950), *Die herrschende Klasse.* München: Leo Lehnen Verlag.

Pareto, Vilfredo (1955), *Allgemeine Soziologie* (ausgewählt, eingeleitet und übersetzt von Carl Brinkmann). Tübingen: J.C.B. Mohr (Paul Siebeck).

— (1962), *Paretos System der Allgemeinen Soziologie* (Einleitung, Übersetzung und Anmerkungen von Gottfried Eisermann). Stuttgart: Ferdinand Enke.

3. Die Funktionseliten

Die Erfahrungen mit dem italienischen und vor allem dem deutschen Faschismus sorgten dafür, dass die machiavellistischen Elitetheorien von Michels, Mosca und Pareto aufgrund ihrer ideologischen (und bei allen drei Autoren zum Teil auch persönlichen) Nähe zu diesem Herrschaftssystem nach dem Ende des Zweiten Weltkriegs in der breiten wie auch der wissenschaftlichen Öffentlichkeit sehr kritisch betrachtet wurden. Die den Klassikern der Elitesoziologie gemeinsame Grundüberzeugung, dass die Herrschaft einer kleinen Minderheit über die große Mehrheit unumgänglich sei, war durch die Verbrechen des Faschismus in den Augen der meisten Menschen in hohem Maße diskreditiert. Mit dem Begriff Elite assoziierten sie nun in erster Linie den Rassenwahn des Nationalsozialismus und die daraus resultierende Ermordung von Millionen »rassisch minderwertiger« Juden und Slawen, das Führerprinzip in Politik und Gesellschaft, die Eliteschulen der Nazis, das unter dem Namen Lebensborn firmierende Programm der SS zur Züchtung »rassisch wertvollen Menschenmaterials« etc. All diese Erscheinungsformen des Faschismus waren nämlich mit einem Grundgedanken verknüpft, der unmittelbar an die Theorien von Michels, Mosca und Pareto erinnerte, dem von der Überlegenheit einer auserwählten Minderheit.

3.1 Masse und Funktionseliten

Die Auseinandersetzung mit dem Faschismus und seinen verheerenden Folgen warf für die Eliteforschung ein entscheidendes Problem auf: Wie konnte man das Verhältnis von Elite und Masse neu bestimmen, ohne wieder in die klassische Dichotomie zu verfallen. Die meisten Sozialwissenschaftler sahen und sehen bis heute die Lösung im theoretischen Ansatz von den pluralistischen **Funktionseliten**.

Der erste bekannte Soziologe, der sich argumentativ in diese Richtung orientierte, war Karl Mannheim.

Karl Mannheim (geboren 1893 in Budapest, gestorben 1947 in London) wuchs in einer wohlhabenden jüdischen Familie auf. Nach dem Studium in Budapest, Freiburg, Berlin, Paris und Heidelberg wurde er 1930 Professor an der Universität in Frankfurt a. M., musste 1933 nach London emigrieren, wo er zunächst Dozent an der London School of Economics und ab 1942 Professor an der University of London war.

Schon in der 1935 erschienenen ersten Fassung seines *Mensch und Gesellschaft im Zeitalter des Umbaus* spricht Mannheim im Teil über »die gesellschaftlichen Ursachen der gegenwärtigen Kulturkrise« nicht nur explizit von verschiedenen Elitetypen, sondern auch von einer »Häufung der Elitegruppen« und der Durchsetzung des Leistungsprinzips als dem für die Elitenselektion entscheidenden Faktor. Diese Differenzierung zeigt in ihren Grundzügen deutliche Ähnlichkeit mit den ab den fünfziger Jahren vorherrschenden funktionalistischen Elitetheorien, auch wenn sie in den Details der Beweisführung mehr oder minder klare Differenzen erkennen lässt.

Mannheim unterscheidet bei den Eliten zwischen drei Typen: den politischen und den organisierenden Eliten, den intellektuellen und den künstlerischen sowie den moralischen und den religiösen Eliten. Die beiden erstgenannten sind seiner Ansicht nach vor allem in Wirtschaft, Verwaltung, Politik und Militär anzutreffen und für die Integration der »verschiedenen Willensrichtungen« zuständig. Die anderen vier hätten die Aufgabe, »die seelischen Energien zu vergeistigen«, das heißt Wissenschaft und Kultur eines Landes zu entwickeln und zu entfalten (Mannheim 1935/1967: 96). Beide Arten von Eliten seien für eine Gesellschaft unverzichtbar. Die prinzipiell offene demokratische Massengesellschaft sorge nun dafür, dass die Anzahl wie der Umfang der Elitegruppen wachse, in der Folge deren Exklusivität abnehme und sich von den drei in der Geschichte der Menschheit wesentlichen Auswahlprinzipien: Geburt, Besitz oder Leistung das letztere durchsetze und immer häufiger zum alleinigen Selektionskriterium werde (ebd.: 101 ff.).

Obwohl diese Veränderungen auf der einen Seite für die Weiterentwicklung der Gesellschaft unverzichtbar seien, stellten sie auf der anderen Seite aber auch eine große Gefahr dar, und das in erster Linie auf kulturellem Gebiet. So wirke die Zunahme der Elitegruppen gegenüber der Starrheit und Geschlossenheit früherer kleiner Eliten zunächst zwar als befruchtend, »über eine bestimmte Grenze hinaus« aber werde die »Mannigfaltigkeit zur Verschwommenheit«, neutralisierten sich die einzelnen Eliten gegenseitig, so dass keine mehr die gesamte Gesellschaft zu prägen verstehe. Der damit einhergehende Verlust an Exklusivität verhindere dann die Ausbildung eines führenden Geschmacks oder Stilprinzips und ersetze ihn durch einen ständigen Hunger nach flüchtigen Reizen und eine allgemeine Orientierungslosigkeit (ebd.). Verstärkt werde dieser Effekt noch durch die Zerstörung jener Zwischengebilde, die früher für die Vermittlung zwischen Eliten und Massen gesorgt hätten. An die Stelle eines aus ständeähnlichen Schichten gebildeten konstanten Publikums trete in der **Massengesellschaft** ein »Gelegenheitspublikum«, das den Gesetzen der Massenpsychologie viel stärker unterworfen sei und vorrangig auf Sensationen reagiere. Ähnliches sei es auch in der Politik zu beobachten, wo ebenfalls die Konstanz verloren gehe und der Irrationalität der Massen ein immer größeres Gewicht zukomme (ebd.: 114 f.).

Hinsichtlich der Dominanz des **Leistungsprinzips** sieht Mannheim vergleichbare Gefahren. Das Leistungsprinzip sei als dynamisches Element für die gesellschaftliche Entwicklung zwar ebenfalls zwingend erforderlich, berge aber nicht nur das Risiko in sich, der Gesellschaft die notwendige Kontinuität zu rauben, sondern, wenn objektive Leistungsmaßstäbe und gerechte soziale Auswahlprinzipien fehlten, sogar das der Entartung der »Massengesellschaft zum Faschismus« (ebd.: 107 f.). Mannheim ergänzt diesen Punkt später dann durch das Argument, dass gerade die »Demokratisierung des sozialen Aufstiegs durch

Bildung« eine entscheidende negative Folge beinhalte, die »Proletarisierung der Intelligenz« und die damit verknüpfte Entwertung kultureller und geistiger Arbeit in der Öffentlichkeit. Die Loslösung der Intelligenz von der »guten Gesellschaft« habe zwar zunächst zu einem Aufblühen von Kultur und Wissenschaft geführt, unterminiere auf Dauer aber auch ihre Grundlagen, indem die »beschränktere Intelligenz des Durchschnittsmenschen« immer stärkeres Gewicht gewinne und zum allgemeinen Vorbild werde. Ausschlaggebend für diesen Prozess seien vor allem die kleinbürgerlichen Elemente, die sich aus materiellen Gründen nach den vorindustriellen Zeiten zurück sehnten und folglich dann auch geistigen Rückschritt produzierten (ebd.: 120ff.).

Wie gerade das letzte Argument zeigt, verbinden sich bei Mannheim drei ganz unterschiedliche Betrachtungsweisen. In vielen Formulierungen wie Gedankengängen greift er die Massenpsychologie Le Bons und das Elite-Masse-Modell von Pareto und Mosca auf, in anderen (wie zum Beispiel in seiner Bewertung des Kleinbürgertums) bezieht er sich eindeutig auf die marxistische Klassenanalyse und in wieder anderen wird eine eher funktionalistische Sicht deutlich. Damit unterscheidet er sich deutlich vom Pionier der **US-amerikanischen Eliteforschung**, Harold D. Lasswell, der in seinen ebenfalls Mitte der dreißiger Jahre veröffentlichten Büchern *World Politics and Personal Insecurity* (1934) und *Politics: Who Gets What, When and How* (1936) noch sehr viel stärker von Pareto geprägt ist.

Harold D. Lasswell (geboren 1902 in Donnellson/Illinois, gestorben 1978 in New York) wurde nach dem Studium an der University of Chicago Professor an der Milikan University, dann an der University of Chicago, in Yale und schließlich in Harvard.

Lasswell folgt Pareto nicht nur in der klaren Gegenüberstellung von Elite und Masse, er konzentriert sich dabei wie Pareto auch in erster Linie auf die psychologischen Voraussetzungen für die Eroberung und Behauptung von Machtpositionen und blendet sozialstrukturelle Prozesse fast völlig aus.[20] Eliten müssen für ihn, um ihre Herrschaft sichern zu können, vor allem die Fähigkeit besitzen, die Massen zu manipulieren, und das mit allen ihnen zur Verfügung stehenden Mitteln wie Symbolen, Gewalt oder materiellen Gütern.

Obwohl der Einfluss Paretos bei Lasswell später nachlässt und Pareto für die anderen Vertreter der US-amerikanischen Eliteforschung von Anfang an eine deutlich geringere Rolle spielt, bleibt die frühe Sichtweise Lasswells doch in zweierlei Hinsicht charakteristisch für die meisten Arbeiten, die in den zwei Nachkriegsjahrzehnten in den USA zur Elitenthematik veröffentlicht wurden.[21] Sie zeichnen sich dadurch aus, dass sie zum einen Schicht- und Klassenstrukturen und die damit verbundenen gesellschaftlichen Prozesse vernachlässigen oder sogar ganz unberücksichtigt lassen, zum anderen eine sehr kritische Haltung den Massen gegenüber einnehmen, die in ihren Grundzügen sowohl an die drei Klassiker als auch an Mannheim erinnert.[22]

Ein typisches Beispiel für letztere Einstellung bildet Kornhauser, der in seiner Analyse *The Politics of Mass Society* (1959) die Demokratie nicht von den herrschenden Eliten, sondern ganz im Gegenteil von den Massen und den aus ihr hervorgehenden Gegeneliten bedroht sieht. Nur die **etablierten Eliten** hätten ein Interesse an der Stabilität der herrschenden demokratischen Ordnung und sie würden zudem durch die interne Konkurrenz zwischen den verschiedenen Teileliten am Missbrauch ihrer Macht gehindert. Die Massen und die Gegeneliten seien demgegenüber nicht in gleicher Weise an diese Ordnung und ihre Werte gebunden und stellten angesichts der hohen Anfälligkeit der Massen für populistische Wertvorstellungen und Mobilisierungsversuche eine reale Gefahr für das demokratische System dar. Ein System, so Kornhauser, in dem der Zugang zu den Eliten leicht sei, erzeuge Druck seitens der Massen, der die Eliten daran hindere, »ihre

20 Der zweite Punkt trifft auch auf die späteren Arbeiten von Lasswell zu, in denen er sich theoretisch ansonsten stärker in Richtung funktionale Teileleiten orientiert (u.a. Lasswell 1948; Lasswell/Lerner 1965).

21 Eine wichtige Ausnahme bildet Mills mit seiner *»Power Elite«*. Er wird in Kapitel 4.1 genauer behandelt.

22 Zum zweiten Punkt s. näher die Ausführungen von Bachrach 1970: 40ff.

kreativen und werterhaltenden Funktionen zu erfüllen« (ebd.: 28). Eine direkte Einflussnahme seitens der Massen sei deshalb abzulehnen, weil sie die unabhängige Wahrnehmung der anstehenden Aufgaben durch die Eliten be- oder gar verhindere, die Existenz von so genannten »mid-elites« (Spezialisten wie etwa Anwälten), die einen Puffer zwischen Eliten und Nicht-Eliten bildeten, folglich unverzichtbar (ebd.: 99). Lasswell und Kaplan werden in ihrem 1950 erschienenen Buch *Power and Society* noch deutlicher. Sie sprechen dort sogar ausdrücklich davon, dass alles, was das »Machtpotential der Masse« stärke, die Machtverteilung »in Richtung auf eine Autokratie« verschiebe (Lasswell/Kaplan 1950: 221).

Die Argumentation von Kornhauser und Lasswell/Kaplan ist symptomatisch für den Mainstream der US-amerikanischen Elitediskussion in den Fünfzigern. Auf der einen Seite drückt sich in ihr ein tief sitzendes Misstrauen der breiten Bevölkerung gegenüber aus. Auf der anderen Seite sieht sie demokratische Machtverhältnisse schon dadurch gewährleistet, dass es keine einheitliche Elite, sondern aus den verschiedenen Bereichen der Gesellschaft kommende und miteinander konkurrierende Teileliten gebe, deren Macht durch die der jeweils anderen eingeschränkt werde. Die je nach Besitz, Einkommen, Beruf, Bildung etc. sehr ungleich verteilten Chancen, Einfluss auf politische Entscheidungen oder gar gesamtgesellschaftliche Entwicklungen zu nehmen, stellen deshalb für die meisten Autoren auch kein gravierendes Problem dar. Aus ihrer Sicht müssen nur zwei wesentliche Voraussetzungen gegeben sein, um von einer **funktionierenden Demokratie** sprechen zu können. Es muss unter den etablierten Teileliten eine wirksame Konkurrenz geben und zugleich einen **prinzipiellen Zugang** zu diesen Eliten seitens der Massen.

Der von David Riesman in seinem Buch *The Lonely Crowd* (1953) geprägte Begriff der Veto Groups wurde zumeist als Bezeichnung für diese sich gegenseitig in ihrer Macht beschränkenden Eliten gewählt.

Lasswell und Kaplan sagen das ganz deutlich. Nach der Feststellung, aus politischer Gleichheit resultiere im Maße von deren Effektivität auch soziale und wirtschaftliche Gleichheit, definieren sie diese politische Gleichheit dann nicht als gleiche Verteilung von Macht, sondern als eine des »Zugangs zu Macht«. Politische Gleichheit sei daher »eine Frage der gleichen Wählbarkeit in Machtpositionen« (ebd.: 226 f.). Der Begriff »Wählbarkeit« zeigt, dass sie sich bei ihrer Aussage (wie im Übrigen die große Mehrheit der an der Debatte beteiligten Soziologen und Politikwissenschaftler) in erster Linie auf die Politik im engeren Sinne konzentrieren. Die Machtverteilung in anderen Bereichen wie vor allem der Wirtschaft bleibt weitgehend außen vor. Hier wäre es auch nicht so einfach, die »Wählbarkeit« zum entscheidenden Kriterium zu machen und dann zu einer positiven Antwort zu gelangen. Diese Beschränkung trifft auch auf weniger konservative Sozialwissenschaftler wie etwa Dahl zu.

Robert Dahl (geboren 1915 in Inwood/Iowa) war nach dem Studium in Yale auch als Professor dort tätig.

Zwar richtet Dahl in seiner bekannten Untersuchung über die Machtstrukturen in der Stadt New Haven seinen Blick nicht nur auf die Politiker, belässt es dann aber doch weitgehend beim Blick auf die unmittelbar politischen Entscheidungsstrukturen, wenn er die Auseinandersetzungen über die Vergabe von Parteikandidaturen, die Entwicklung des öffentlichen Schulwesens und vor allem die Stadtplanung untersucht. Dass er den Bürgermeister als die treibende Kraft für die im Mittelpunkt seiner Untersuchung stehende Stadterneuerung ansieht und nicht die soziale und die ökonomische Elite der Stadt, die er für uneinig hält, passt in dieses Bild.[23]

23 Die empirische Überprüfung der Studie von Dahl durch Domhoff (1978) richtet ihre Kritik genau auf diesen Punkt und gelangt hinsichtlich der Machtverteilung und des politischen Einflusses gerade im Fall der Stadterneuerung zu völlig anderen Ergebnissen.

Was Dahl dann allerdings deutlich von Lasswell unterscheidet, ist seine erheblich kritischere Sicht in der Frage der Zugangschancen. Zwar beschreibt er in seiner Studie die für ihn wesentliche historische Entwicklung von einer ursprünglich weitgehend einheitlichen zu einer sozial und ethnisch gemischten, pluralistischen Elite, er weist aber auch darauf hin, dass die Möglichkeiten zur Beteiligung an politischen Entscheidungen auch heute noch umso größer sind, je größer die dem Einzelnen zur Verfügung stehenden Ressourcen wie Einkommen, Bildung, Beruf etc. ausfallen (Dahl 1961: 282 f.). Daraus leitet er an anderer Stelle die Forderung nach einer wirklichen Chancengleichheit ab, bei der »jeder erwachsene Bürger die gleiche und zeitlich unbegrenzte Chance haben muß, soviel Einfluß auf zentrale Regierungsentscheidungen auszuüben, wie jeder andere Bürger auch« (Dahl 1964: 17; zitiert nach Bachrach 1967: 107). Diese Forderung wäre für ihn letztlich erst dann erfüllt, wenn die Rekrutierung für politische Positionen nach Klasse, Rasse, Geschlecht etc. proportional dem Anteil an der Bevölkerung erfolgte. Mit dieser Forderung wie auch mit seiner skeptischen Bewertung der demokratischen Beteiligungsmöglichkeiten bleibt Dahl allerdings die Ausnahme.[24] Die ausgesprochen positiven Beurteilungen des real existierenden parlamentarischen Systems und seiner Eliten überwiegen unter den US-amerikanischen Eliteforschern bei weitem.

3.2 Funktionseliten und Demokratie

Obwohl die deutsche Eliteforschung der ersten zwei Nachkriegsjahrzehnte (mit ihren bekanntesten Vertretern Dahrendorf, Dreitzel, Stammer und Zapf) diese positive Bewertung im Großen und Ganzen ebenso teilt wie den theoretischen Ansatz der Funktionseliten, unterscheidet sie sich doch in zwei Punkten ganz wesentlich von den gleichzeitig in den USA veröffentlichten Arbeiten. Zum einen wird der Zusammen-

24 Es ist insofern nicht weiter verwunderlich, dass Dahl in späteren Veröffentlichungen bezüglich des Gemeinwohls die Rolle der Wirtschaft zunehmend kritisch sieht und auf deren strukturelles Übergewicht hinweist (Dahl 1982).

hang zwischen **Eliten und Sozialstruktur** beziehungsweise Klassen nicht nur nicht ausgeblendet, sondern bildet im Gegenteil sogar einen Kernpunkt des Interesses[25], wie zum Beispiel der Titel von Dreitzels zentralem Werk unmissverständlich zeigt. Er lautet *Elitebegriff und Sozialstruktur* (1962). Zum anderen fehlt die negative Grundeinstellung den Massen gegenüber, während im Gegenzug die Eliten deutlich kritischer beäugt werden.

Das eine wie das andere hängt im Wesentlichen damit zusammen, dass Paretos Elitentheorie, deren direkter oder indirekter Einfluss in den USA auch nach dem Zweiten Weltkrieg unübersehbar war, bei den wichtigsten Repräsentanten der deutschen Eliteforschung auf ziemlich unverhohlene Ablehnung und Kritik stieß. So wendet sich Stammer schon in seinem 1951 erschienenen Aufsatz über das *»Elitenproblem in der Demokratie«* ausdrücklich gegen die »antidemokratische Tendenz« bei Mosca und Pareto, die »ohne Zweifel die politische und ideologische Praxis der Elitenbildung in verschiedenen totalitären Herrschaftssystemen sehr stark beeinflusst« habe (Stammer 1965a: 68).[26] Als eindeutiges Beispiel nennt er die nationalsozialistische »Gedankenwelt und Praxis«.

Otto Stammer (geboren 1900 in Leipzig, gestorben 1978 in Berlin) war nach dem Studium als politischer Journalist und von 1930–1933 als SPD-Kulturreferent in Breslau tätig. Nach politisch bedingter Arbeitslosigkeit und späterer Beschäftigung in der pharmazeutischen Industrie war Stammer nach Kriegsende zunächst an der Universität Leipzig angestellt, bevor er 1951 an die FU Berlin berufen wurde, wo er dann blieb.

25 Das gilt im Übrigen auch für andere europäische Autoren wie etwa Aron, der sich in seinen Arbeiten ebenfalls explizit mit dem Verhältnis von Eliten und Klassen auseinander setzt (Aron 1950; 1960).

26 In seine Kritik bezieht er dabei nicht nur konservative Autoren wie Ortega y Gasset mit seinem *Aufstand der Massen* ein, sondern auch Mannheim mit seiner Klage über die Vermassung der Gesellschaft und deren Folgen für die Elitenbildung (Stammer 1965a: 64 f.).

Vor allem bei ihm und Dahrendorf dürften die persönlichen Erfahrungen mit dem Untergang der Weimarer Republik und dem NS-Regime für die Ablehnung der klassischen Elitetheorien denn auch eine entscheidende Rolle gespielt haben.

Ralf Dahrendorf (geboren 1929 in Hamburg) ist der Sohn eines SPD-Reichstagsabgeordneten. Nach dem Studium wurde er schon 1958 Professor an der Akademie für Gemeinwirtschaft in Hamburg, um danach Professuren in Tübingen und Konstanz anzutreten. 1969 wurde er parlamentarischer Staatssekretär im Bundesministerium des Auswärtigen, 1970 EWG-Kommissar. 1974–1988 war er Direktor der London School of Economics, 1991–1997 Prorektor der Universität Oxford und seit 1993 ist er Mitglied des britischen Oberhauses.

Beide hatten nicht nur die Rolle der traditionellen deutschen Eliten beim Untergang der Republik und beim Aufstieg der Nazis aus nächster Nähe beobachten können, sie waren aufgrund ihrer politischen Ansichten und Aktivitäten später dann von den Nazis auch verfolgt worden. Dahrendorf, der Sohn eines sozialdemokratischen Reichstagsabgeordneten, wurde 1944 wegen »staatsgefährdender Umtriebe« verhaftet, Stammer als aktives SPD-Mitglied während des Nationalsozialismus mit Berufs- und Publikationsverbot belegt. So ist es nicht weiter verwunderlich, wenn Stammer das Scheitern der Weimarer Republik im Kern nicht auf die Unreife oder mangelnde politische Qualität der Arbeiterklasse oder der »Volksmassen« zurückführt, sondern die Verantwortung dafür in erster Linie in »den Fehlern ihrer Elitebildung« sucht. Die Eliten der Weimarer Republik hätten ihre Funktionsfähigkeit verloren, weil sie aufgrund von Abkapselungstendenzen und der damit verknüpften Herausbildung privilegierter Gruppen die notwendige Verbindung zwischen Bevölkerung und Staatsführung nicht mehr hätten herstellen können. Letztere sei dadurch ihres »wichtigsten politischen Werkzeugs zur Verteidigung der Demokratie« beraubt worden (ebd.: 79 ff.).

Obwohl Stammers Kritik an der Schließung der Eliten an die Theorien von Michels, Mosca und Pareto erinnert, wendet er sich in seiner Argumentation ganz explizit gegen deren Aussage von einer generellen Oligarchisisierung der Eliten. Für ihn hat diese Feststellung in Bezug auf nichtdemokratische Systeme zwar ihre Berechtigung, für demokratische aber nicht. Dort sorgten die soziale und politische Konkurrenz zwischen den einzelnen Eliten sowie die Verpflichtung dieser Eliten, sich vor ihren »Muttergruppen« und dem gesamten Volk »rechtfertigen und verantworten« zu müssen, dafür, dass die vorhandene psychische Bereitschaft zur Abkapselung in der Regel nicht zum Tragen komme (ebd.: 82).

Hier wird Stammers grundsätzliche theoretische Position in der Elitenfrage deutlich. Unter Eliten versteht er unter den Bedingungen der demokratischen Massengesellschaft zum einen soziale oder politische Einflussgruppen aus den verschiedenen Bereichen, die sich aus der Bevölkerung durch **Delegation oder Konkurrenz** herauslösten und im System eine bestimmte Funktion wahrnähmen, zum anderen die Gruppen, die bestimmte politische Führungsfunktionen übernähmen. Sie alle stünden in Konkurrenz zueinander. Ihre wesentliche Rolle bestehe in der »**funktionalen Mittlerstellung**« zwischen Volk und Staatsführung (ebd.: 71). Nur sie könnten das Funktionieren der **Massendemokratie** garantieren, weil nicht nur die »Auswahl der Spitzenführung des Staates in jedem Falle ausschließlich in ihrer Hand« liege, sondern sich allein durch sie die notwendige Kontrolle dieser Führung durch die Massen wie umgekehrt die Vermittlung von deren Entscheidungen in die Massen hinein erfolgreich vollziehen könne (ebd.: 77).

Diese Eliten, zu denen Stammer neben führenden Gruppen aus dem Staatsapparat (Regierungs- und Fraktionsgremien, Teile der Ministerialbürokratie, der Justiz und des Heeres) auch die Spitzen der Parteien und der Verbände zählt oder die Interessenvertretungen des Kapitals und die Einflussgruppen der großen Unternehmen und der Gewerkschaften, seien im Prinzip offen. Zugang zu ihnen und damit Teilhabe an der Führung könne jedermann erlangen, wenn er fähig sei, »eine bestimmte Funktion im gesellschaftlich-politischen Ordnungsgefüge zu übernehmen und die in dieser Funktion von ihm erwartete Leistung zu erbringen«. Nur durch eine derartige Leistungskonkurrenz sei auch die Funktionsfähigkeit der Eliten wie des demokratischen Systems insgesamt gewährleistet. Die Führungsschicht der demokratischen Massengesellschaft sei deshalb im Gegensatz zu früheren Führungsschichten »keine soziale Oberklasse, keine Aristokratie«, keine durch Abstammung, Besitz oder Bildung privilegierte in sich geschlossene Gruppe. Sie fungiere vielmehr »im Auftrag und unter der Kontrolle« des Volkes (Stammer 1965b: 177).[27]

Die größte Schwäche und damit auch Bedrohung dieses Systems sieht Stammer darin, dass die Koordinierung von Eliten im Bereich der Auseinandersetzungen ihrer Muttergruppen erfolge und die daraus resultierende Konkurrenz im Extremfall ein Ausmaß erreichen könne, bei dem die notwendige sachliche Kooperation nicht mehr gewährleistet sei (Stammer 1965a: 89). Für eine soziologische Betrachtung der Eliten sei es daher auch unverzichtbar, sich Klarheit über deren Muttergruppen und letztlich über die dahinter stehenden gesellschaftlichen Klassen zu verschaffen. Entstehung und Funktionen der Eliten seien »nur unter Berücksichtigung ihres Verhältnisses zur gesamten Sozialstruktur« zu analysieren (Stammer 1965a: 85; 1965b: 171).

Diese Grundeinstellung teilt auch Dahrendorf. In seinem theoretischen Ansatz, der in den sozialen Konflikten die treibende Kraft gesellschaftlicher Entwicklung sieht[28], spielen die Klassen sogar eine noch größere Rolle als bei Stammer. Für seine Beschäftigung mit den Eliten wird dieser Vorzug allerdings kaum fruchtbar, da Dahrendorf begrifflich keine genauen Definitionen vornimmt. Es gibt zwar einen Wechsel hinsichtlich der bevorzugten Begriffe, von Oberschicht in den frühen Veröffentlichungen hin zu Eliten und herrschenden Gruppen in den späteren, systematisch ist das aber nicht. So spricht Dahrendorf

27 Vergleiche zur Elitendefinition von Stammer auch die sehr kompakte Darstellung in seinem Artikel für das Wörterbuch der Soziologie (Stammer 1969).

28 Die zentrale Rolle sozialer Konflikte, bei denen es für Dahrendorf im Kern um Herrschafts- und nicht um Eigentumsverhältnisse geht, unterscheidet Dahrendorfs theoretischen Ansatz grundlegend von den Gleichgewichtsmodellen von Parsons, aber auch Pareto, wie Dahrendorf in der Darstellung seines Ansatzes ausdrücklich anmerkt (Dahrendorf 1974: 273). Siehe zum Ansatz insgesamt Dahrendorf 1974: 263ff. und 1987: 39ff.

auch 1961 in *»Gesellschaft und Freiheit«* schon von den funktionalen Eliten, rechnet sie dann aber umstandslos einfach zur Oberschicht (Dahrendorf 1961: 179). Ein Jahr danach differenziert er in seinem Aufsatz *Eine neue deutsche Oberschicht?* zwar zunächst zwischen Prestige-Oberschicht, wirtschaftlicher Oberschicht (upper class) und herrschender Klasse beziehungsweise Machtelite als den drei entscheidenden Führungsgruppen und weist auch darauf hin, dass die drei sich in ihrer personellen Zusammensetzung überlappen können, aber nicht müssen, die aus dieser Unterscheidung sich ergebenden analytischen Möglichkeiten verschenkt er aber zu einem großen Teil gleich wieder, indem er alle drei eine Seite später einfach unterschiedslos als Eliten bezeichnet (Dahrendorf 1962: 18ff.). Zehn Jahre später in *Konflikt und Freiheit* variiert er dann ständig zwischen Eliten, herrschenden Gruppen und herrschender Klasse, ohne das näher zu begründen (Dahrendorf 1972: 126ff.).[29]

Trotz der fehlenden begrifflichen Schärfe bleiben die Grundmuster der Argumentation bei Dahrendorf aber stets die gleichen. Es gibt für ihn keine einheitliche Oberschicht mehr, sondern nur noch eine Vielzahl von miteinander konkurrierenden Führungsgruppen oder funktionalen Eliten. Einmal spricht er sogar von »konkurrierenden Teil-Oberschichten« (Dahrendorf 1961: 179). Was er im Detail unter diese Gruppen subsumiert, unterscheidet sich zwar etwas – anfänglich redet er von sieben funktionalen Eliten entsprechend den »großen institutionellen Ordnungen« der Gesellschaft: Wirtschaft, Politik, Erziehung, Religion, Kultur, Militär und Recht (Dahrendorf 1961: 179), später dann nur noch von vier Kategorien: den Trägern formeller politischer

29 Bei Dahrendorfs Schüler Wolfgang Zapf sieht das ähnlich aus. Er verzichtet fast völlig auf präzisere begriffliche Definitionen. Seiner Meinung nach kann man, nicht zuletzt aus »sprachlichen Gründen« die Begriffe Oberschicht, Führungsgruppen und Eliten durchaus »synonym verwenden« (Zapf 1965b: 10). Wolle man genauer sein, was Zapf selbst in seinen ausschließlich empirisch angelegten Studien (Zapf 1965a, b, c) aber nicht macht, so wäre Oberschicht für ihn der »Sammelbegriff für alle Positionen von hohem Prestige und Einkommen«, die Bezeichnungen Führungsgruppen und Eliten seien dagegen nur »jenem kleinen Personenkreis innerhalb der Oberschicht vorbehalten, der Einfluß auf Entscheidungen von gesamtgesellschaftlicher Tragweite« nehme (Zapf 1965b: 10).

Machtpositionen, formeller Verwaltungspositionen mit politischer Macht, anderer Positionen mit politischer Macht wie zum Beispiel in den Verbänden und von Positionen politischen Einflusses wie zum Beispiel an der Spitze von Großunternehmen oder Gewerkschaften (Dahrendorf 1972: 127) –, im Kern aber meint er dasselbe.

Ihm geht es um den Nachweis, dass Vorstellungen von einer einheitlichen Machtelite oder Oberschicht die Gegebenheiten der modernen Industriegesellschaft nicht mehr angemessen erfassen. Hohes Einkommen bringe, wie er es schon 1961 formuliert, eben nicht notwendig große Macht und solche Macht nicht notwendig hohes Prestige (Dahrendorf 1961: 178). Genauso änderten die nicht unerheblichen Überschneidungen zwischen den Gruppen der wirtschaftlichen Oberschicht und der Machtelite nichts an der prinzipiellen Differenz zwischen beiden und der Konkurrenz der wirtschaftlichen Oberschicht »mit anderen, zuweilen unterlegenen, zuweilen aber auch überlegenen Gruppen«, wenn es um wichtige Entscheidungen der Machtelite gehe (Dahrendorf 1962: 30).

Dahrendorf entwickelt für die Charakterisierung von Eliten darüber hinaus anhand von zwei Merkmalen: soziale Stellung und Gestalt auf der einen, politische Interessenlage und Haltung auf der anderen Seite, ein ganz allgemeines Modell. Weisen die Eliten ein hohes Maß an sozialer Homogenität (Herkunft, Bildungsweg, Berufsposition etc.) auf, so spricht er von einer **etablierten Elite** und im Gegenzug von einer **abstrakten Elite**, wenn diese Gemeinsamkeiten fehlen und es sich nicht um »Realphänomene« handelt, sondern nur um von Soziologen konstruierte »Ordnungsphänomene«. Hinsichtlich der politischen Interessenlage unterscheidet Dahrendorf zwischen einer uniformen Haltung, bei der die Interessen und Vorstellungen weitgehend gleich, und einer multiformen, bei der sie uneinheitlich und eventuell sogar widersprüchlich seien. Daraus leitet er dann vier **Grundtypen von Eliten** ab: eine autoritäre (etabliert und uniform), eine totalitäre (abstrakt und uniform), eine liberale (etabliert und multiform) und eine nicht näher bezeichnete, die in ihrer sozialen Gestaltabstrakt und in ihrer politischen Haltung multiform sei (Dahrendorf 1965: 257ff.). Während Dahrendorf zunächst nicht nur eine unübersehbare Vorliebe für den dritten Typus erkennen lässt, bei dem ihm ganz offenkundig die traditionelle britische Elite als positives Gegenbeispiel zur deutschen Situation vor Augen steht, er die »etablierte Elite« vielmehr sogar als Voraussetzung für den Bestand der freiheitlichen Verfassung der Gesellschaft ansieht, spricht er dann eindeutig von der abstrakten Elite im Sinne des vierten Typus als der »herrschenden Klasse der Zukunft«. Es werde keine »wirklich kohärenten Klassen« mehr geben, sondern nur noch »ängstliche Herrscher, unter sich gespalten, ungewiss im Hinblick auf ihre Position« (Dahrendorf 1972: 136).[30]

Was die Systematik seiner Begrifflichkeit betrifft, so stellt Dreitzel das genaue Gegenstück zu Dahrendorf dar.

Hans Peter Dreitzel (geboren 1935 in Berlin) war nach dem Studium in Göttingen Professor an der FU Berlin.

Seine Analyse des Elitebegriffs ist in dieser Hinsicht bis heute vorbildlich und wird wohl nur von Suzanne Kellers *Beyond the Ruling Class* übertroffen. Dreitzel geht in seiner Argumentation von der Grundüberlegung aus, dass die demokratische Industriegesellschaft auf der Steigerung der Produktivität und des Lebensstandards beruhe und ihre hierarchische Gliederung deshalb nach **Leistungsqualifikation** erfolge und nicht nach Kapitalbesitz wie in der bürgerlichen Klassengesellschaft des 19. Jahrhunderts. Die komplizierten Funktionszusammenhänge innerhalb der demokratischen Industriegesellschaft erforderten zwingend ein Spezialistentum, das »allein die fachliche Leistung« prämiere. Leistungsqualifikation sei an Stelle des Kapitals zum entscheidenden Produktionsfaktor geworden. Dadurch habe nicht nur der Klassenantagonismus seine Bedeutung eingebüßt, es sei auch zu einer »Vervielfältigung der Eliten« gekommen (Dreitzel 1962: 49ff., 73, 79, 155).

---

30 Diese Einschätzung wird von anderen Vertretern der Funktionseliten scharf kritisiert. So hält zum Beispiel Hoffmann-Lange sie selbst im Falle Deutschlands, dem Paradebeispiel Dahrendorfs, nur bezogen auf einen relativ kurzen Zeitraum der deutschen Nachkriegsgeschichte für zutreffend (Hoffmann-Lange 1991: 98 ff.).

Unter Elite versteht Dreitzel dementsprechend all jene Personen, die durch eine auf Leistung beruhende Auslese in Spitzenpositionen gelangt seien, wobei zwar grundsätzlich jeder Bereich persönlicher Leistung dafür in Frage komme, letztlich aber doch nur solche, die für die Gesellschaft von Interesse und Bedeutung seien. Leistungsqualifikation sei dabei nur eine notwendige, nicht jedoch eine hinreichende Voraussetzung. Der **Erfolg** im Sinne der öffentlichen Anerkennung der erbrachten Leistung müsse dazu kommen. Dreitzel fasst seine Definition von Elite abschließend in dem Satz zusammen: »Eine Elite bilden diejenigen Inhaber der Spitzenpositionen in einer Gruppe, Organisation oder Institution, die auf Grund einer sich wesentlich an dem (persönlichen) Leistungswissen orientierenden Auslese in diese Positionen gelangt sind, und die kraft ihrer Positions-Rolle die Macht oder den Einfluss haben, über ihre Gruppenbelange hinaus zur Erhaltung oder Veränderung der Sozialstruktur und der sie tragenden Normen unmittelbar beizutragen oder die auf Grund ihres Prestiges eine Vorbildrolle spielen können, die über ihre Gruppe hinaus das Verhalten anderer normativ mitbestimmt« (ebd.: 71).

Die über den Zugang zu den Eliten entscheidende **Leistungsauswahl** sei, so Dreitzel weiter, im Wesentlichen institutionalisiert, und zwar in Form der Berufsstruktur und der ihr vorgelagerten schulischen und beruflichen Bildung. Der Erwerb der hier zu vergebenden Bildungs- und Berufsqualifikationen und damit auch der Aufstieg in Elitepositionen stehe dabei prinzipiell jedermann offen. Dreitzel legt großen Wert auf die Feststellung, dass es nur um die prinzipielle Offenheit und nicht um die faktische gehe, denn er sieht die existierende Ungleichheit der Bildungs- und Berufschancen durchaus. Seiner Meinung nach sind sie aber in erster Linie das Resultat schichtspezifischer Schul- und Statusziele, stellten den Grundsatz der Leistungsauslese für Elitenpositionen deshalb auch nicht in Frage, obwohl sie die vertikale Mobilität deutlich einschränkten (ebd.: 110f.). Die demokratische Industriegesellschaft in ihrer Gesamtheit lasse sich folglich als Elitengesellschaft charakterisieren, in der die Auswahl für die Elitepositionen nach Leistung erfolge und diese damit prinzipiell für alle Bürger erreichbar seien.

Dreitzel stimmt mit Dahrendorf darin überein, dass die überproportionale Rekrutierung der Eliten aus Oberschicht und oberer Mittelschicht auf das Bildungsprivileg dieser Schichten zurückzuführen ist, dieses Bildungsprivileg aber, und damit implizit auch die soziale Zusammensetzung der Eliten, im Kern nicht mit den geringeren finanziellen Möglichkeiten der Arbeiterklasse zu begründen ist, sondern mit ihrer »Bildungsferne«. Dahrendorf behauptete schon für die fünfziger Jahre ausdrücklich, dass man mit nur »geringer Übertreibung« sagen könne, »dass sich in der Bundesrepublik jede Arbeiterfamilie das Universitätsstudium mindestens eines Kindes leisten« könne (Dahrendorf 1962: 22). Von der Bildungsreform versprach er sich dann folgerichtig auch eine grundlegende Veränderung der Elitenrekrutierung.

Die so definierte »elitäre Sozialstruktur« stellt für Dreitzel allerdings, wie er immer wieder betont, einen Idealtypus dar, der sich in der Wirklichkeit nicht in reiner Form durchsetze. Die Bezeichnung »Elitengesellschaft« bedeute nicht notwendigerweise, dass alle Spitzenpositionen ausschließlich nach Leistung besetzt würden, sondern nur, dass die Gesellschaft die Tendenz habe, in zunehmendem Maße so zu verfahren[31] (ebd.: 72 f.). Er gebe nämlich zwei wichtige Einschränkungen, die der reinen Leistungsauslese Schranken setzten. Zum einen sei sie insofern eine »Utopie«, als neben der Leistung stets auch der Erfolg für den Zugang zu den Eliten unverzichtbar sei und »kein Erfolg auf der bloßen Sachleistung allein« beruhe (ebd.: 99). Erfolg setzte vielmehr immer auch Durchsetzungsfähigkeit voraus. So müsse man, um der eigenen Leistung auch zum Erfolg zu verhelfen, zum Beispiel die Werte und Verhaltensweisen der Statusgruppe verinnerlichen, in die man aufzusteigen gedenke. Eine Überschätzung des Kriteriums

31 An anderer Stelle drückt Dreitzel diese Tendenz sehr deutlich aus, wenn er sagt: »Die industrielle Gesellschaft in ihrer vollen Entfaltung ist gekennzeichnet durch die generelle Durchsetzung der Leistungs- und Fortschrittswerte (und damit der beruflichen Leistungsnormen)« (ebd.: 152).

Erfolg, so wie sie bei Pareto festzustellen sei, lehnt Dreitzel aber explizit ab. Erfolg basiere in der industriellen Gesellschaft immer auch auf Leistung und reine »machiavellistische« Erfolgseliten seien daher die Ausnahme (ebd.: 103). Die zweite Einschränkung resultiere aus der Vererbung von Spitzenpositionen wie bei den Alleinbesitzern von großen Familienunternehmen, Mitgliedern des Hochadels oder den noch verbliebenen Großgrundbesitzern. Diese Spitzenpositionen seien deshalb auch keine eigentlichen Elitepositionen, sondern »ein – vermutlich niemals völlig zu beseitigendes – Relikt aus bürgerlich-kapitalistischer oder gar ständischer Gesellschaftsordnung« (ebd.: 143). Die Oberschicht in der demokratischen Industriegesellschaft, so seine Schlussfolgerung, setzte sich dementsprechend aus zwei Teilen zusammen, einem mit ererbten Macht- und Prestigepositionen und einem, der diese Positionen über Leistung und berufliche Karriere erworben habe. Letzterer dominiere in der Gesellschaft und ihren Eliten, ersterer sei dagegen eindeutig im Rückgang begriffen.

3.3 »Strategic Elites« (Suzanne Keller)

Den bis zum heutigen Tage umfassendsten Versuch, die Stellung und Funktion von Eliten analytisch zu klären, hat Suzanne Keller 1963 in ihrem Buch *Beyond the Ruling Class* unternommen.

> Suzanne Keller (geboren 1930 in Wien) studierte am Hunter College und an der Columbia University, war anschließend in Princeton, am MIT und an der Brandeis University tätig und wurde 1968 auf eine Professur in Princeton berufen.

Unter Eliten versteht sie, so ihre anfängliche Definition, effektive und verantwortliche Minderheiten, verantwortlich für die Realisierung der wesentlichen sozialen Ziele und die Kontinuität der sozialen Ordnung und effektiv bei der Verfolgung dieser Ziele. Eliten in diesem Sinne seien eine der tragenden Kräfte jeder organisierten Gesellschaft. Aufgrund der wachsenden inneren Differenzierung der modernen Industriegesellschaft nehme nicht nur die Bedeutung, sondern auch die Anzahl der Eliten spürbar zu, die man mit alten Konzepten wie denen der herrschenden Klasse, der Kasten oder der Aristokratien nicht mehr angemessen erfassen könne (Keller 1963: 4f.).[32]

Keller führt stattdessen, wie der Untertitel ihres Buchs *Strategic Elites in Modern Society* schon ausdrückt, die **strategischen Eliten** als zentralen analytischen Begriff ein. Sie unterscheidet bei den Eliten grundsätzlich zwischen jenen, die wie zum Beispiel Schönheitsköniginnen oder Bridge-Meisterspieler nur in ihrem jeweiligen Umfeld bedeutsam, und jenen, die für die Gesellschaft als ganze wichtig seien, weil ihre Entscheidungen und Handlungen Folgen für viele Mitglieder der Gesellschaft hätten. Letzteren gilt Kellers Interesse. Sie bezeichnet sie als »strategische Eliten« (ebd.: 20).

Die strategischen Eliten sind für Keller im Großen und Ganzen das Resultat von vier in der Gesellschaft wirksamen sozialen Kräften, des Wachstums ihrer Größe, ihrer internen Arbeitsteilung, ihrer formalen Organisation und ihrer moralischen Vielfalt. Diese Kräfte sorgten dafür, dass die einzelnen funktionalen Eliten wie die politische, die wirtschaftliche, die wissenschaftliche, die religiöse, die kulturelle etc. organisatorisch, beruflich und moralisch zunehmend autonom würden. In der modernen Industriegesellschaft sei diese Differenzierung so weit vorangeschritten, dass die zentralen Aufgaben der Eliten: Symbolisierung der moralischen Einheit, Koordination der verschiedenen Aktivitäten und Lösung von Konflikten sowie Schutz gegen äußere Feinde, nicht mehr von einer einheitlichen Elite wahrgenommen werden könnten. An die Stelle einer einzigen hierarchischen Pyramide mit einer Elite an der Spitze trete eine Vielzahl von parallelen Pyramiden und damit auch Eliten. Es sei deshalb auch nicht mehr länger richtig, von einer allmächtigen »economic ruling class« auszugehen. Wirtschaftliche Macht sei zwar weiter gegeben, aber selbst in einer den Markt

32 Eine Kurzfassung der wesentlichen Elemente ihrer Analyse ist in Kellers Handbuchartikel *»Elites«* für die »International Encyclopedia of the Social Sciences« nachzulesen (Keller 1968).

vergötternden Gesellschaft nur eine von mehreren gleichrangigen Kräften. So verfüge die Wirtschaftselite heutzutage, obwohl sie besser organisiert sei als früher, dennoch über weniger Einfluss (ebd.: 82f.). Der Übergang von der »ruling class« früherer Tage zu den »strategic elites« der modernen Industriegesellschaft beinhaltet für Keller aber nicht nur die Existenz mehrerer Eliten an Stelle einer einzigen, er hat ihrer Meinung nach auch in Bezug auf die zentralen Elitecharakteristika entscheidende Konsequenzen. So seien die strategischen Eliten aufgrund ihrer funktionalen Spezialisierung stets kleiner, kurzlebiger, in ihrer Autorität begrenzter, und vor allem auch offener als die herrschenden Klassen, weil der Zugang zu ihnen auf fachlichem Können und individueller Anstrengung statt auf Geburt und Reichtum basiere (ebd.: 57f.).

Um die gesellschaftliche Funktion der strategischen Eliten systematisch zu beschreiben, greift Keller auf den theoretischen Ansatz von Talcott Parsons zurück. Anhand seines berühmten **AGIL-Schemas** (adaptation, goal attainment, integration, latent pattern maintenance)[33] unterscheidet sie vier Grundtypen von strategischen Eliten, die für sie erst die notwendige Verbindung zwischen dem abstrakten Modell von Gesellschaft und deren Wirklichkeit herstellen. Für die Entscheidung, welche Ziele mit welchen Mitteln wann und wo verfolgt würden, sei in erster Linie die politische Elite zuständig, für die Bereitstellung der erforderlichen Mittel die wirtschaftliche, die wissenschaftliche, die militärische und die diplomatische, für die Formulierung moralischer Standards und Überzeugungen die integrative, bestehend aus herausragenden Kirchenvertretern, Philosophen, Lehrkräften sowie den »first families«, und für die Aufrechterhaltung der Alltagsmoral der einzelnen Bürger seien es die Eliten der Künstler, Schriftsteller, Entertainer, Filmstars und Sportler. Die für die beiden erstgenannten Aufgabenbereiche verantwortlichen Eliten nennt Keller die externen, die beiden anderen die internen.

33 Parsons ist der Meinung, dass in allen Systemen vier Grundfunktionen erfüllt werden müssen: Anpassung an die wechselnden Umweltsituationen, Zielsetzung und -realisierung, Integration der verschiedenen Teile des Systems sowie Bewahrung der grundlegenden Strukturen (Parsons 1959 und Parsons/Smelser 1956).

Die **externen Eliten** seien dabei bedeutend besser organisiert als die **internen**, weil sie für ihren Erfolg weit stärker auf die unmittelbare Mitwirkung einer Vielzahl von Menschen angewiesen seien. Ein Spitzenmanager könne seine Arbeit ohne die anderen Beschäftigen seines Unternehmens nicht machen, ein Schriftsteller oder Maler dagegen durchaus allein zu Hause. Je bürokratisierter ein Bereich, desto organisierter auch die entsprechenden Eliten. Es gebe noch einen zweiten wichtigen Unterschied zwischen diesen beiden Elitetypen. Der Maßstab, anhand dessen ihre Leistungen gemessen würden, sei im ersten Fall die Effizienz, im zweiten der Eindruck, den sie in der Öffentlichkeit hinterließen. Die Eliten aus Politik, Wirtschaft, Wissenschaft, Militär und Diplomatie würden nach den greifbaren Resultaten ihrer Arbeit wie der Erhöhung des Lebensstandards oder militärischen Siegen beurteilt, die aus Religion, Kultur oder dem Unterhaltungssektor nach nicht greifbaren Erfolgen in Fragen der allgemeinen Stimmung, von Zufriedenheit, Lebenswillen oder aber auch Todesangst (ebd.: 96ff.).

Die soziale Position der unterschiedlichen Eliten in einer Gesellschaft hängt für Keller von den jeweiligen historischen Gegebenheiten ab, da keine universell gültige Hierarchie von Werten existiere. In Gesellschaften, in denen durchgängig großer materieller Mangel herrsche, bekleiden ihrer Meinung nach militärische und religiöse Eliten die oberen Ränge, in Gesellschaften, in denen Mittel zur Abschaffung des Mangels vorhanden seien, die politischen und wirtschaftlichen Eliten und in der Zukunft vermutlich die wissenschaftlichen und die kulturellen Eliten. Die modernen Industriegesellschaften seien dabei auf dem Weg von der zweiten zur dritten Stufe. Es gebe in ihr aufgrund der **funktionalen Differenzierung** zwar keine dauerhafte Hierarchie unter den Eliten mehr, eine kurzzeitige und begrenzt gültige sei aber durchaus möglich und auch wahrscheinlich (ebd.: 124ff.).

Die Existenz unterschiedlicher strategischer Eliten werfe, so Keller weiter, neben der funktionalen Koordinierung noch ein zweites großes Problem auf. Je komplexer und differenzierter die Elitenstruktur und je größer dementsprechend die **relative Autonomie** der einzelnen Eliten werde, desto schwieriger sei es, einen **einheitlichen Wertekanon** zu entwickeln beziehungsweise zu bewahren. Jede Elite müsse ihren speziellen Bereich schließlich ebenso repräsentieren wie das allgemeine

Wertesystem der Gesamtgesellschaft. Den Eliten in ihrer Gesamtheit gemeinsame Werte und Ziele seien aber dringend erforderlich, solle angesichts der wechselseitigen Abhängigkeiten das Funktionieren der Gesellschaft insgesamt gewährleistet werden. Sie erleichterten auch die Kommunikation zwischen den einzelnen Eliten und den persönlichen Kontakt zwischen ihren Mitgliedern. Das wiederum begünstige die Herausbildung und Stabilisierung eines **Wertekonsenses**, der in der Regel umso effektiver sei, je verborgener er wirke. Nur auf einer solchen soliden Grundlage könnten Konflikte untereinander dann auch fruchtbar ausgetragen werden (ebd.: 145ff.).

Obwohl die Entwicklung eines solchen Konsenses enorm wichtig sei, steht ihr laut Keller ein weiteres Hindernis im Weg. Es sei dies die Veränderung der Rekrutierungsmuster für Elitepositionen, durch die die **soziale Homogenität** der Eliten verloren gehe, die einen gemeinsamen Wertekanon früher stets begünstigt habe. Von den zwei **Grundprinzipien der Elitenauswahl**, Vererbung auf der einen und Leistung sowie Verdienst auf der anderen Seite, setze sich in der modernen Industriegesellschaft das zweite mehr und mehr durch. Gesellschaften, die einem ständigen Wachstum und einer fortlaufenden Differenzierung unterworfen seien, benötigten einfach Eliten mit einer spezialisierten Ausbildung und modernem Wissen. Die familiäre Weitergabe von Fähigkeiten und Kenntnissen reiche nicht mehr aus (ebd.: 190). Die Rekrutierungsbasis weite sich dementsprechend sozial aus. Die Elitepositionen könnten nicht durch die Mitglieder einer einzigen Klasse, sondern müssten je nach Funktion aus den verschiedenen Schichten und Klassen der Bevölkerung besetzt werden.

Wie das nach Kellers Meinung konkret aussieht, zeigt sie am Beispiel der USA. Sie geht dabei von der Annahme aus, dass die soziale Herkunft eine umso geringere Rolle bei der Rekrutierung der Eliten spiele, je bedeutender die Leistung als Auswahlkriterium sei (ebd.: 205). Die empirischen Daten bestätigen ihrer Meinung nach diese Annahme. Die Mehrzahl der Eliten komme aus der Mittelschicht, vor allem aus den Familien von mittleren Geschäftsleuten und Professionals. Die erheblichen Unterschiede, die die Mittelschicht hinsichtlich Einkommen, Status und Ausbildung aufweise, prägten daher auch die Eliten. Die Arbeiterklasse sei bisher zwar nur sehr schwach vertreten, und wenn, dann in erster Linie in den Bereichen Unterhaltung, Erziehung, Religion und Sport, ihr Anteil sei aber gerade in den für sie bislang kaum zugänglichen Sektoren wie etwa der Wirtschaft im Steigen begriffen (ebd.: 206f.). Keller räumt allerdings ein, dass der Anteil derjenigen Elitemitglieder, die aus der Upper- und Upper-Middle-Class stammen, mit der Höhe der Position zunimmt. Wenn man den Begriff der Elite sehr eng fasse, dann bliebe der Einfluss von Herkunftsklasse und -status sehr stark, allerdings nicht mehr allmächtig. Außerdem zeige der Trend eindeutig in Richtung **soziale Öffnung** (ebd.: 210) und die Zirkulation der Elitemitglieder erfolge heute schneller als je zuvor (ebd.: 251).

Zusammenfassend stellt Keller fest, dass die soziale Herkunft zwar immer noch bedeutsam sei, privilegierte Gruppen in einigen Eliten immer noch überwögen, Reichtum und hoher sozialer Status, obwohl sie in manchen Eliten vorteilhaft seien, aber nicht länger den Zugang zu den Spitzenpositionen in Wirtschaft, Politik und Kultur bestimmten. Die Verknüpfung von materiellen Ressourcen und Bildungsmöglichkeiten sorge zwar immer noch für eine sozial ungleiche Verteilung der Erfolgsaussichten, zum einen aber müssten auch die Eliteangehörigen mit privilegierter Herkunft ihre Position durch harte Arbeit, Leistung und Anstrengung erringen und behaupten, zum anderen müssten sich letztlich auch die Eliten den Kandidaten von »lower class and lower status« öffnen. Das schwäche und zerbreche eventuell sogar die uralte Verbindung von Elite Status und Upper Class Status (ebd.: 216f.).

Alles in allem, so Keller in ihrem Schlusskapitel, habe in der modernen Industriegesellschaft die **individuelle Leistung** die Herkunft als »chief principle of recruitment to strategic elites« abgelöst. Das aber bedeute, dass die soziale Hierarchie, die zweifellos auch weiterhin existiere, nicht mehr qua Geburt von einer Generation zur nächsten weitergegeben werden könne. Sie müsse vielmehr in jeder Generation neu geschaffen werden. Die für den Zugang zu den Eliten entscheidenden Qualifikationen könnten schließlich nicht vererbt, sondern müssten von den einzelnen Individuen jeweils durch eigene Leistung erworben werden. Damit werde die Herausbildung einer herrschenden Klasse unmöglich gemacht (ebd.: 262ff.).

Abschließend äußert sich Keller noch zu den aus ihrer Sicht wichtigsten Problem- und Gefahrenpunkten für die Zukunft: Gleichheit, Freiheit und Despotie. Ihre Prognose fällt dabei positiv aus. Was die Gleichheit angehe, so würden Unterschiede in Einkommen, Status, Macht etc. durch den Wechsel von den herrschenden Klassen, Aristokratien oder Kasten hin zu den strategischen Eliten zwar nicht beseitigt, deren zahlenmäßige Vermehrung gehe aber eindeutig Hand in Hand mit einer Ausweitung der Chancengleichheit. Was Freiheit und Despotie betreffe, so dürften auch dort wichtige Gefahren nicht unterschätzt werden, die eines Expertenmonopols, der psychischen Gewöhnung an die Ausübung von Macht und der Distanz zwischen Eliten und Bevölkerung. Sie würden durch die Heterogenität der strategischen Eliten aber erheblich verringert, da die verschiedenen Eliten sich untereinander kontrollierten und begrenzte Macht generell weniger Machtmissbrauch zur Folge habe. Außerdem reduziere auch die öffentliche Diskussion über die Eliten und die gesellschaftlichen Probleme zusammen mit dem steigenden Bildungsniveau der Bevölkerung diese Risiken. Im besten Falle stellten die Eliten zeitweilige Aristokratien dar, über die die Allgemeinheit, in ihren unterschiedlichen Rollen als Wähler, Publikum oder Konsumenten, mehr Kontrolle ausüben könnte als je zuvor. Der alte Traum von einer Gesellschaft, die durch Leistung und nicht durch Gewalt regiert werde, werde somit Stück für Stück Wirklichkeit. Dennoch sei die Gefahr der »Tyrannei« nicht endgültig gebannt, zwar nicht die der Besitzenden über die Nichtbesitzenden, aber doch die der Experten über die Laien. Hier müsse man einfach auf das Verständnis aller und vor allem der Eliten für die komplexe soziale Ordnung vertrauen, so Kellers abschließendes Fazit (ebd.: 269ff.).

3.4 Funktionseliten und Konsens

Das theoretische Niveau der beiden Nachkriegsjahrzehnte hat die Eliteforschung seither nicht mehr erreicht. Es dominieren (mehr oder minder umfangreiche) empirische Studien, die sich theoretisch fast durchgängig – und das zumeist auch nur in sehr knapper Form – auf den Ansatz von den pluralistischen Funktionseliten stützen und sich thematisch vor allem mit dem Problem beschäftigen, ob und, wenn ja, wie unter den unterschiedlichen Funktionseliten der für das Funktionieren des demokratisch-parlamentarischen Systems erforderliche Konsens herzustellen sei. Ein typisches Beispiel für diese Vorgehensweise stellt die letzte umfassende Elitenbefragung aus Potsdam (Bürklin/ Rebenstorf und andere 1997) dar. Von ihren fast 500 Seiten werden ganze fünf grundlegenden theoretischen Erörterungen gewidmet, jeweils zur Hälfte einem Überblick über den Stand der Eliteforschung und dem thematischen Schwerpunkt der eigenen Erhebung: »Konsens und Konflikt als Rahmenbedingung für Elitenhandeln« (ebd.: 18ff.).[34] Diese Untersuchung setzt damit bruchlos die Tradition der großen Mannheimer Elitestudien fort, die sich ebenfalls durch den weit gehenden Verzicht auf theoretische Ausführungen und eine Konzentration auf die Frage des Elitenkonsenses auszeichnen (Kaltefleiter/Wildenmann 1972; Hoffmann-Lange/Neumann/Steinkämper 1980; Wildenmann et al. 1982).[35]

Die zentralen Befunde, die sich bei diesen Erhebungen zur Frage von Elitenkooperation und -konflikt ergeben haben, fasst Hoffmann-Lange in ihrer Analyse des Mannheimer Elitenprojekts von 1981 fol-

34 Rebenstorf allein hat sich dagegen in ihrem zwei Jahre zuvor erschienenen Buch *Die politische Klasse* (Rebenstorf 1995) noch ziemlich ausführlich mit den verschiedenen theoretischen Ansätzen von Mosca bis Bourdieu auseinander gesetzt.

35 Einzig Hoffmann-Lange unternimmt in ihrer Habilitationsschrift (Hoffmann-Lange 1990, weit gehend identisch mit Hoffmann-Lange 1992) den Versuch, die theoretischen Grundlagen der Erhebung von 1981 (Wildenmann et.al. 1982) etwas umfassender auszuführen. In der während der letzten drei Jahrzehnte ganz eindeutig von Politikwissenschaftlern dominierten deutschen Eliteforschung ist das aber eine Ausnahme. Wenn es überhaupt theoretische Weiterentwicklungen gab, so lagen sie wie im Falle von Herzog (1975, 1982, 1990) oder von Beyme (1971) in erster Linie auf dem Gebiet der Professionalisierung politischer Karrieren und damit auch Eliten. Für Herzog und Beyme stellt der Elitenkonsens dabei ebenfalls eine entscheidendes Problem dar. So spricht Herzog ausdrücklich davon, dass die Professionalisierung der politischen Karrieren die Bereitschaft zur Konsensfindung unter den Politikern deutlich erhöhe, weil sich ein »esprit de corps«, das heißt ein »Gemeinschaftsgefühl der politischen Professionals untereinander« auch über Parteigrenzen hinweg bilde (Herzog 1975: 226). Inwieweit dieser Konsens unter den Politikern dann allerdings auch die anderen Eliten umfasst, bleibt weitgehend offen.

gendermaßen zusammen.[36] Die bundesdeutschen Eliten zeigten ausgeprägte Einstellungsdifferenzen »entlang der beiden für das Parteiensystem konstitutiven Konfliktlinien«, der in wirtschafts- und sozialpolitischen Fragen einerseits und der in gesellschaftspolitischen Fragen (sozialmoralischen Problemen und individuellen Freiheitsrechten) andererseits. Strukturell verankert in den Eliten sei aber nur die erste, wo die Auseinandersetzung parallel zu den Sektorgrenzen zwischen Wirtschafts- und Gewerkschaftseliten verlaufe. Beim zweiten Konflikt spiele die Zugehörigkeit zu einer bestimmten **Sektorelite** dagegen keine nennenswerte Rolle mehr. Hier hingen die Einstellungen »primär mit den individuellen Werthaltungen zusammen«. Unabhängig von diesen Kontroversen existiere jedoch ein allgemeiner Konsens unter allen Eliten über die Regeln der Konfliktaustragung. Aufgrund der heterogenen sozialen Herkunft wie der unterschiedlichen, vor allem sektorintern verlaufenden Karrierewege sei die »soziale Kohäsion« zwischen den Eliten zwar relativ gering, fehlten die strukturellen Voraussetzungen für eine Elitenintegration weitgehend, dennoch sei das **Elitennetzwerk** kaum weniger dicht als in anderen Ländern. Sein Kern umfasse Repräsentanten fast aller Eliten und bestehe zudem aus Personen, die in mehreren Politikbereichen aktiv seien. Damit trage er zur Integration zwischen den Sektoren ebenso bei wie zur Verflechtung der verschiedenen Politikfelder. Elitenintegration könne sich entgegen Dahrendorfs Meinung also auch »unter sozial heterogenen und beruflich spezialisierten Eliten entwickeln«. Zentral sei dabei der Sektor Politik, was ihm ein erhebliches Maß an Autonomie verleihe (Hoffmann-Lange 1992: 402 ff.).

Obwohl auch sie grundsätzlich von der Existenz von Funktionseliten ausgehen, haben G. Lowell Field und John Higley seit Ende der siebziger Jahre einen (mittlerweile sehr einflussreich gewordenen) theoretischen Ansatz entwickelt, der eine stärkere Rückbesinnung auf

36 Ihre Zusammenfassung stellt die einzige Veröffentlichung aus dem Kontext der vier großen Elitebefragungen dar, die die empirischen Resultate wenigstens etwas ausführlicher auf die theoretische Ausgangsfrage nach dem Elitenkonsens zurückbezieht und auf dieser Basis diskutiert.

die klassischen Elitetheorien von Michels, Mosca und Pareto und ihre produktive Verknüpfung mit dem Funktionsmodell fordert. Field und Higley, deren Kritik politisch auf den Wohlfahrtsstaat und dessen Ideologie zielt, stimmen mit den Klassikern darin überein, dass Eliten in Gesellschaften von einiger Komplexität unvermeidlich seien, halten es aber zusätzlich für nötig, die universelle und objektive Gültigkeit von Werten wie »Gleichheit, Rechtsstaatlichkeit und Verhaltensfreiheit« zurückzuweisen (Field/Higley 1983: 19, 86). Eliten seien nämlich nicht nur das zwangsläufige Produkt einer jeden Form bürokratischer Strukturen, es existiere ebenso zwangsläufig auch eine Tendenz der in diesen Bürokratien strategisch platzierten Personen, das heißt der Eliten, ihre Positionen zu behaupten und »einige ihrer Vorteile an Verwandte, Freunde und Verbündete weiterzureichen« (ebd.: 85). Field und Higley sprechen diesbezüglich sogar von einem erheblichen Maß an Vererbung. Das ist ihrer Ansicht nach auch nötig, weil nur so das Interesse der Eliten an ihren Positionen und damit deren Funktionsfähigkeit erhalten bliebe. Die normativen Vorstellungen von Freiheit und Gleichheit seien folglich nicht so einfach miteinander zu verbinden.

Grundsätzlich sehen Field und Higley insofern eine starke Abhängigkeit der Elitenbildung vom Niveau der sozioökonomischen Entwicklung, als die Eliten wie auch die Einstellungen der Nicht-Eliten vier unterschiedlichen Entwicklungsstufen zugeordnet werden könnten (ebd.: 35 ff.). So entsprächen den unterentwickelten Agrargesellschaften, die bis zum 16. Jahrhundert für Europa und bis zum 20. Jahrhundert noch für den Rest der Welt charakteristisch gewesen seien, eine vorwiegend egalitäre Haltung der Nicht-Eliten und eine einheitliche herrschende Klasse. Mit den Industriegesellschaften dagegen korrespondierten eine zu gleichen Teilen egalitäre oder managerielle, das heißt Hierarchien akzeptierende Orientierung und drei Elitentypen, die Konsensuselite (wie in Großbritannien oder den USA), die unvollständig vereinigte Elite (wie in der Bundesrepublik Deutschland, Italien und Japan in den fünfziger Jahren) und die ideologische geeinte Elite (wie im Faschismus). Für die heutigen westlichen Industriegesellschaften seien eine managerielle Haltung der Nicht-Eliten und eine auf Konsens ausgerichtete einheitliche Elite charakteristisch. Deren Einheit bestehe faktisch »im Fehlen von Elitemitgliedern, die feindlich-oppositionelle Nicht-Eliten-Orientierungen« organisierten und formulierten (ebd.: 51). Die etablierten Formen der Konfliktaustragung würden von allen Eliten akzeptiert, die Auseinandersetzungen damit entschärft und die politische Ordnung stabilisiert.

Die Hauptakteure für jeden grundsätzlichen Wandel seien dabei, das die Kernaussage des von Field und Higley selbst als »**elitistisch**« bezeichneten Modells, stets die Eliten selbst. Um die Konsensus-Einigung einer entzweiten Elite herbeizuführen, könnten die Nicht-Eliten »normalerweise nichts oder nur wenig tun« (ebd.: 91). Zudem seien sich die Nicht-Eliten selten über wichtige politische Fragen einig beziehungsweise überhaupt daran interessiert. Politische Stabilität sei deshalb niemals das Resultat der »freiwilligen, friedvollen und adäquat informierten Kooperation aller gesellschaftlichen Akteure«, sondern »immer das künstliche Produkt einer kontinuierlichen Serie kluger Entscheidungen der Einflußreichen und politisch aktiven, das heißt der Eliten« (ebd.: 130f.). Die Existenz von **Konsensuseliten**, die derart agierten, sei die unverzichtbare Voraussetzung für die heutige westliche Demokratie. Dieses Modell sei zudem an bestimmte sozioökonomische Voraussetzungen gebunden, die sich historisch nur unter »seltenen und eher zufälligen Umständen« in den westlichen Industrieländern entwickelt hätten. Ein Export in andere Regionen der Welt sei daher nicht möglich. Sollte diese Zivilisation einmal aufgegeben werden, werde es sie folglich »in gleicher oder ähnlicher Weise nie wieder geben« (ebd.: 129). Die Wohlfahrtsstaatsideologie müsste, so die Schlussfolgerung von Field und Higley, daher bekämpft und die »Eskalation zukünftiger Konfrontationsgefahren« dadurch gebremst werden, »dass Eliten den dringend benötigten Bezugsrahmen für selbstbewusstes politisches Handeln« erhielten (ebd.: 144).

3.5 Zusammenfassung

Die zwei Grundannahmen, die alle Ansätze der Funktionseliten teilen, lauten:

1. Es gibt in modernen Gesellschaften keine einheitliche herrschende Klasse oder Elite mehr, sondern nur noch einzelne, miteinander konkurrierende funktionale Teileliten an der Spitze der wichtigen gesellschaftlichen Bereiche. Auch von einer eindeutigen Dominanz der Wirtschaftselite gegenüber den anderen Teileliten aus Politik, Wissenschaft, Kultur etc. kann keine Rede sein.
2. Der Zugang zu diesen Eliten steht prinzipiell jedermann offen, weil die Besetzung von Elitepositionen im Wesentlichen nach (jeweils sektorspezifischen) Leistungskriterien erfolgt. Die Leistung hat die Vererbung als entscheidendes Prinzip der Elitenrekrutierung abgelöst. Die Eliten sind folglich sozial auch nicht mehr homogen, sondern heterogen. Das immer noch zu beobachtende Übergewicht der oberen Schichten in den Eliten ist vor allem auf den besseren Zugang dieser Schichten zu den höheren Bildungsinstitutionen zurückzuführen.

Für die große Mehrzahl der pluralistischen Eliteforscher ergibt sich aus diesen Annahmen eine entscheidende Frage: Wie kann unter den Bedingungen konkurrierender und sozial heterogener Teileliten die für das Funktionieren der Gesellschaft notwendige Kooperation der Eliten sichergestellt werden? Was sorgt für den erforderlichen Zusammenhalt und Wertekonsens unter den verschiedenen Eliten, wenn die gemeinsame Zugehörigkeit zur Oberschicht als Grundlage entfällt?

Die Antwort auf diese Frage fällt auf den ersten Blick sehr unterschiedlich aus. Während zum Beispiel Dahrendorf in seinen früheren Arbeiten die Lösung des Problems stets in einer etablierten Elite nach britischem Vorbild mit gemeinsamen Elitebildungseinrichtungen und Karrierewegen sah, richten Field und Higley ihre Kritik genau auf diesen Typus von Konsenselite und lehnen ihn ganz unmissverständlich ab als überholt und auf Dauer sogar gefährlich. Trotz aller Differenzen lässt sich bei genauerem Hinsehen aber so etwas wie ein roter Faden erkennen, dem fast alle beteiligten Sozialwissenschaftler in ihrer Argumentation explizit oder implizit folgen. Es ist dies die Überzeugung, dass die Eliten, um einen Konsens untereinander herstellen zu können, auf die breite Bevölkerung (und deren Interessen und Ansichten) allenfalls sehr begrenzt Rücksicht nehmen können.

Besonders deutlich formulieren diese Position verständlicherweise jene Autoren, die die klassische Elitesoziologie von Michels, Mosca und Pareto weniger kritisch beurteilen und zum Teil auch direkt an sie anknüpfen. Unter den älteren Autoren sind das vor allem Lasswell, Kaplan und Kornhauser, unter den jüngeren Field und Higley. Sie betrachten die Eliten als die wesentlichen oder gar einzigen Garanten für die Stabilität der westlichen Demokratien und sehen folgerichtig in einem großen Einfluss der Massen auf wichtige politische Entscheidungen eine erhebliche Gefahr für eben diese Demokratie. Letzterer muss ihrer Meinung denn auch nach möglichst weit reduziert, der Handlungsspielraum der Eliten dagegen erweitert werden, damit die Eliten untereinander einen Konsens finden und diesen dann in praktische Politik umsetzen können.

Obwohl die meisten Vertreter der Theorie von den Funktionseliten diese prononcierte Haltung nicht teilen, stimmen sie (bewusst oder unbewusst) in zentralen Punkten doch mit ihr überein. So erinnert nicht nur Dahrendorfs langjährige Vorliebe für das britische Modell insofern an die Vorstellungen von Lasswell/Kaplan oder Field/Higley, als sie im Konsens etablierter Eliten die sicherste Garantie für demokratische Verhältnisse erblickt, auch Keller sieht eine der größten Gefahren für die Demokratie in einer zu nachdrücklichen Forderung nach Demokratie, Gleichheit und öffentlicher Verantwortlichkeit der Führer und verlangt von den Eliten, ihren Elitestatus als solchen nicht zu leugnen oder zu verschleiern, sondern ihn offensiv zu akzeptieren (Keller 1963: 192, 220). Konsequenterweise kann sie in ihren abschließenden Sätzen dann im Kern auch nur auf das Verständnis der Eliten hoffen, wenn es um die drohende Arroganz und Gefühllosigkeit eben dieser Eliten »to the problems of human life« geht. Die Hauptaufgabe der modernen Gesellschaft, die Schaffung besserer Lebensbedingungen »depends on the skills and vision – and humanity – of the strategic elites« (ebd.: 279). Wie eng die auf den ersten Blick so unterschiedlichen Positionen von »Elitisten« wie Field und Higley auf der einen und Repräsentanten der pluralen Funktionseliten auf der anderen Seite doch beieinander liegen, zeigt nicht zuletzt auch die Tatsache, dass Hoffmann-Lange als prominente Vertreterin der zweiten Richtung zusammen mit Higley (sowie Kadushin und Moore) einen Aufsatz verfasst hat, in dem die Ansichten von Field und Higley Argumentation und Schlussfolgerungen ganz entscheidend prägen (Higley et al. 1991).

Dreitzel formuliert es knapp und präzise mit den Worten: »Der Elitebegriff bezeichnet den Idealtypus der führenden Gruppen in unserer Gesellschaft, indem er auf das Leistungsprinzip verweist, nach dem jene führen und die Masse folgt.« (1962: 154).

Ausschlaggebend für diese Übereinstimmungen ist in erster Linie eine zentrale Schwäche des theoretischen Ansatzes von den Funktionseliten. Er greift das Verhältnis zwischen Eliten und Klassen in der Mehrzahl der Arbeiten zwar auf, vertieft es aber bei weitem nicht so gründlich, dass die Machtunterschiede zwischen den Eliten der einzelnen Gesellschaftsbereiche, ihre Fundierung in der Sozialstruktur und die Rolle der verschiedenen Klassen und Schichten der breiten Bevölkerung in diesem Prozess wirklich erklärt werden können. So bleiben die realen Machtverhältnisse zu einem erheblichen Prozentsatz ausgeblendet, wenn man sich, wie es in der Regel geschieht, nur auf die formalen, und hier vor allem die unmittelbar politischen Machtstrukturen bezieht.

Die Behauptung von Hoffmann-Lange, dass für demokratisch verfasste Gesellschaften die »Annahme einer engen Korrespondenz zwischen formalen und tatsächlichen Machtstrukturen realistisch« sei (Hoffmann-Lange 2003: 117), geht an der Wirklichkeit vorbei. Die im Rahmen der vielbeschworenen Globalisierung erheblich erweiterten Handlungs- und Entscheidungsspielräume der Wirtschaftseliten den politischen Institutionen gegenüber haben das in den letzten zwei Jahrzehnten deutlich gezeigt.

Diese Kritik trifft gerade auch auf die heute üblichen Netzwerkanalysen zu, mit deren Hilfe die Kontaktdichte innerhalb wie zwischen den einzelnen Eliten gemessen werden soll. Sie verbleiben in der Regel an der Oberfläche, weil sie sich in erster Linie auf formale Kontakte konzentrieren. Dadurch ist der Ansatz von den Funktionseliten insgesamt auch relativ statisch. Veränderungen in den gesamtgesellschaftlichen Kräfteverhältnissen und damit auch zwischen den Eliten, so wie sie sich seit den achtziger Jahren unter dem Vorzeichen des Neoliberalismus in den meisten westlichen Industrieländern abgespielt haben, kann er nicht angemessen erfassen. Aus all diesen Gründen neigt er, und das macht seine Anfälligkeit für die klassische Dichotomie von Elite und Masse aus, letztlich doch zu einer eher unhistorischen und abstrakten Betrachtungsweise, die die Stabilität der gegebenen parlamentarischen Systeme und weniger die reale Lebenssituation der breiten Bevölkerung zum entscheidenden Maßstab macht.

Orientierungsfragen

1. Wie unterscheidet Mannheim zwischen den verschiedenen Typen von Eliten?
2. Wie beschreiben die US-amerikanischen und die deutschen Elitetheorien der fünfziger und sechziger Jahre das Verhältnis von Eliten und Demokratie?
3. Was versteht Keller unter strategischen Eliten?
4. Wie wird der Begriff der Funktionseliten definiert?
5. Welche Antwort geben die funktionalistischen Elitetheorien auf die Frage, wie die konkurrierenden Teileliten zu einem Konsens finden?

Weiterführende Literatur

Bachrach, Peter (1967), *Die Theorie demokratischer Elitenherrschaft. Eine kritische Analyse.* Frankfurt a. M.: Europäische Verlagsanstalt.

Dahrendorf, Ralf (1965), *Gesellschaft und Demokratie in Deutschland.* München: R. Piper & Co.

Dreitzel, Hans P. (1962), *Elitebegriff und Sozialstruktur. Eine soziologische Begriffsanalyse*. Stuttgart: Ferdinand Enke.

Field, G. Lowell/Higley, John (1983), *Eliten und Liberalismus*. Opladen: Westdeutscher Verlag.

Hoffmann-Lange, Ursula (1992), *Eliten, Macht und Konflikt*. Opladen: Leske + Budrich.

Keller, Suzanne (1963), *Beyond the Ruling Class. Strategic Elites in Modern Society*. New York: Random House.

Mannheim, Karl (1967), *Mensch und Gesellschaft im Zeitalter des Umbaus*. (erweiterte Auflage). Bad Homburg v. d. H.: Verlag Gehlen.

Stammer, Otto (1965a), »Das Elitenproblem in der Demokratie«, in: Stammer, Otto, *Politische Soziologie und Demokratieforschung. Ausgewählte Reden und Aufsätze zur Soziologie und Politik*. Berlin: Duncker & Humblot, S. 63–90.

— (1965b), »Zum Elitenbegriff in der Demokratieforschung«, in: Stammer, Otto, *Politische Soziologie und Demokratieforschung. Ausgewählte Reden und Aufsätze zur Soziologie und Politik*. Berlin: Duncker & Humblot, S. 169–182.

4. Eliten und Klassen

Das Verhältnis zwischen Eliten und Klassen bildet den zentralen Bezugspunkt all jener Analysen, die sich – sei es in expliziter, sei es in eher impliziter Form – kritisch mit dem Ansatz von den Funktionseliten auseinander setzen. Das gilt für die beiden prominentesten Vertreter einer **kritischen Eliteforschung**, Mills mit seiner »Power Elite« (Mills 1956/1962, 1958) und Bourdieu mit seiner »Classe dominante« (Bourdieu 1979/1982, 1989a, 1991, 1992a, 1992c, 1996), aber auch für Autoren wie Domhoff (1967, 1971, 1978, 1980, 1983) und Dye (1976, 1979, 1983, 1985, 1990, 1995) die sich bei ihren zahlreichen Arbeiten über die Eliten in den USA entweder an Mills »Power Elite« oder am Marx'schen Begriff der herrschenden Klasse orientieren, oder Bourdieus langjährige Mitarbeiterin de Saint Martin (1993) mit ihrer Arbeit über den französischen Adel. Sie alle versuchen, die Eliten aus deren Stellung gegenüber den anderen Klassen und Schichten der Gesellschaft zu erklären. Sie attackieren die »pluralistischen« Elitetheorien dort, wo diese ihren entscheidenden Schwachpunkt haben.

4.1 »The Power Elite« (C. Wright Mills)

C. Wright Mills geht in seinem wohl bekanntesten Buch *The Power Elite*[37] zunächst von folgender allgemeiner Elitedefinition aus: Die »**herrschende Elite**« besteht für ihn aus den Männern, deren Positio-

---

37 Eine Kurzfassung der wesentlichen Ergebnisse ist in Mills Aufsatz für »The British Journal of Sociology« zu finden (Mills 1958/1975).

nen ihnen die Möglichkeit geben, »Entscheidungen von größter Tragweite zu treffen« (Mills 1956/1962: 16).

C. Wright Mills (geboren 1916 in Waco/Texas, gestorben 1962 in New York) war Sohn eines Versicherungsvertreters. Nach einem Studium am Texas Agricultural and Mechanical College, der University of Texas und der University of Wisconsin war Mills an der University of Maryland und an der Columbia University in New York tätig. Politisch stand Mills zunächst der New-Deal-Politik, dann der gerade im Entstehen begriffenen Neuen Linken nahe.

Diese Männer stehen seiner Meinung nach an der Spitze der Großorganisationen in Wirtschaft, Politik und Militär, da nur diese Organisationen in der Lage seien, ihnen große und vor allem dauerhafte Macht zu verleihen. Diese drei Sektoren bildeten die »**eigentlichen Machtzentren**«, denen sich anderen Bereiche wie etwa die Kirchen, die Hochschulen oder die Familie unterordnen müssten, weil erstere im Unterschied zu letzteren die wesentlichen gesellschaftlichen Entwicklungen bestimmten. Die in ihren hochzentralisierten Machtapparaten getroffenen Entscheidungen hingen dabei immer stärker voneinander ab, die Strukturen seien immer mehr miteinander verflochten und intensive Koordination sei deshalb unumgänglich. Die Überschneidung der Machtbereiche und die gegenseitige Abhängigkeit sorgten letztlich dafür, dass die »mächtigen Führer der drei Gruppen zusammen« rückten und die »**Macht-Elite**« Amerikas bildeten (ebd.: 23).

Die Macht-Elite verdanke ihre Entstehung und Stabilität aber nicht nur auf der **Verflechtung** der drei Sektoren und der **Identität ihrer Interessen**, sie beruhe, wie es Mills in einer sehr knappen und präzisen Formulierung selbst ausdrückt, »außerdem noch auf der Gleichheit von Herkunft und Weltanschauung, dem gesellschaftlichen Umgang und den persönlichen Beziehungen in den Führungsgruppen der drei Hierarchien« (ebd. 327). Obwohl von einer Aristokratie, bei der die Abstammung von den führenden Familien für die Besetzung der Spitzenpositionen ausschlaggebend sei, nicht gesprochen werden könne, stammten die Mitglieder der Macht-Elite doch zum überwiegenden Teil aus den oberen Schichten, das heißt zumindest aus den Familien von Akademikern oder Geschäftsleuten. Sie hätten mit dem Besuch von Universitäten, vielfach der berühmten privaten Elitehochschulen, auch einen ähnlichen Bildungsweg absolviert und wiesen bei anderen wichtigen Merkmalen wie etwa der Religion oder dem Geburtsort ebenfalls ein hohes Maß an Übereinstimmungen auf. Die **Herkunft** allein erlaubt für Mills aber noch keine »endgültigen Schlüsse auf die psychologischen und gesellschaftlichen Bindungen«, die zwischen den Mitgliedern der Macht-Elite herrschten. Man müsse die **Rekrutierungs-** und **Wertmaßstäbe**, die innerhalb der verschiedenen zur Macht-Elite zählenden Kreise gültig seien, hinzunehmen, da sie – vielleicht sogar noch stärker – für Homogenität sorgten. So wie die Anforderungen an die führenden Männer der drei Sektoren immer ähnlicher würden, so schließlich durch »Ausbildung und Auslese« auch die Männer selbst. Die vielfältigen beruflichen und privaten Kontakte verfestigten die Gemeinsamkeiten dann noch weiter, so dass man sagen könne, nirgends in Amerika gebe es »ein so ausgeprägtes Klassenbewusstsein wie in der Macht-Elite« (ebd.: 310ff.).

Diese allgemeinen Ausführungen zur Macht-Elite basieren auf detaillierten Analysen aller wichtigen Akteure, deren Ergebnisse Mills in den neun vorhergehenden Kapiteln seines Buches präsentiert. Ungefähr zwei Drittel seiner Schilderungen widmet er dabei der **besitzenden Klasse**, das heißt der Oberschicht in der Provinz und in den führenden Metropolen, den Reichen, den »leitenden Männern der Wirtschaft« und den »Konzernherren«. Ihr gilt sein besonderes Interesse.

Die Oberschicht, das heißt die »ersten Familien« der Provinz und der Metropolen, charakterisiert Mills als »eine besitzende Klasse«, deren Angehörige sich von den anderen Teilen der Bevölkerung durch eine ähnliche Lebensweise, ähnliche Bildungs- und Berufsverläufe, intensive Kontakte untereinander und ein ausgeprägtes Bewusstsein von der eigenen Sonderstellung auszeichneten. Man wohne in denselben vornehmen Stadtteilen, kleide sich auf eine bestimmte Art und Weise, sei in Clubs, zu denen nur eigenen Kreise Zutritt hätten, und pflege auch sonst engen Verkehr untereinander. Da viele Mitglieder in

Machtpositionen säßen, schließe der enge persönliche Umgang miteinander und das wechselseitige Vertrauen selbstverständlich auch ein, dass man sich im zwanglosen Gespräch über die jeweiligen Probleme austausche. Schon die Kinder lernten bei solchen Gesprächen im Übrigen ganz nebenbei, wie wichtige Entscheidungen getroffen würden. Gesamtgesellschaftliche und persönliche Angelegenheiten würden auf diese Weise vermischt. Der soziale »background« koordiniere so »in stillschweigendem Einverständnis die verschiedenen Bestrebungen der Oberschicht auf der Basis enger Verflechtung und intimer gegenseitiger Kenntnis« (ebd.: 87). Das gelte auf lokaler Ebene ebenso wie auf nationaler. Tonangebend sei dabei immer die Metropolenoberschicht, die in der das gesamte Land umfassenden Macht- und Statushierarchie an der Spitze stehe.[38]

Es gebe zwar überall und ständig den Konflikt zwischen »altem und neuem Reichtum«, er werde jedoch stets durch die Aufnahme der Neureichen in den Kreis der Oberschicht gelöst, wenn auch nicht immer gleich, sondern manchmal erst in der zweiten Generation. Eine außerordentlich wichtige Rolle komme dabei den angesehenen Schulen und Hochschulen zu, auf denen der Nachwuchs der Oberschicht ausgebildet würde. Ihr Besuch sorge durch die Vermittlung von gemeinsamen Verhaltensformen, Maßstäben und Werten mehr als jede andere Institution für die Vereinheitlichung der Oberschicht, die Verschmelzung der »alten« und der »neuen« Familien. Für Mills ist er sogar »der Schlüssel zum Verständnis des Zusammenhalts der oberen Gesellschaftsschicht« (ebd.: 81 ff.). Alles in allem sei die amerikanische Oberschicht aufgrund der historischen Sonderbedingungen (kein Adel) im »Grunde nichts anderes als eine reich gewordene Bourgeoisie«, bei der letztlich das Geld und nicht der Familienstammbaum über den Zugang entscheide (ebd.: 67).

---

38 Mills kritisiert in diesem Zusammenhang jene Studien über die lokalen Oberschichten der Provinz, die glauben, ihre Ergebnisse auf das ganze Land übertragen zu können. Man könne nicht einfach diese Oberschichten »addieren und daraus eine nationale Oberschicht machen« (ebd.: 63). Deren hierarchische Struktur werde so nämlich völlig übersehen.

An der Spitze dieser Oberschicht stehen nach Mills Ansicht die Besitzer der »großen Vermögen«, die Multimillionäre, die zu knapp drei Vierteln schon aus reichen Familien stammten und zum gleichen Prozentsatz Unternehmer zum Vater hätten. Reichtum vererbe sich also nicht nur, er habe auch die Tendenz, »die Gelegenheiten zum Erwerb weiteren Reichtums zu monopolisieren« (ebd.: 129). Dennoch stünden die Multimillionäre anders als in früheren Zeiten nicht mehr »unumschränkt an der Spitze einfacher, übersichtlicher Hierarchien«, sondern würden zunehmend in die **Machthierarchien der großen Konzerne** verstrickt, denn die großen Konzerne und nicht die großen Vermögen seien heutzutage die Quelle und die Basis für dauerhaften Reichtum und dauerhafte Macht. In diesen organisierten Zentren der besitzenden Klasse verbänden die reichen Familien sich dann mit den Topmanagern als den Sachwaltern ihrer Vermögen, sei es in Personalunion, sei es durch Kooperation und gemeinsame Interessen (ebd.: 140). Dabei wiesen auch die Männer an der Spitze der Großunternehmen, die nicht selbst aus den reichen Familien stammten, eine vergleichbare soziale Herkunft auf. Sie hätten zu über 70 Prozent einen Unternehmer oder einen Akademiker zum Vater und nur zu gut 10 Prozent einen Arbeiter oder Angestellten, und das häufig schon in der 2. Generation und über die Jahrzehnte ziemlich gleich bleibend (ebd.: 153).

All diese Personen profitierten von dem Prestige, das mit den leitenden Positionen in den Großkonzernen verknüpft sei, denn die »gute Gesellschaft« aus der Provinz und den großstädtischen Zentren bezöge ihre Prestigemaßstäbe von diesen Konzernen (ebd.: 105). Da die Oberschicht der Metropolen, die »oberen 400«, es nicht geschafft habe, zum »Mittelpunkt eines nationalen Prestigesystems« zu werden, und die Berühmtheiten aus Sport und Unterhaltung ohne stabile Macht und damit nur »Eintagserscheinungen« seien, die Elite aber nach einer »festen und dauerhaften Ausdrucksform des Prestiges« verlange, spräche viel dafür, dass sich die Wirtschaftselite zusammen mit der politischen und der militärischen zu einem einzigen Prestigesystem vereinigen und die Prominenten des Showbusiness oder des Sports auf ihre Plätze verweisen werde (ebd.: 111 f.).

Insgesamt habe das Aufkommen der Großkonzerne nicht nur zu einer Machtkonzentration geführt, sondern auch zu einem stärkeren inneren Zusammenhalt der besitzenden Klasse. Durch die begrenzte Streuung des Aktienbesitzes auf die Multimillionäre und Topmanager der Großunternehmen sowie die wechselseitige Verbindung durch Vorstands- und Aufsichtsratsposten habe sich deren Blick über das einzelne Unternehmen hinaus auf die Interessen der ganzen Großindustrie und schließlich der gesamten Klasse erweitert. Ihre Entscheidungen bestimmten den Lauf der Wirtschaft, den Grad der Beschäftigung, die Kaufkraft, die Preise und die Investitionen. Nicht die Politiker, sondern »die Konzernvertreter in den obersten politischen Beratungsgremien« seien deshalb »die wahren Inhaber der Macht und der Mittel zur Verteidigung der Privilegien ihrer Konzernwelt«. Es gebe keine »Macht, die wirksam und auf die Dauer gegen sie aufkommen« könne (ebd.: 151).[39]

Den Eindruck, den Mills mit solchen Formulierungen erweckt, relativiert er etwas später. Der politische Apparat sei nicht einfach nur »ein Ableger der Konzernwelt«, die amerikanische Regierung nicht bloß »eine Art Komitee der herrschenden Klasse«. Sie bestehe »vielmehr aus mehreren unter einander verbundenen Komitees«, in denen auch die Repräsentanten der politischen und der militärischen Hierarchien säßen (ebd.: 192). Mills verwahrt sich hier gegen eine Interpretation, die der besitzenden Klasse auch die politische Herrschaft zuschreibe, vor allem gegen einen »Vulgärmarxismus«, der im Monopolkapitalisten den Mann sehe, »der alle Macht besitzt« (ebd.: 309) und die gesellschaftlichen Entwicklungen einfach mit dem »Willen der Bourgeoisie« erkläre (ebd.: 30). In einer langen Fußnote, die in der deutschen Übersetzung wie die meisten Fußnoten leider entfallen ist, wird er diesbezüglich noch deutlicher. Er begründet dort seinen Verzicht auf den Begriff »herrschende Klasse« zugunsten der »Macht-Elite«. Seiner Meinung nach ist das Wort »herrschende Klasse« zu stark vorbelastet. Klasse sei ein ökonomischer Begriff, Herrschaft ein politischer. Der Begriff »**herrschende Klasse**« beinhalte daher die Theorie, dass eine wirtschaftliche Klasse auch politisch herrsche. Diese vereinfachte Theorie möge zeitweise zutreffen oder auch nicht, er

39 Siehe auch ebd.: 188ff. und 326f.

wolle sie aber nicht in den von ihm verwendeten Begriffen mit sich herumschleppen und stattdessen präzisere und allgemein gültigere Begriffe benutzen. Vor allem wolle er dem beim Begriff »herrschende Klasse« in seiner gewöhnlichen Bedeutung bestehenden Risiko begegnen, dass die Autonomie der politischen Elite unterschätzt werde. Die Vertreter aller drei Bereiche, Wirtschaft, Politik und Militär, besäßen heutzutage häufig ein erhebliches Maß an Autonomie und müssten die wichtigsten Entscheidungen daher auf dem komplizierten Weg eines Bündnisses treffen und durchsetzen (Mills 1956: 277).

Allerdings, so ergänzt Mills, habe die politische Elite in den letzten Jahren deutlich an Einfluss verloren, die militärische dagegen gewonnen, so dass »die Konzernherren und die hohen Militärs, durch gemeinsame Interessen verbunden, die Herrschaft übernommen« hätten. Hier spiegele sich die erhöhte Bedeutung der Außen- und Sicherheitspolitik ebenso wieder wie die Tatsache, dass die Wirtschaft »gleichzeitig permanente Kriegswirtschaft und private Monopolwirtschaft« sei (Mills 1956/1962: 307f.). Das Militär, das in den USA aufgrund der geographischen Lage und des traditionellen Milizsystems über lange Zeit keine sonderlich große Rolle gespielt habe, sei durch die veränderte weltpolitische Situation und das Zerstörungspotential der heutigen Waffen in seiner Bedeutung ganz entscheidend gestärkt worden (ebd.: 197ff.). Es sei nicht nur immer enger mit der Wirtschaft verbunden, sondern inzwischen auch zum größten Förderer und Planer von Forschung und Wissenschaft geworden. Sein Einfluss reiche damit auch in den Ausbildungssektor hinein (ebd.: 241ff.).

Eine umgekehrte Entwicklung sei bei der politischen Elite zu beobachten. Für ihren spürbaren Bedeutungsverlust seien (abgesehen von den außenpolitischen Veränderungen) in erster Linie zwei Entwicklungen verantwortlich. Zum einen sei neben die alte, absteigende Mittelklasse aus Farmern und kleinen Selbständigen die neue, aufsteigende der Angestellten getreten. Ihr fehle aber die wirtschaftliche Unabhängigkeit der alten. Sie sei daher »machtlos«, während die alte zeitweise eine »unabhängige Machtstellung« besessen habe, verankert im persönlichen Eigentum. Zum anderen sei die organisierte Arbeiterschaft, in den dreißiger Jahren als neue politische Kraft auf der Bühne erschienen, entgegen anfänglichen Eindrücken nicht zu einem neuen »unabhängigen Machtblock« geworden. Sie habe vielmehr durch die zunehmende Abhängigkeit vom Staatsapparat schnell an Gewicht eingebüßt und sei heute nur noch in geringem Maße an wichtigen Entscheidungen beteiligt. Ihre Führer hätten keinen Zutritt mehr zur nationalen Elite, sondern müssten sich mit einer Rolle auf der **mittleren Machtebene** begnügen (ebd.: 290f.).

Der Machtkampf zwischen Klein- und Großbesitz und die neue Kraft der Arbeiter, die während der New-Deal-Politik in den dreißiger Jahren der politischen Elite einen ungewöhnlich großen Handlungsspielraum verschafft hätten, seien Vergangenheit. Das relative **Gleichgewicht der Kräfte**, das die beherrschende Macht des Wirtschaftsblocks zwar nicht habe beseitigen, aber zumindest anfechten und eindämmen können, existiere nicht mehr. Damit sei auch die Grundlage für die starke Position der Politik entfallen. Hätten damals echte Politiker an der Spitze des Staates gestanden, seien es nun wieder in das »politische Leben übergetretene Persönlichkeiten der Wirtschaft oder des Militärs« (ebd.: 304f.). Sie dominierten heutzutage in den oberen Rängen der Politik, während die Berufspolitiker ganz erheblich an Boden verloren hätten. Die Regierung setze sich überwiegend aus politischen Außenseitern, in erster Linie Männern der Wirtschaft, zusammen, die im Wesentlichen auf dem Wege der Kooptation und nicht wie die Berufspolitiker über verschiedene Wahlämter in ihre Regierungspositionen gelangt seien. Die Stärkung der Exekutive gegenüber der Legislative sei eine notwendige Begleiterscheinung dieses Prozesses (ebd.: 254ff.). Die Vorstellung, dass es ein Gleichgewicht der Kräfte gebe, gehe deshalb an der Wirklichkeit vorbei. Ein solches Gleichgewicht existiere heute nur noch auf der mittleren Machtebene in Kommunen und einzelnen Regionen, wenn es dort um lokale Belange ginge, die nicht mit den Interessen der wirklich Mächtigen kollidierten (ebd.: 297).

Insgesamt, so Mills Resümee, weise die gegenwärtige amerikanische Gesellschaft eine klare Dreiteilung auf. An ihrer Spitze sei eine »echte Macht-Elite« entstanden, die mittlere Ebene bestehe »aus einem System hilflos treibender, sich gegenseitig aufhebender Kräfte«, das die untere nicht mehr mit der höchsten Ebene verbinden könne, und die untere Ebene sei politisch zersplittert und versinke in »absoluter Machtlosigkeit«. Dort entstehe die »**Massengesellschaft**« (ebd.: 368). Die Massengesellschaft unterscheide sich durch vier Merkmale von der klassischen Öffentlichkeitsgesellschaft. Meinungen würden nicht mehr aktiv von den einzelnen Bürgern formuliert und diskutiert, sondern von der Masse passiv aus den Massenmedien empfangen; abweichende Positionen kämen kaum noch zum Zuge; der Staat kontrolliere die Umsetzung von Meinung in Handeln, und die Masse besäße keine Unabhängigkeit mehr von den Institutionen (ebd.: 341f.). Möglich sei all das, weil die Menschen in der (vor allem großstädtischen) Massengesellschaft isoliert nebeneinander her lebten und, »von der täglichen Routine absorbiert«, kein Interesse mehr an der Beteiligung am öffentlichen Leben hätten (ebd.: 363). Die persönlichen Sorgen und Nöte würden nicht mehr in gesellschaftlichen Zusammenhängen gesehen, sondern nur noch in zerstückelter Form vom Blickwinkel des Einzelnen aus. Es fehle an politischer Bildung und Diskussion. Die Masse sei folglich manipulierbar. Massengesellschaft und Macht-Elite seien deshalb »untrennbar aufeinander bezogen« (ebd.: 367). Die unabhängigen Vereinigungen, die früher »zwischen den verschiedenen Klassen und dem Staat vermittelt« hätten, verlören ihre politische Wirksamkeit und würden ersetzt durch zentralisierte Organisationen, die mit allen ihnen zur Verfügung stehenden Machtmitteln »die Führung der terrorisierten oder – je nachdem – nur eingeschüchterten Massen« übernähmen (ebd.: 349).

4.2 Die Reproduktion der herrschenden Klasse (Pierre Bourdieu)

Für Pierre Bourdieus Theorie spielt die Analyse der gesellschaftlichen Elite beziehungsweise der »**herrschenden Klasse**« ebenfalls eine zentrale Rolle.

Pierre Bourdieu (geboren 1930 in Denguin/Béarn, gestorben 2002 in Paris) wurde als Sohn eines kleinen Postbeamten geboren. Nach dem Studium an der berühmten École Normale Supérieure (ENS) war er zunächst an der Universität von Algier, der Sorbonne in Paris und der Universität Lille tätig, bis er 1964 an die renommierte École Pratique des Hautes Études (heute École des Hautes Études en Sciences Sociales) und 1981 auf den Lehrstuhl für Soziologie am Collège de France, der berühmtesten wissenschaftlichen Einrichtung Frankreichs, berufen wurde. Parallel zu seiner wissenschaftlichen Arbeit hat sich Bourdieu durchweg politisch auf Seiten der Linken engagiert.

Anders als Mills beschäftigt er sich aber weniger mit der Funktionsweise des politischen Systems als vielmehr vor allem mit den **Reproduktionsmechanismen** der »herrschenden Klasse«. Schon in seinen frühen Arbeiten über das französische Bildungssystem (Bourdieu/Passeron 1964, 1971) hat Bourdieu[40] sich dieser Frage angenommen. Er hat sie in Untersuchungen über die generelle Bedeutung von Bildungstiteln bei der Reproduktion von Klassen, insbesondere der herrschenden Klasse, (Bourdieu 1974/1981; Bourdieu/Boltanski 1975/1981; Bourdieu/Boltanski/de Saint Martin 1973/1981) und die Rolle des klassenspezifischen Habitus in diesem Prozess (Bourdieu 1979/1982) weitergeführt und in Studien über einzelne Teile der herrschenden Klasse (Bourdieu 1984/1992a, Bourdieu/de Saint Martin 1978, 1982) und

40 Wenn hier von Bourdieu die Rede ist, so darf nicht vergessen werden, dass er viele seiner Untersuchungen und auch Veröffentlichungen nicht allein gemacht hat, sondern mit Kollegen und Mitarbeitern wie Jean-Claude Passeron oder Luc Boltanski und vor allem mit Monique de Saint Martin, die bei den meisten Studien über die Reproduktionsmechanismen der herrschenden Klasse mit ihm zusammengearbeitet hat. So hat sie zum Beispiel bei »La Noblesse d'Etat«, auch wenn sie im Titel des Buchs nicht als Mitautorin auftaucht, mit zwei Kapiteln jeweils 50 Prozent von zwei der vier großen Teile und zudem noch die erste Fassung eines weiteren Teils mitverfasst.

schließlich das »Feld der Macht«[41] insgesamt (Bourdieu 1989a, 1996; Bourdieu/de Saint Martin 1987) vertieft und vollendet.

In einem Gespräch mit Loïc J.D. Wacquant anlässlich des Erscheinens von »La Noblesse d'Etat« antwortet Bourdieu auf die Frage nach den Gründen für das Buch, er glaube, in fortgeschrittenen Gesellschaften könne man die »herrschenden Klassen« oder »Eliten« nicht untersuchen, »ohne die Bedingungen zu erhellen, unter denen sie sich reproduzieren« (Bourdieu 1991: 67).

Den Ausgangspunkt für Bourdieus Überlegungen bilden dabei zwei Feststellungen:

1. Bildungskarrieren hängen entscheidend von der sozialen Herkunft der Schüler und Studierenden ab.
2. Der Strukturwandel in der Wirtschaft zwingt die herrschende Fraktion der herrschenden Klasse, deren Macht sich auf die Unternehmen erstreckt, zu einer durchgreifenden Veränderung ihrer Reproduktionsstrategien, die das Gewicht von Bildungsabschlüssen bei der Besetzung von Spitzenpositionen ganz wesentlich erhöht.

Was den ersten Punkt betrifft, so begründet Bourdieu die je nach Elternhaus so unterschiedlichen Bildungserfolge in erster Linie mit der ungleichen Ausstattung der Familien mit **ökonomischem** und **kulturellem Kapital**. Der Erwerb von Bildungstiteln als institutionalisierter und damit gesellschaftlich allgemein anerkannter Form kulturellen Kapitals sei zum einen von dem in der Familie schon vorhandenen kulturel-

41 Hat Bourdieu in seinen früheren Veröffentlichungen stets von der »herrschenden Klasse« gesprochen, so gibt er diesen Begriff in »La Noblesse d'Etat« (1989a) fast vollkommen zugunsten des Begriffs vom »Feld der Macht« auf, um, wie er sagt, mit der substantialistischen Sicht der Dinge zu brechen, die für den Marxismus ebenso typisch sei wie für den Funktionalismus (Bourdieu 1996: 263f.). Ungeachtet dieser begrifflichen Veränderung beruht »La Noblesse d'Etat« in großen Teilen auf älteren Veröffentlichungen und übernimmt diese teilweise sogar wortwörtlich (zum Beispiel Bourdieu/de Saint Martin 1978).

len Kapital abhängig. Da die Aneignung kulturellen Kapitals nur persönlich durch »Verinnerlichung« erfolgen könne, insofern »grundsätzlich *körpergebunden*« sei und persönliche Zeit erfordere, wirke die familiäre Primärsozialisation »entweder als positiver Wert, als gewonnene Zeit und Vorsprung oder als negativer Faktor, als *doppelt* verlorene Zeit, weil zur Korrektur der negativen Folgen nochmals Zeit eingesetzt werden« müsse (Bourdieu 1983: 186; Hervorhebungen im Original). Die Akkumulation von kulturellem Kapital schon von frühester Kindheit an könne ohne zeitliche und inhaltliche Einbußen nur dort stattfinden, wo die gesamte Zeit der familiären Erziehung zugleich auch eine der Akkumulation sei (ebd.: 188). Zum anderen bilde die Verfügung über ökonomisches Kapital nicht nur die Voraussetzung für diesen familieninternen Vermittlungsprozess, weil die Familien, das heißt vor allem die Mütter, sich den erforderlichen zeitlichen Aufwand auch leisten können müssten, sie erhöhe die Aussichten auf einen hohen Bildungsabschluss außerdem noch dadurch, dass der Eintritt der Kinder in das Erwerbsleben zugunsten einer verlängerten Ausbildungsphase hinausgeschoben werden könne (ebd.: 197). Je mehr kulturelles und ökonomisches Kapital in der Familie bereits vorhanden sei, desto früher beginne also der Aneignungsprozess, desto effektiver verlaufe er später im Rahmen von Schule und Hochschule und desto länger könne er ausgedehnt werden (ebd.: 188).

Was den zweiten Punkt angeht, so besteht der entscheidende strukturelle Wandel in der Wirtschaft insgesamt wie in den einzelnen Unternehmen für Bourdieu in der zunehmenden Ablösung der traditionellen Familienbetriebe durch große Aktiengesellschaften und der wachsenden Differenzierung, Komplizierung und Bürokratisierung der firmeninternen wie -externen Beziehungen. Die betrieblichen Aufstiegswege würden in der Folge entpersönlicht und rationalisiert, so dass offizielle Bildungstitel nun eine sehr viel größere Rolle spielten als früher. Das Diplom einer Grande École werde »tendenziell zur notwendigen (aber nicht hinreichenden) Zugangsbedingung für wirtschaftliche Machtpositionen«, und zwar umso mehr, je größer das Unternehmen sei (Bourdieu/Boltanski/de Saint Martin 1973/1981: 28). Die **herrschende Fraktion der herrschenden Klasse**, deren Macht vorwiegend auf dem Besitz ökonomischen Kapitals basiere, werde gezwungen, ihre

Reproduktionsstrategien den veränderten Bedingungen anzupassen. Seien die Führungspositionen früher einfach durch die Weitergabe der in Familienbesitz befindlichen Unternehmen mitvererbt worden, so werde heute diesbezüglich in erster Linie auf den Erwerb exklusiver Bildungstitel gesetzt. Das vorhandene ökonomische Kapital werde teilweise in institutionalisiertes kulturelles umgewandelt, um dem eigenen Nachwuchs den Anspruch auf die Spitzenstellungen und die Macht in den Unternehmen zu sichern (ebd.: 49). Allerdings bliebe ökonomisches Kapital auch außerhalb dieser Umwandlung noch weiter direkt wirksam. So könnten die Kinder von Unternehmern immer noch weit eher auf die angesehenen Bildungsabschlüsse (vor allem der renommierten Grandes Écoles) verzichten als ihre Konkurrenten (ebd.: 30ff.) und ihre Einkommen lägen bei gleicher Ausbildung auch deutlich höher, weil es sich hier um eine »verschleierte Form der Profitabschöpfung« handele (ebd.: 49f., 80).

In dem Gespräch mit Wacquant stellt Bourdieu ganz allgemein fest, dass »heutzutage im Großteil der entwickelten Gesellschaften ... die Übertragung von Macht – die ökonomische einbegriffen – mehr und mehr von der Erlangung eines schulischen Titels abhängig gemacht« werde (Bourdieu 1991: 79).

In seinen weiteren Arbeiten vertieft Bourdieu seine Analyse der Reproduktionsmechanismen vor allem in zwei Richtungen. Zum einen beschäftigt er sich ausführlicher mit der Rolle, die die Grandes Écoles in diesem Prozess spielen (Bourdieu 1989a, 1991, 1996; Bourdieu/de Saint Martin 1987), zum anderen widmet er sich intensiver der Bedeutung des **Habitus**[42] für die Reproduktionsstrategien (Bourdieu 1979/1982, 1992b, 1993a; Bourdieu/Wacquant 1992/1996). Der Habitus ist für Bourdieu in diesem Zusammenhang insofern entscheidend, als er

42 Eine inhaltlich sehr gute und zugleich kompakte Erläuterung des Habitus-Begriffs von Bourdieu findet man in Krais/Gebauer 2002.

die »Verinnerlichung eines bestimmten Typs von sozialen und ökonomischen Verhältnissen« repräsentiert (Bourdieu/Wacquant 1992/1996: 136) und damit (zumeist unbewusst) auch die Strategien bestimmt, die verfolgt werden beziehungsweise überhaupt verfolgt werden können.

Der Habitus einer Person vermittelt für Bourdieu zwischen der Stellung dieser Person im sozialen Raum und ihrem Lebensstil. Er stelle ein System von Dispositionen, eine allgemeine Grundhaltung dar, die die Wahrnehmung, das Fühlen, das Denken und das Verhalten bestimme und vor allem auch die Grenzen markiere, die dem einzelnen Menschen aufgrund seiner sozialen Herkunft und Position gezogen seien.

Bourdieu bezeichnet den Habitus auch als »ein sozial konstituiertes System von strukturierten und strukturierenden Dispositionen, das durch Praxis erworben wird und konstant auf praktische Funktionen ausgerichtet ist« (Bourdieu/Wacquant 1992/1996: 154).

Wer in einer Arbeiterfamilie aufgewachsen ist, so Bourdieus Logik, der kleidet sich in der Regel eben anders als jemand, dessen Vater Chefarzt war, er bevorzugt andere Speisen, liebt andere Filme und Musik, schätzt andere Sportarten und Freizeitaktivitäten, hat andere Lese- und Lerngewohnheiten, einen anderen Sprachduktus, andere Berufswünsche und auch einen anderen Freundeskreis. Im Habitus hätten sich die Erfahrungen der einzelnen Person wie die seiner Familie und seiner Klasse verkörperlicht, individuelle also ebenso wie kollektive. Zwar sei ausgeschlossen, dass die Mitglieder einer Klasse exakt dieselben Erfahrungen und das auch noch in der gleichen Reihenfolge machten, die Aussicht, mit für diese Klasse typischen Situationen konfrontiert zu werden, sei für sie aber sehr viel größer als für die Angehörigen der anderen Klassen (Bourdieu 1993: 112). Das bilde die Grundlage des **klassenspezifischen Habitus**, der damit »die *inkorporierte Klasse*« darstelle (Bourdieu 1979/1982: 686; Hervorhebung im Original).

Bourdieu formuliert diese Grenzen in einem Interview mit den Worten: »Wer zum Beispiel über einen kleinbürgerlichen Habitus verfügt, der hat eben auch, wie Marx sagt, Grenzen seines Hirns, die er nicht überschreiten kann. Deshalb sind für ihn bestimmte Dinge einfach undenkbar, unmöglich« (Bourdieu 1992: 33).

Bourdieu unterscheidet dabei anhand des jeweils zur Verfügung stehenden Kapitalvolumens zwischen drei großen Klassen, der herrschenden Klasse, dem **Kleinbürgertum** beziehungsweise den Mittelklassen und der »**classe populaire**« beziehungsweise den unteren Klassen. Sie differenzierten sich je nach konkreter Verteilung des von ihnen besessenen ökonomischen und kulturellen Kapitals noch einmal intern in verschiedene Fraktionen. Jede dieser Klassen habe ihren charakteristischen Habitus, die herrschende den der Distinktion und des legitimen Geschmacks, das Kleinbürgertum den des Strebens und der Bildungsbeflissenheit und die »Volksklasse« den der Notwendigkeit und des populären Geschmacks. Besondere Aufmerksamkeit widmet Bourdieu der Differenz zwischen dem Habitus der herrschenden Klasse und dem des Kleinbürgertums, weil er für ihn die Grenze des Feldes der Macht markiert und die Schranken, die den Angehörigen des Kleinbürgertums für einen sozialen Aufstieg gesetzt sind. Entscheidend ist für Bourdieu dabei die Selbstsicherheit der herrschenden Klasse, die von ihren Mitgliedern »als *notwendig*, weil als verwirklichte Übereinstimmung dessen, was man ist, mit dem, was man zu sein hat, empfunden« werde und deshalb ein lässiges und natürliches Verhalten erlaube, und die »Enge und Beschränktheit der Kleinbürger« (Bourdieu 1979/1982: 531; Hervorhebung im Original). Die herrschende Klasse erziele die Distanz schaffende **Distinktion** eben gerade dadurch, dass »man nicht auf Distinktion, auf Sich-unterscheiden-wollen aus ist: die ›wirklich distinguierten‹ Leute sind die, die sich nicht darum kümmern, es zu sein« (Bourdieu 1989b: 18). Das verschaffe ihr in der Regel einen uneinholbaren Vorteil beim Zugang zu exklusiven Bildungseinrichtungen wie auch zu gesellschaftlichen Machtpositionen.

Bourdieu charakterisiert die Wirkung des Habitus in »Die feinen Unterschiede« so:

»Auf allen Märkten – vom Wettbewerb um den Eintritt in eine Grande école bis zu den Zeitschriftenredaktionen, von beruflichen Einstellungsgesprächen bis zu mondänen Veranstaltungen – werden die kulturellen Leistungen des kleinbürgerlichen Habitus auf subtile Weise diskreditiert, weil sie erkennen lassen, dass sie erworben wurden, während es gerade hier mehr als irgend sonst darum geht, zu haben, ohne je erworben zu haben … Die Kleinbürger haben kein spielerisches Verhältnis zum Bildungsspiel: sie nehme Kultur zu ernst, um sich einen Bluff oder Schwindel zu erlauben oder auch nur die lässige Distanz, die von wirklicher Vertrautheit zeugt; zu ernst, um nicht ständig besorgt zu sein, ob sie nicht bei Unkenntnissen oder Schnitzern ertappt werden, und auch zu ernst, um Prüfungssituationen ausweichen zu können in die gleichgültige Blasiertheit derer, die ohnehin außer Konkurrenz sind, oder in die Gelassenheit derjenigen, die sich ermächtigt fühlen, ihre Bildungslücken zu gestehen und sogar auf ihnen zu bestehen.« (Bourdieu 1979/1982: 518).

Die Reproduktionsstrategien der herrschenden Klasse, die auf die Bewahrung ihrer Stellung gerichtet seien, hätten ihre Basis in dieser Differenz. **Strategien** seien ja im Kern nichts anderes als die Vorwegnahme der Zukunft auf Grundlage der Erfahrungen aus der Vergangenheit. Sie seien durch die objektive Ausstattung mit Kapital bestimmt und die (in Form des Habitus) von der Vergangenheit geprägten Erwartungen, Hoffnungen und Handlungsperspektiven. Die regelmäßig zu beobachtende sehr enge Korrelation zwischen subjektiven Erwartungen und objektiven Wahrscheinlichkeiten sei deshalb auch nicht das Ergebnis einer exakten Bewertung der Erfolgschancen durch den einzelnen, sondern der Aussonderung der unwahrscheinlichsten Praktiken durch den Habitus, der in den objektiven Bedingungen ja selbst als wichtiger Faktor enthalten sei (Bourdieu 1980/1987: 100). Der Habitus lasse sich in erster Linie von den Hinweisen leiten, auf deren Wahrnehmung er eingestellt sei, die einen direkten Bezug zu der in ihm verinnerlichten Vergangenheit besäßen. Strategien seien im Unterschied zu landläufigen Ansicht deshalb zumeist unbewusster Natur, richteten sich objektiv in Form von geordneten Handlungen auf Ziele, die, wie Bourdieu es an einer Stelle zugespitzt formuliert, »nicht unbedingt auch die subjektiv angestrebten sein« müssten (Bourdieu 1993: 113). Die aus der Homogenität der Existenzbedingungen herrührende, objektive Homogenisierung der Klassenhabitus[43] sorge dafür, dass die unzähligen individuellen Praktiken und Strategien trotz aller Konflikte aufeinander abgestimmt seien. Auf diesem Wege trügen sie »ununterbrochen dazu bei, die soziale Struktur zu reproduzieren« (Bourdieu/Wacquant 1992/1996: 174).

Strategien seien aufgrund ihre **Habitusbindung** folglich immer dann am erfolgreichsten, weil der Situation am besten angepasst, wenn die aktuellen Bedingungen denen glichen oder ähnelten, unter denen der Habitus gebildet worden sei.[44] Bei schnellen oder tief greifenden Veränderungen der Verhältnisse sei dementsprechend die Gefahr am größten, sich der neuen Situation gegenüber nicht adäquat zu verhalten, weil die Anpassung des teilweise auf überholten Erfahrungen beruhenden Habitus nicht zügig genug vonstatten gehe. Diese Gefahr sei allerdings, so Bourdieu, relativ begrenzt. Die aus vergangenen Erfahrungen resultierenden Denk- und Verhaltensmuster prägten zwar die Wahrnehmung der aktuellen Situation und das daraus abgeleitete Handeln, das aber nicht im Sinne eines Automatismus; denn der Habitus könne ja »mit den Strukturen aus früheren Erfahrungen jederzeit neue Erfahrungen strukturieren« (Bourdieu 1980/1987: 113). Er begünstige zwar bestimmte Reaktionen, er erzwinge sie aber nicht. Obwohl jedermann die Vorgehensweise bevorzuge, die seinen durch die Vergangenheit bestimmten Dispositionen am stärksten entspreche, und der Habitus sich daher durch eine »*relative* Geschlossenheit« auszeichne, bleibe er doch insofern offen, als er »erst *im Verhältnis* zu einer bestimmten Situation manifest« werde (Bourdieu/Wacquant 1992/1996: 168; Hervorhebung im Original). Man nimmt, so das Argument, die Lage zwar durch die Brille der früheren, im Habitus verinnerlichten Erfahrungen wahr, muss auf die konkrete Situation und vor allem auf

43 Zur Begründung, warum hier anstatt der in den deutschen Übersetzungen üblichen Pluralform Habitusformen der lateinische Plural des Worts Habitus (langes statt kurzes u) verwendet wird, siehe Krais/Gebauer 2002: 7.

44 Diese unmittelbare Übereinstimmung zwischen Habitus und Feld komme vor allem im ökonomischen Feld oft zustande (Bourdieu/Wacquant 1992/1996: 162).

größere Veränderungen in der Regel aber doch in gewissem Maße produktiv, das heißt durch eine Anpassung des eigenen Habitus an die neuen Bedingungen reagieren. Ein völliges Beharren auf überholten Verhaltensmustern und das daraus zwangsläufig resultierende Scheitern, wie es beispielsweise Cervantes in seinem »Don Quichotte« schildert, sei daher eine Ausnahme.

Der Habitus ist deshalb auch nicht dauerhaft durch ganz bestimmte Merkmale (etwa in puncto Kleidung oder Benehmen) oder einen ganz bestimmten Geschmack (zum Beispiel in der Malerei oder Musik) charakterisiert.

Das **Bildungswesen** sei der gesellschaftliche Bereich, der für die Reproduktionsstrategien der Individuen wie auch Klassen heutzutage eine besonders große Rolle spiele und in dem Veränderungen der Strategien daher besonders deutlich zu erkennen seien. Wenn die herrschende Klasse durch Umstrukturierungen im wirtschaftlichen Feld gezwungen sei, bei der Weitergabe von Machtpositionen dem Erwerb hoher Bildungsabschlüsse im Vergleich mit der direkten Vererbung eine immer größere und vielfach sogar die entscheidende Bedeutung einzuräumen, dann würde die notwendige Änderung ihrer Reproduktionsstrategien durch ihren Habitus und das ihr zur Verfügung stehende Kapital gleich in mehrfacher Hinsicht erleichtert und gefördert.

Ganz allgemein stellt Bourdieu für Strategien der **Bildungsinvestition** zunächst fest, dass die Gefahr von Fehlinvestitionen für die Angehörigen der unteren und mittleren Klassen erheblich höher sei. Ihnen fehle zum einen die Vertrautheit mit den Einrichtungen des Bildungs- und Beschäftigungssystems, um die zukünftige Entwicklung und damit den Wert bestimmter Bildungstitel richtig einschätzen zu können, zum anderen das ökonomische und kulturelle Kapital, um auf ungewisse Erträge warten und den risikoreicheren, aber damit oft auch prestigereicheren Weg nehmen zu können (Bourdieu 1974/1981: 179). Außerdem sorgten die Bildungseinrichtungen selbst für eine Auswahl bereits »prädisponierter« Akteure. So gebe es Einrichtungen, an denen man »von den Schülern fast nichts anderes erwartet, als sie selbst zu sein, das heißt als die Einstellungen und die Fähigkeiten (Verhaltensweisen, Akzente, Haltungen usf.) an den Tag zu legen, die das Erbteil ihrer Herkunftsklasse sind.« Da für die Position eines Unternehmensleiters oder Arztes niemals rein technische Fertigkeiten ausreichten, sondern der gesamte zu einer solchen Stellung gehörende Habitus, sei es für die Bildungsinstitutionen wichtig, »prädisponierte Habitus zu selektieren« und die Selektion dann »mit Einschnitts-, Schließungs- und Konsekrationseffekten« zu belasten, die dazu bestimmt seien, »dass die Erben das Erbe annehmen« (Bourdieu 1991: 86f.).

All diese Faktoren machten sich gerade beim Zugang zu den Bildungsinstitutionen mit dem höchsten Renommee merkbar, den berühmten **Grandes Écoles** wie ENA, Polytechnique und HEC oder der ähnlich exklusiven Sciences Po. Die wesentliche Funktion dieser Elitehochschulen, deren exklusiver Charakter aufgrund ihrer spezifischen Strukturen und strengen Zulassungsbedingungen von der Bildungsexpansion unberührt geblieben sei, bestehe darin, eine gesellschaftlich allgemein anerkannte Elite zu produzieren.[45] Ihre Absolventen repräsentierten nach eigenen Selbstverständnis wie auch in den Augen der breiten Öffentlichkeit die »Besten der Besten«. Daher seien die Abschlüsse dieser Institutionen für Spitzenpositionen zunehmend unverzichtbar, bekämen auch in den großen Unternehmen, vor allem denen ohne private Mehrheitseigner, mehr und mehr den Charakter einer »Zugangsberechtigung« zu den Topetagen (Bourdieu 1996: 285, 308f.).[46]

Damit die Reproduktion der herrschenden Klasse durch den Erwerb dieser **exklusiven Bildungstitel** gewährleistet werden kann, müssen die Grandes Écoles allerdings auch die erforderliche soziale Selektivität aufweisen. Wie Bourdieu anhand von Angaben über die Herkunft der Studenten und Absolventen zeigt, ist das eindeutig der Fall (ebd.: 137f.; 169, 246ff.). Der Nachwuchs dieser Klasse stellt an den renommier-

---

45 Bourdieu nennt diese Elite auch »Adel« oder »*geweihte* Elite« (Bourdieu 1991: 80; Hervorhebung im Original).

46 Die zunehmende Verflechtung zwischen den großen Unternehmen und die wachsende finanzielle Abhängigkeit von den Banken begünstige die Absolventen der Sciences Po und der ENA dabei stärker als die der Polytechnique (ebd.: 325ff.).

ten Grandes Ècoles die überwiegende Mehrheit der Studenten. Der wesentliche Grund für ihre weit überproportionale Repräsentanz ist für Bourdieu in der Ähnlichkeit beziehungsweise strukturellen Übereinstimmung zwischen den Anforderungen dieser Elitebildungseinrichtungen und dem Habitus der Bewerber aus der herrschenden Klasse zu suchen. Das gelte in doppelter Hinsicht. Zum einen werde die Auswahl durch die dafür zuständigen Lehrpersonen entscheidend beeinflusst durch eine habituelle Affinität den Kandidaten aus den »besseren Kreisen« gegenüber. Sie schaffe Sympathie. Zum anderen böten sich diese Kandidaten durch ihr Verhalten auch selbst für die Aufnahme an, während andere sich selbst spontan ausschlössen (ebd.: 141).

De Saint Martin zitiert in ihrer Analyse des französischen Adels aus Prüfungsberichten der ENA, die diesen doppelten Effekt besonders deutlich machen. Dort heißt es: »Das Prüfungsgespräch dient nicht zur Überprüfung des Wissensstandes ... [Es ist vielmehr] ein methodischer Versuch, menschliche Qualitäten in einem Alter einzuschätzen, in dem man sich noch nicht allzu sehr verstellen kann. ... Ein Mitglied einer Prüfungskommission sagte einmal: »Ich versuche, mir vorzustellen, ob ich gerne mit dem Kandidaten zusammenarbeiten würde, dem ich gerade zuhöre, und ob ich ihm vollständig vertrauen würde.« Das Bestreben geht also dahin, den Menschen herauszustellen, und nicht irgendein mit Diplomen und Bücherwissen bestücktes Wesen. Das Eingestehen einer Wissenslücke, eine lockere, aber nicht anmaßende Haltung, die Gabe geistesgegenwärtiger Erwiderungen und geistige Neugier sind ausgezeichnete Eigenschaften.« (de Saint Martin 1993: 203). Die Übereinstimmungen der hier gewünschten Eigenschaften mit dem Habitus der herrschenden Klasse sind unübersehbar.

Der Weg über die exklusiven Bildungsinstitutionen, so Bourdieu, schränke dennoch die »Macht der Familie« ein, »das heißt die Macht, aus der Gesamtheit der einer Altersklasse zugehörigen und aus derselben sozialen Klasse hervorgegangenen Kinder diejenigen zu ernennen, die dazu bestimmt sind, die Klasse mit all ihren Besitztümern zu reproduzieren oder aber aus dieser Klasse ausgeschlossen zu werden« (Bourdieu/de Saint Martin 1978: 23; eigene Übersetzung). Während die Familie diese Entscheidung beim traditionellen System der Vererbung voll und ganz selbst kontrollieren könne, müsse sie sich jetzt den

Regeln des Bildungswesens als eigenem Feld unterwerfen. Statistisch gesehen bleibe der Effekt zwar derselbe, werde die Reproduktion der herrschenden Klasse insgesamt genauso gesichert wie bei der direkten Weitergabe der Macht, die **Auswahlprinzipien** seien aber andere. Die Bildungsinstitutionen könnten ihren Beitrag zur Reproduktion nur leisten, wenn sie ihren eigenen Regeln folgten, das heißt auch einzelne Kinder der herrschenden Klasse opferten, die ein vollständig von der Familie kontrollierter Reproduktionsmechanismus »verschonen« würde (Bourdieu 1996: 287; Bourdieu/de Saint Martin 1978: 25).

Dieser Verlust an direktem Einfluss würde allerdings dadurch begrenzt, dass Bildungstitel weder eine notwendige noch eine ausreichende Voraussetzung für alle herrschenden Positionen seien. Zum einen blieben die traditionellen Mechanismen der Machtübertragung vor allem in den Unternehmen, die sich noch mehrheitlich in Familienbesitz befänden, auch weiterhin sehr wichtig, selbst wenn ihre Bedeutung tendenziell abnehme und sich die Firmenerben zunehmend genötigt sähen, prestigereiche Bildungsabschlüsse vorzuweisen. Auf der anderen Seite reiche das Diplom einer berühmten Grande École allein in der Regel nicht aus, um die Toppositionen selbst in den großen staatlichen Konzernen oder denen ohne private Mehrheitseigner zu erreichen. Man müsse dort in der Regel auch aus dem richtigen Elternhaus, sprich den Reihen der herrschenden Klasse stammen. Die soziale Herkunft der Spitzenmanager in diesen Unternehmen zeige das deutlich (Bourdieu 1996: 288f., 306, 310).

Außerdem beinhalte der neue Reproduktionsmodus einen unschätzbaren Vorteil gegenüber dem alten. Er trage aufgrund seiner nur statistischen Wirksamkeit ganz entscheidend zur Verschleierung der realen Machtmechanismen bei. Da der anonyme »Concours« ja jedermann prinzipiell die gleichen Chancen einräume[47] und es auch immer wieder Beispiele von Personen gebe, die ohne die »richtige« Herkunft erfolgreich an die Spitze von großen Unternehmen gelangt seien, sei die Effektivität dieses Modus bei der Reproduktion der herrschenden

47 Deshalb seien gerade die sozialen Ausnahmen, die »Wunderkinder«, wie Bourdieu sie nennt, häufig die entschiedensten und besten Verteidiger der Eliteschulen (Bourdieu 1991: 83).

Klasse oberflächlich nicht zu erkennen. Es sorge so für ein hohes Maß an **Legitimität**. Das wirke sich auch auf das Selbstverständnis der neuen Wirtschaftselite aus. »Überzeugt davon, dass seine Legitimation nicht auf Reichtum oder Herkunft beruhe, sondern auf ›Intelligenz‹ und ›Kompetenz‹[48], versteht sich der Business-Adel selbst als erleuchtete Avantgarde, fähig, sich den für die ›Bewahrung‹ [der Macht] notwendigen Wandel vorzustellen, nach ihm zu verlangen und ihn zu steuern« (Bourdieu 1996: 320; eigene Übersetzung).

Alles in allem habe es historisch wohl nur wenige herrschende Gruppen gegeben, die so viele und so unterschiedliche Prinzipien der Legitimation ihrer Macht aufzuweisen gehabt hätten, wie die französische Spitzenbourgeoisie. Sie könne sich auf die familiäre Herkunft ebenso berufen wie auf ihre schulischen Leistungen, auf die Ideologie des »öffentlichen Dienstes« ebenso wie auf den Kult von Profit und Produktivität. Fast ausschließlich bestehend aus den großen Pariser Familien, Bankiers, Industriellen, staatlichen Spitzenbeamten und hohen Richtern, unter denen – durch »Berufung« und Kooptation – die wichtigen Machtpositionen verteilt seien[49], behaupte sie in allen Bereichen tendenziell eine Macht, die jener Macht über ökonomisches Kapital gleiche, die aus der Fähigkeit zur Mobilisierung von Finanzkapital resultiere (ebd.: 335).

Die Grandes Écoles erfüllen für Bourdieu neben der Reproduktion der herrschenden Klasse noch eine weitere wichtige Aufgabe. Sie lösten durch die Existenz verschiedener Typen (von geisteswissenschaftlich orientierten Écoles wie der ENS bis zu eindeutig wirtschaftswissenschaftlich ausgerichteten wie der HEC) ein zweites zentrales Problem, das der internen Gliederung dieser Klasse. Jede der verschiedenen Grandes Écoles sorge sowohl durch die Praxis der Kooptation durch Lehrkräfte, die selbst an den Grandes Écoles erzogen worden seien, für ein hohes Maß an sozialer Homogenität als auch durch ihre

48 In einer früheren Fassung sprechen Bourdieu und de Saint Martin von der Intelligenz als der Eigenschaft, in der alle Legitimationsansprüche »kumulieren« (Bourdieu/de Saint Martin 1987: 27).

49 Die Verteilung folge dabei keinen mechanischen Prinzipien. So könne der Bankierssohn durchaus Professor an der juristischen Fakultät werden und der Sohn eines Medizinprofessors hoher Ministerialbeamter (Bourdieu 1996: 335).

unterschiedliche Attraktivität für die verschiedenen Gruppen der herrschenden Klasse (ebd.:181ff.). Entscheidend sei dabei, dass auf diese Weise den Kämpfen zwischen den zwei großen Teilen, der herrschenden Fraktion, bei der das ökonomische Kapital dominiert, und der beherrschten mit überwiegend kulturellem Kapital, die Schärfe genommen werde, sie in geregelte Bahnen gelenkt würden.[50] Die Einteilung der Grandes Écoles sei ein Äquivalent zu den Nachfolgeregelungen früherer Tage, durch die Bruderkämpfe unter Erben verhindert werden sollten (Bourdieu 1991: 72). Die Reproduktion der herrschenden Klasse würde auch in dieser Hinsicht durch die Strukturen des Bildungssystems garantiert.

4.3 Zusammenfassung

Gemeinsamkeiten

Die theoretischen Ansätze von Mills und Bourdieu stimmen in zwei zentralen Punkten überein. Beide gehen zum einen davon aus, dass es keine Vielzahl voneinander unabhängiger und prinzipiell gleichrangiger Teileliten gibt, sondern eine einzige Macht-Elite beziehungsweise herrschende Klasse, die trotz ihrer (durchaus zugestandenen) internen Differenzierung einen starken inneren Zusammenhalt aufweist und von der besitzenden Klasse beziehungsweise der herrschenden, vor allem mit ökonomischem Kapital ausgestatteten Fraktion der herrschenden Klasse dominiert wird. Zum anderen sehen sie die Grundlage dieser Kohärenz in erster Linie in einer gleichen oder zumindest ähnlichen familiären und schulischen Sozialisation der Mitglieder von Macht-Elite beziehungsweise herrschender Klasse. Sie widersprechen damit der funktionalistischen Annahme von der qua Leistungsprinzip hergestellten sozialen Offenheit des Elitenzugangs. Außerdem beschäftigen sich beide, Mills wie Bourdieu, im Gegensatz zu den meisten Theoretikern der Funktionseliten auch relativ intensiv mit dem Verhältnis der Macht-Elite beziehungsweise herrschenden Klasse zu den anderen

50 Diese Differenz sieht Bourdieu als grundlegend für alle herrschenden Klassen an (Bourdieu 1991: 74ff.; 1996: 264ff.).

Klassen und Schichten der Gesellschaft sowie deren historischen Veränderungen. Bei Mills kann man das besonders gut dort sehen, wo er die Stellung der Eliten in den USA in verschiedene geschichtliche Phasen einteilt, speziell in seiner Darstellung des New Deal (Mills 1956/1962: 288 ff.), und bei der Schilderung der gesellschaftlichen Voraussetzungen für den Aufstieg von Multimillionären wie Carnegie oder Rockefeller (ebd.: 120 ff.). Bei Bourdieu durchzieht der Vergleich zwischen den verschiedenen Klassen fast sein gesamtes Werk. Die Differenz zwischen ihnen bestimmt sowohl seine frühen bildungssoziologischen Studien als auch seine späteren Untersuchungen zum Habitus oder zum Feld der Macht.

Ungeachtet dieser grundsätzlichen Gemeinsamkeiten lassen sich aber auch erhebliche Unterschiede zwischen Mills und Bourdieu feststellen, und zwar sowohl hinsichtlich ihrer zentralen Fragestellung als auch in den Einzelanalysen. Während Mills sich vorwiegend dafür interessiert, von wem und wie die Entscheidungen von gesamtgesellschaftlicher Tragweite getroffen werden, gilt Bourdieus Augenmerk vorrangig den Mechanismen, die für die Reproduktion der herrschenden Klasse und deren Macht sorgen. Dieser Unterschied prägt dann auch die einzelnen Untersuchungsschritte und -ergebnisse.

Drei Beispiele sollen das verdeutlichen. So beschäftigt sich Mills zum Beispiel ausdrücklich mit der politischen Willensbildung der Masse. Er diagnostiziert in dieser Beziehung ein hohes Maß an Uninformiertheit, Uniformität und Passivität, im Wesentlichen bedingt durch das Desinteresse der Masse an einer »Beteiligung am öffentlichen Leben« und die manipulative Macht der Massenmedien, die von der Macht-Elite kontrolliert würden.[51] Bourdieu dagegen widmet dieser Frage nicht nur viel weniger Aufmerksamkeit, er argumentiert hinsichtlich der Meinungsbildung in der breiten Bevölkerung wie der Rolle der Massenmedien auch weit weniger instrumentell als Mills. Bei ihm stehen jene habituellen Mechanismen im Vordergrund, die auf Seiten der beherrschten Klassen für eine »freiwillige« Anpassung an die gesellschaftlichen Verhältnisse sorgen. Begriffe wie »terrorisierte« oder

51 In diesem Punkt finden sich bei Mills im Übrigen auch unübersehbare Anklänge an die klassische Dichotomie von Elite und Masse.

»eingeschüchterte« Massen, die Mills durchaus gebraucht, sind bei ihm dementsprechend nicht zu finden.

> Bourdieu erklärt die Tatsache, dass »es bei den Beherrschten mehr *Unterordnung* (und weniger Subversion und Widerstand)« gebe, ausdrücklich »aus der Logik der Anpassung der Dispositionen an die Verhältnisse« (Bourdieu / Wacquant 1992/1996: 111).

Die Rolle der kleinen Selbständigen wird von Mills ebenfalls anders gesehen als von Bourdieu. Während Bourdieu das Kleinbürgertum ganz überwiegend unter dem Blickwinkel seiner (zumeist) vergeblichen Versuche, in die Ränge der herrschenden Klasse aufzusteigen, betrachtet und diese Bemühungen wie den gesamten kleinbürgerlichen Habitus mit deutlichen Worten und manchmal auch beißender Ironie schildert, neigt Mills zumindest in der historischen Rücksicht zu einer gewissen Idealisierung. Für ihn hat die alte Mittelklasse die letzte Bastion gegen den Vormarsch der großen Organisationen und damit letztlich den Sieg der Macht-Elite dargestellt, die letzte unabhängige Kraft mit einer eigenen Machtbasis. Mit ihr sei eine, wenn nicht sogar die entscheidende Grundlage für ein relatives politisches Gleichgewicht auf nationaler Ebene und die Macht klassischer Berufspolitiker in der US-Regierung und -Administration endgültig verschwunden.

Schließlich legt Mills ein erheblich größeres Gewicht als Bourdieu auf die unmittelbaren Interessen und Pläne der Macht-Elite. Zwar lehnt er Verschwörungstheorien ausdrücklich ab und betont die zentrale Bedeutung der strukturellen Voraussetzungen (Organisationsinteressen, Herkunft, Kooperation), seine Aufmerksamkeit gilt aber auch den persönlichen Wünschen der Mitglieder der Macht-Elite und ihren strategischen Plänen. Dabei geht er sogar so weit, von direkten Komplotten dieser Elite zu sprechen. Ihr Aufstieg habe sich zwar nicht durch solche Komplotte vollzogen, es sei aber durchaus gezielt an Plänen, Programmen und vor allem Organisationsstrukturen wie zum Beispiel dem Nationalen Sicherheitsrat gearbeitet worden, deren Existenz nicht einfach auf das normale Wirken der großen Institutionen in Wirtschaft,

Politik und Militär zurückzuführen sei. Obwohl man in der Regel bei der Durchsetzung der eigenen Pläne von den vorhandenen Organisationsstrukturen Gebrauch mache, hätten einzelne »besonders weitsichtige« Eliteangehörige die Möglichkeiten, die sich ihnen in ihrer Position boten, auch zur Schaffung von neuen Organisationen genutzt, deren Vorzüge selbst den meisten anderen Elitemitgliedern erst viel später zu Bewusstsein gekommen seien (ebd.: 327 f.). Bourdieus gesamte Argumentation ist dagegen auf die unbewusst wirkenden Mechanismen gerichtet. Die herrschende Klasse ist für ihn immer dann am effektivsten in der Verfolgung ihrer Ziele, wenn ihr Handeln sich weitgehend unbewusst aus ihrem Habitus ergibt. So kritisiert Bourdieu zum Beispiel selbst (aus seiner Sicht für symbolische Effekte sensible) Sozialwissenschaftler wie etwa Edward P. Thompson, weil sie zu der Vorstellung neigten, die symbolischen Praxen wie Prunkgewänder oder Perücken seien »ausdrückliche Herrschaftsstrategien, die für das Gesehenwerden (von unten) *bestimmt* und *gemacht*« seien, und »wohltätige Verhaltensweisen als ›kalkulierte Handlung zur Befriedung des Klassenkonflikts‹« interpretierten. Dabei könnten gerade die »ehrlichsten und uneigennützigsten Handlungen dem objektiven Interesse am meisten konform sein« (Bourdieu 1983: 195; Hervorhebung im Original).

Differenzen zwischen Mills und Bourdieu zeigen sich auch dort, wo es um die Rolle der sozialen Herkunft und der Bildungseinrichtungen geht. Während Bourdieu die Bedeutung des klassenspezifischen Habitus und der offiziellen Bildungstitel in den Mittelpunkt seiner Argumentation stellt, räumt Mills den organisationsinternen Mechanismen, das heißt den nichtfamiliären und nichtschulischen Sozialisationsprozessen, ein stärkeres Gewicht ein. Das gilt weniger für die Wirtschaft. Dort wird man auch nach Mills Meinung in erster Linie durch die »Sympathie seiner Vorgesetzten emporgezogen«, müsse ihren Erwartungen entsprechen und ihr Vertrauen gewinnen. All das gelinge jenen am einfachsten, die »bereits oben angefangen« hätten, da sie »von vornherein von geeigneten Leuten auf ihre »Eignung« hin erzogen und ausgebildet« worden seien (ebd.: 166 ff.). Beim Militär sei das jedoch anders. Dort spielten das Elternhaus und die mit ihm verbundenen persönlichen Eigenschaften eine geringere Rolle für die Besetzung von Spitzenpositionen. Sie seien für die Inhaber der hohen Dienstgrade

»weit weniger wichtig als für andere gesellschaftlich Höherstehende«, weil die Welt des Militärs so »allumfassend« sei, dass der ganze Lebensweg von ihr »beherrscht« werde. Das Militär bilde eine »Kaste«, für deren Rekrutierung und Handeln man die soziale Herkunft der Militärangehörigen zwar nicht unterschätzen dürfe, die Eigengesetzlichkeiten des Bereichs aber nichtsdestotrotz erheblich höher veranschlagen müsse als etwa in der Wirtschaft (ebd.: 218ff.).

Neben den geschilderten Übereinstimmungen und Differenzen weisen die theoretischen Ansätze von Bourdieu und Mills auch eine entscheidende gemeinsame Schwäche auf. Obwohl sie in zahlreichen Formulierungen der besitzenden Klasse beziehungsweise der herrschenden Fraktion der herrschenden Klasse eine dominante Position innerhalb der Macht-Elite beziehungsweise der herrschenden Klasse einräumen, bleibt die Argumentation letztlich doch mehr oder weniger unklar. Zunächst ist schon auf den ersten Blick auffällig, dass beide den Inhabern und Spitzenmanagern der großen Unternehmen in ihren Analysen besondere Aufmerksamkeit schenken. Mills widmet ihnen in seiner *»Power Elite«* fast doppelt so viel Platz wie der politischen und militärischen Elite zusammen und auch Bourdieu befasst sich bei keiner Klasse oder Klassenfraktion so intensiv mit ihren Reproduktionsstrategien wie bei dem Teil der herrschenden Klasse, dessen Stellung vorrangig auf dem Besitz ökonomischen Kapitals gründet.

Dieser erste oberflächliche Eindruck verstärkt sich noch, wenn man den Argumentationsgang genauer betrachtet. Mills führt nicht nur die Einheitlichkeit der Macht-Elite ganz wesentlich auf die gemeinsame Herkunft aus der besitzenden Klasse zurück, er schildert auch ganz ausführlich, in welch hohem Maße die wichtigen politischen Positionen von Repräsentanten der Großindustrie besetzt werden. Obwohl er immer wieder die wechselseitige Durchdringung der drei Sektoren Wirtschaft, Politik und Militär hinweist, bleibt er in seiner konkreten Analyse doch fast ausschließlich bei Beispielen, die den direkten Einfluss der Wirtschaftselite in der Politik oder gar ihren unmittelbaren Einstieg in hohe politische Ämter schildern. Weiter spricht er von Cliquen führender Männer der Großindustrie, die, obwohl sie kaum eine Rolle als direkte Mitglieder der politischen oder militärischen Führung spielten, dennoch »an nahezu allen Entscheidungen von einiger

Tragweite beteiligt« seien (ebd.: 326f.). Angesichts all dieser Äußerungen überrascht es nicht, wenn Mills die »Konzernvertreter in den obersten politischen Beratungsgremien« als die »wahren Inhaber der Macht« bezeichnet. »Wenn sie schon nicht offen regieren, so beherrschen sie doch viele der Schlüsselpositionen, die für die Vereinigten Staaten von Amerika und das tägliche Leben seiner Bewohner entscheidend sind«, so seine Quintessenz. Es gebe keine Macht, die auf »die Dauer gegen sie aufkommen« könne (ebd.: 151).

Bei Bourdieu sind solche drastischen Äußerungen nicht zu finden. Von einer dominanten Rolle der **ökonomischen Kapitals** und seiner Inhaber spricht aber auch er in vielen seiner Veröffentlichungen, vor allem bis Ende der achtziger Jahre. Besonders deutlich wird seine Position in dem Aufsatz, in dem er seine Kapitaltheorie am systematischsten darstellt. Dort schreibt er: »Man muß somit von der *doppelten* Annahme ausgehen, daß das ökonomische Kapital einerseits allen anderen Kapitalarten zugrunde liegt, daß aber andererseits die transformierten und travestierten Erscheinungsformen des ökonomischen Kapitals niemals ganz auf dieses zurückzuführen sind, weil sie ihre spezifischsten Wirkungen überhaupt nur in dem Maße hervorbringen können, wie sie verbergen (und zwar zu allererst vor ihrem eigenen Inhaber), daß das ökonomische Kapital ihnen zugrundeliegt und insofern, wenn auch nur in letzter Instanz, ihre Wirkungen bestimmt.« (Bourdieu 1983: 196; Hervorhebung im Original). Diese Feststellung, die in manchen Formulierungen (wie zum Beispiel der von der letzten Instanz) sehr an Marx erinnert, stimmt auch mit seinen Ausführungen über die herrschende Fraktion der herrschenden Klasse überein. Ihre Dominanz gegenüber der **beherrschten Fraktion** der Intellektuellen und Künstler erklärt Bourdieu ja ebenfalls mit der unterschiedlichen Verfügung über ökonomisches Kapital. Außerdem räumt er auch in seinen jüngeren Schriften ein, dass »in den Industriegesellschaften die Effekte des ökonomischen Feldes besonders stark« seien (Bourdieu/Wacquant 1992/1996: 141).

Auf der anderen Seite wenden sich aber Mills wie Bourdieu immer wieder explizit gegen die Annahme, es existiere so etwas wie eine Machthierarchie mit der Wirtschaftselite an der Spitze. Beide beziehen dabei übereinstimmend Stellung gegen einen simplen Ökonomismus, demzufolge die Verfügung über die wirtschaftliche Macht unmittelbar auch die politische Herrschaft bedeute.

Bourdieu betont stets, dass nicht nur von Seiten des »Ökonomismus« Gefahr drohe, sondern auch von Seiten des »Semiologismus« (Strukturalismus, symbolischer Interaktionismus, Ethnomethodologie), der die sozialen Beziehungen auf »Kommunikationsphänomene« reduziere und »die brutale Tatsache der universellen Reduzierbarkeit auf die Ökonomie« ignoriere (Bourdieu 1983: 196).

Mills, der aus diesem Grund den Begriff der herrschenden Klasse ganz vermeidet, verweist bei seiner Kritik vor allem auf das Maß an Autonomie, das politischen und militärischen Eliten zugestanden werden müsse. Angesichts seiner Darstellung der politischen Entscheidungsstrukturen dürfte er dabei in erster Linie an das Militär gedacht haben. Dessen Bedeutung sieht er aufgrund der weltpolitischen Lage wie der Möglichkeiten der modernen Waffensysteme als stark gewachsen an und veranschlagt sie auch als ausgesprochen hoch. Eine wirklich präzise Bestimmung des gesamten Kräfteverhältnisses zwischen den drei Teileliten findet man bei ihm aber nicht. Der Verweis auf die Autonomie von Politik und Militär reicht angesichts seiner eigenen Analyse der sozialen Herkunft der Macht-Elite und der vielfältigen Einflussnahmen der Wirtschaftselite auf politische Entscheidungen nicht aus, um in dieser Frage Klarheit zu schaffen. Seine Aussagen über die Rolle der besitzenden Klasse und der Wirtschaftselite für die Konstitution und das Agieren der Macht-Elite sind letztlich nicht eindeutig.

Bourdieus Zielrichtung ist eine andere. Seine Kritik richtet sich zum einen von Anfang an gegen Sartres Mythos vom freien Intellektuellen als dem »Widersacher jedweder Macht« (Bourdieu 1992: 41), das heißt speziell auch die Auffassung, die kritische Haltung von zahlreichen Intellektuellen gegenüber den Eigentümern von Unternehmen oder (ganz generell) großem ökonomischen Kapital verkörpere einen grundlegenden Gegensatz. In dieser Einstellung sichtlich beeinflusst von den Erfahrungen des Mai 1968, stellen für ihn solche Auseinandersetzungen nicht mehr als den Konflikt zwischen den beiden Fraktionen der herrschenden Klasse um ihren jeweiligen Anteil an der Macht dar. Viele Revolutionen, so sagt er ganz dezidiert, seien »ausschließlich Revolutionen innerhalb der herrschenden Klasse«, bei denen es um nichts anderes gehe, als den Wert der jeweils zur Verfügung stehenden Kapitalsorte zu steigern. Es drehe sich im Kern nur darum, wie bei einem Spiel zu klären, »ob ein Chip »ökonomisches Kapital« wirklich drei Chips »kulturelles Kapital« wert« sei (ebd.: 38). Damit aber ist das Kräfteverhältnis zwischen den beiden Fraktionen der herrschenden Klasse prinzipiell offen. Die beherrschte Fraktion könnte durchaus auch zur herrschenden werden. Die Intellektuellen könnten diejenigen ablösen, die ihre Macht vorrangig auf den Besitz ökonomischen Kapitals stützen.

Letztlich, so Bourdieu, sorge der Konflikt zwischen den beiden Fraktionen der herrschenden Klasse für eine »Art Komplementarität, die die Grundlage für eine wirklich *organische Solidarität in der Teilung der Herrschaftsarbeit*« abgebe. Der eine handele und übe Macht aus und der andere rede und stelle die Macht gedanklich dar, ein »zugleich antagonistisches und komplementäres Paar«, wie Bourdieu es ausdrückt (Bourdieu 1991: 77; Hervorhebung im Original).

Seit den späten achtziger Jahren geht Bourdieu aber noch einen Schritt weiter. In *La Noblesse d'Etat* vollzieht er eine explizite Abkehr vom Begriff der herrschenden Klasse zugunsten des Begriffs vom »**Feld der Macht**«. Er begründet diesen Schritt damit, dass er einen Bruch mit »allen zur Verfügung stehenden Theorien über die Herrschenden« vollziehen müsse, weil sie ungeachtet ihre Differenzen eines gemein hätten. Sie untersuchten Populationen von Machtakteuren statt Strukturen von Macht (Bourdieu 1991: 69f.). Diese Kritik trifft auf viele Ansätze der Eliteforschung sicherlich zu, ob sie in dieser Pauschalität gerechtfertigt ist, ist aber mehr als zweifelhaft. Wenn Bourdieu in einer seiner letzten größeren Veröffentlichungen bei der Erklärung, warum er den Begriff vom »Feld der Macht« verwendet, davon spricht, dass Herrschaft »nicht die direkte und einfache Wirkung des Handelns einer über die Zwangsgewalt verfügenden Gruppe von Akteuren (der »herrschenden Klasse«) [ist], sondern die indirekte Wirkung eines komplexen Bündels von Handlungen, zu denen es im Netz der einander überkreuzenden Zwänge kommt, denen jeder der dergestalt von der Struktur des Felds, mittels dessen die Herrschaft ausgeübt wird, beherrschten Herrschenden von seiten jeweils aller anderen unterliegt« (Bourdieu 1994/1998: 52), so ist das nicht nur außerordentlich kompliziert formuliert. Die zumindest indirekte Reduzierung der herrschenden Klasse auf eine Gruppe von Akteuren, die über die Zwangsgewalt verfüge, mag als kritische Anmerkung zu vielen Eliteanalysen gerechtfertigt sein, die diesen Begriff verwenden, aber schon Arbeiten wie etwa die von Mills trifft sie nicht, geschweige denn die eigenen älteren, die noch mit dem Begriff der herrschenden Klasse operieren. Seine Kernargumente, die relationale Stellung der verschiedenen Klassen zueinander und die entscheidende Bedeutung, die die Verfügung über die unterschiedlichen Kapitalsorten für die Stellung im sozialen Raum hat, sind auch dort in aller Deutlichkeit nachzulesen. Das Vorgehen in *La Noblesse d'Etat*, wesentliche Teile der konkreten Analysen (zum Teil sogar wortwörtlich) einfach aus älteren Aufsätzen zu übernehmen und vielfach nur die Begriffe zu ändern, wäre ansonsten auch überhaupt nicht möglich gewesen. Insgesamt ist nicht recht zu sehen, welche Verbesserungen die geänderte Begrifflichkeit mit sich bringt.

Was man dagegen relativ klar erkennen kann, das sind die Schwierigkeiten, die Bourdieu sich damit einhandelt. Das gilt vor allem für einen Punkt. Bourdieu gelingt es nicht richtig, das Feld der Macht von der staatlichen Macht abzugrenzen. Zwar weist er ausdrücklich darauf hin, dass man das Feld der Macht nicht mit dem politischen Feld verwechseln dürfe (Bourdieu 1994/1998: 51), zugleich aber erklärt er ebenso unmissverständlich, dass die historische Konzentration der verschiedenen Kapitalsorten zur Entstehung eines staatlichen Kapitals geführt habe, einer »Art Meta-Kapital«. Dieses erlaube es dem Staat, »Macht über die verschiedenen Felder und die verschiedenen besonderen Kapitalsorten« sowie ihre Wechselkurse untereinander auszuüben. Die Konstruktion des Staates gehe folglich »Hand in Hand« mit der Konstruktion des Feldes der Macht. Letzteres sei zu verstehen als der Spielraum, in dem die verschiedenen Kapitalbesitzer »*vor allem* um die Macht über den Staat kämpfen, das heißt über das staatliche Kapital, das Macht über die verschiedenen Kapitalsorten und ihre (vor allem über das Bildungssystem vermittelte) Reproduktion« verleihe (Bourdieu/Wacquant 1992/1996: 146; Hervorhebung im Original). Dass ihm hier das französische Beispiel mit seinem (im internationalen Vergleich) sehr großen staatlichen Einfluss und seinen Grandes Ècoles vor Augen steht, ist unübersehbar.[52] Spätestens die Schwächung nationalstaatlicher Strukturen durch die unter dem Vorzeichen der Globalisierung stetig voranschreitende Internationalisierung der Wirtschaft macht eine derartige Konzentration auf den Staat aber zumindest fragwürdig. Aus demselben Grund erscheint umgekehrt eine stärkere Gewichtung des ökonomischen Feldes, um mit Bourdieu zu sprechen, und der Macht der obersten Führungskräfte der großen, multinational operierenden Unternehmen geboten.

Orientierungsfragen

1. Wie rekrutiert sich nach Mills die Macht-Elite?
2. Wie bestimmt Mills das Verhältnis der Eliten aus Militär, Politik und Wirtschaft zueinander?
3. Wie sieht Mills die Masse?
4. Welche Mechanismen sind bei Bourdieu entscheidend für die Reproduktion der herrschenden Klasse?
5. Was versteht Bourdieu unter Habitus?
6. Was unterscheidet laut Bourdieu die Reproduktion qua Bildungstitel von der direkten durch Vererbung ökonomischen Kapitals?

52 Die sehr unterschiedlichen nationalen Bedingungen erklären sicherlich auch einen Teil der Unterschiede zwischen Bourdieu und Mills, die sich in ihren Analysen doch beide sehr stark auf die französischen beziehungsweise US-amerikanischen Verhältnisse beziehen.

Weiterführende Literatur

Bourdieu, Pierre/Boltanski, Luc/Saint Martin, Monique de/Maldidier, Pascale (1981), *Titel und Stelle: Über die Reproduktion sozialer Macht.* Frankfurt a. M.: EVA.

Bourdieu, Pierre (1982), *Die feinen Unterschiede. Kritik der gesellschaftliche Urteilskraft.* Frankfurt a. M.: Suhrkamp.

— (1983), »Ökonomisches Kapital, kulturelles Kapital, soziales Kapital«, in: Kreckel, Reinhard (Hg.), *Soziale Ungleichheiten. Soziale Welt. Sonderband 2.* Göttingen: Otto Schwartz & Co., S. 183–198.

— (1991), »Das Feld der Macht und die technokratische Herrschaft«, in: Dölling, Irene (Hg.), *Pierre Bourdieu: Die Intellektuellen und die Macht.* Hamburg: VSA-Verlag, S. 67–100.

— (1992), »Die feinen Unterschiede«, in: Steinrück, Margareta (Hg.), *Die verborgenen Mechanismen der Macht*, Hamburg: VSA-Verlag, S. 31–47.

Bourdieu, Pierre/Wacquant, Loïc J.D. (1996), *Reflexive Anthropologie.* Frankfurt a. M.: Suhrkamp.

Mills, C. Wright (1962), *Die amerikanische Elite. Gesellschaft und Macht in den Vereinigten Staaten.* Hamburg: Holsten-Verlag.

— (1975), »Die Machtstruktur in der Amerikanischen Gesellschaft«, in: Röhrich, Wilfried (Hg.), *»Demokratische« Elitenherrschaft. Traditionsbestände eines sozialwissenschaftlichen Problems.* Darmstadt: Wissenschaftliche Buchgesellschaft, S. 267–286.

5. Nationale Bildungssysteme und Elitenrekrutierung

Mit Ausnahme Deutschlands gibt es in allen führenden Industrieländern ausgesprochene **Elitebildungseinrichtungen**, in deren Mauern die maßgeblichen gesellschaftlichen Eliten die entscheidenden Phasen ihrer schulischen und/oder universitären Ausbildung durchlaufen. Unabhängig davon, ob es sich dabei eher um staatliche Institutionen oder um private, vorwiegend um Schulen oder um Hochschulen handelt, ihre Funktion ist stets dieselbe. Die Abschlüsse dieser Elitebildungsstätten entscheiden weitgehend über den Zugang zu den Spitzenpositionen in Wirtschaft, Verwaltung, Politik, Justiz und Wissenschaft und sie sorgen zugleich für eine soziale Selektion zugunsten des Nachwuchses aus dem Bürgertum. In Frankreich sind es vor allem die renommierten Elitehochschulen, die Grandes Écoles wie die ENA oder die École Polytechnique, denen diese Aufgabe zukommt, in Großbritannien die bekannten Public Schools wie Eton oder Winchester und die Renommieruniversitäten Oxford und Cambridge, in den USA die berühmten Privatuniversitäten wie Harvard, Yale oder Princeton und in Japan die fünf angesehensten Elitehochschulen mit der staatlichen Kaiserlichen Universität von Tokio, der Todai, an der Spitze.

5.1 Frankreich: Die Grandes Écoles und die Grands Corps

Die **Grandes Écoles**, teilweise schon vor der Französischen Revolution gegründet, stellen die traditionellen Elitehochschulen des französischen Bildungssystems dar. Auf sie entfallen, rechnet man alle

Einrichtungen dieses Typs mit, nicht mehr als ungefähr 100000 von insgesamt 2,2 Millionen Studierenden. Wirklich wichtig für die Ausbildung der zukünftigen Eliten des Landes ist aber nur eine ganz kleine Anzahl von ihnen mit wenigen tausend Studierenden. Für die Rekrutierung der Toppositionen zählen vor allem die Abschlussexamina der vier berühmtesten Grandes Écoles, der Verwaltungskaderschmiede **ENA** (École Nationale d'Administration), der ingenieurwissenschaftlich ausgerichteten **École Polytechnique** (abgekürzt einfach X genannt), der wirtschaftswissenschaftlichen HEC (Hautes Études Commerciales) und der geisteswissenschaftlichen ENS (Écoles Normales Supérieures).

Sie nehmen jedes Jahr nur einige hundert Studierende auf. Im letzten Jahr waren es zum Beispiel ganze 116 an der ENA, 380 an der HEC und 400 an der École Polytechnique. Bis auf die HEC, die von der Pariser Handelskammer getragen wird und Studiengebühren von fast 15 000 Euro (jeweils zur Hälfte für Gebühren und Unterkunft/Verpflegung) nimmt, handelt es sich ausschließlich um staatliche Einrichtungen, die den dort ausgebildeten Anwärtern für den Staatsdienst während des Studiums sogar monatliche Gehälter zwischen 991 (ENS) und 1 220 Euro (ENA) zahlen. Aufgrund der seit Jahrzehnten weitgehend unveränderten Anzahl von Studienplätzen und der daraus resultierenden scharfen Selektion durch die Aufnahmeprüfungen, die nur 5 bis 10 Prozent der Bewerber bestehen, konnten sich die Grandes Écoles erfolgreich von der allgemeinen Expansion des Hochschulwesens abkoppeln. Während inzwischen gut zwei Drittel eines Jahrgangs das französische Abitur, das Baccalaureat, machen und danach fast ausnahmslos auch ein Studium beginnen, was zu einer Verzehnfachung der Studierendenzahl in den letzten 40 Jahren geführt hat, ist bei ihnen so gut wie alles beim Alten geblieben. Sie haben ihren exklusiven Charakter bis heute bewahren können.

Die Exklusivität bezieht sich dabei auch auf die soziale Zusammensetzung der Studierenden. Wie gering die Chancen des Nachwuchses aus der Arbeiterklasse und den Mittelschichten insgesamt sind, die verschiedenen Selektionsfilter zu passieren, die dem Besuch einer der renommierten Grandes Écoles vorgeschaltet sind, verdeutlichen folgende Angaben über die soziale Zusammensetzung der Schüler von

Classes préparatoires[53] und der Studierenden an den bekannten Grandes Écoles während der letzten drei Jahrzehnte. Ende der siebziger Jahre stammten die Schüler bereits zu 50 bis 60 Prozent aus den höheren Schichten (Marceau 1977: 108). Die exklusivste soziale Rekrutierung aller Grandes Écoles wies damals die HEC auf, deren Studierende zu ungefähr 80 Prozent aus den Familien von Unternehmern, akademischen Freiberuflern, leitenden Angestellten und höheren Beamten stammten. Es folgten die ENA, die es auf circa 75 Prozent brachte, und die École Polytechnique mit 71,5 Prozent (Bourdieu 1989a: 192).

In den folgenden Jahrzehnten hat sich dieses krasse Missverhältnis in der sozialen Zusammensetzung sogar noch etwas verschärft. So beträgt der Anteil der Kinder aus der Arbeiterschaft in den Classes préparatoires heute nur noch 6,8 Prozent, während allein der der Cadres supérieurs und der Professeurs[54] bei 48,5 Prozent liegt. An den führenden Grandes Écoles haben die Kinder aus der Arbeiterschaft und den breiten Mittelschichten ebenfalls an Boden verloren. Wiesen von den Studenten der vier bekanntesten Grandes Écoles zwischen 1966 und 1970 immerhin noch 21,2 Prozent eine »Origine populaire« (Bauern, Arbeiter, untere und mittlere Angestellte und Beamte, selbständige Handwerker und Gewerbetreibende) auf, waren es zwischen 1989 und 1993 nur noch 8,6 Prozent. Der Anteil der Kinder von Cadres supérieurs und Professeurs ist demgegenüber in der gleichen Zeit um ein gutes Fünftel auf inzwischen fast 80 Prozent gestiegen (Euriat/Thélot 1995: 410, 434 ff.). Bemerkenswert ist dabei, wie stark die soziale Selektion selbst noch unter den schon durch vielfältige Auswahlprozeduren ausgesiebten Kandidaten für die ENA, zu über 50 Prozent immerhin Absolventen von anderen Grandes Écoles, wirkt. Von den Kindern des Bürgertums, die 1983–1985 sowieso schon circa zwei Drittel der Bewerber stellten, bestand jeder zehnte die Aufnahmeprüfung, von dem knappen Drittel, das aus der Arbeiterschaft und den

53 Die Classes préparatoires sind zweijährige Vorbereitungsklassen für die Aufnahmeprüfungen an den Grandes Écoles, die an etwa 800 Lycees (gymnasialen Oberstufen) angegliedert sind.

54 Die Cadre supérieurs entsprechen in etwa den leitenden Angestellten und höheren Beamten hierzulande, die Professeurs den Gymnasiallehrern der Oberstufe und den Professoren.

breiten Mittelschichten stammte, schaffte es dagegen nur jeder zwanzigste (Bourdieu 1989a: 366).[55]

Die soziale Auslese stellt insgesamt einen Prozess dar, der über mehrere Stufen erfolgt. Es beginnt mit den sehr unterschiedlichen Quoten, die die verschiedenen sozialen Klassen und Schichten hinsichtlich des Erwerbs des Baccalaureats aufzuweisen haben. Während nur eins von fünf Arbeiterkindern diesen Abschluss schafft, sind es bei den Kindern aus den Familien von leitenden Angestellten, akademischen Freiberuflern und höheren Lehrkräften vier von fünf. Die zweite entscheidende Hürde stellt die Wahl eines bestimmten Typs des Baccalaureats dar, des Baccalaureat S mit seinem mathematisch-naturwissenschaftlichen Schwerpunkt, das weniger als 16 Prozent aller Bac-Absolventen aufweisen. Sein Erwerb erhöht, verglichen mit dem Durchschnitt der Abiturienten, die Aussicht auf die Zulassung um das Fünffache. Das Bac-C wird nun aber zu einem weit überdurchschnittlichen Prozentsatz vom Nachwuchs des Bürgertums gewählt. Während der Anteil der Kinder von leitenden Angestellten, höheren Beamten und akademischen Freiberuflern bei den Absolventen der wenig angesehenen Bacs F und G nur bei jeweils 14 Prozent liegt, gegenüber circa 40 Prozent für die Kinder von normalen Angestellten und Arbeitern, ist die Relation beim Bac-C mit 48 Prozent gegenüber nur 19 Prozent fast genau umgekehrt (Kerviel 1991: 40 ff.; Roulin-Lefebvre/Esquieu 1992: 6).

Obwohl Studiengebühren bis heute eine Ausnahme darstellen und die Auslese durch standardisierte Prüfungen auf den ersten Blick allen die gleichen Erfolgsaussichten verspricht, sorgt das französische Bildungssystem für eine äußerst effektive soziale Auslese. Diese »Effizienz« hat eine wesentliche Ursache. Die bürgerlichen Familien verfügen in der Regel weitaus eher über die für ein erfolgreiches Überschreiten der verschiedenen Selektionsbarrieren notwendigen Mittel als die Familien aus den anderen Klassen und Schichten. In der Regel besitzen sie sowohl die ökonomischen als auch die kulturellen Voraussetzungen, um ihren Kindern einen entscheidenden Vorsprung bei der Aneignung des für die Prüfungen erforderlichen Wissens zu ver-

55 Detailliertere Angaben in Hartmann 1997.

schaffen. Außerdem begünstigt die hohe Selbstrekrutierungsquote in den Lehrkörpern der angesehenen Lycées und vor allem der Grandes Écoles – dort reicht sie bis zu 90 Prozent – all jene deutlich, die aus denselben gehobenen Gesellschaftsschichten wie die Angehörigen dieser Lehrkörper kommen und daher deren Sprache, Geschmack und Umgangsformen teilen oder zumindest gut kennen (Bourdieu/Passeron 1971). Die in Kapitel 4 zitierte Aussage eines ENA-Prüfers über seine Auswahlkriterien (de Saint Martin 1993: 203) macht die Bedeutung der sozialen Herkunft und des daraus resultierenden Habitus für die Zulassung zum Studium an einer der berühmten Grandes Écoles mehr als deutlich.

Wer das Examen an einer der renommierten Grandes Écoles bestanden hat, dem steht eine Karriere in allen wichtigen gesellschaftlichen Bereichen offen. Am erfolgreichsten sind dabei die Absolventen der ENA, die Enarques. Sie dominieren nicht nur die Spitzenpositionen in Politik, Verwaltung und Verwaltungsgerichtsbarkeit, sondern auch in vielen Großunternehmen. Wie beherrschend ihre politische Stellung im Verlauf der letzten Jahrzehnte geworden ist, zeigt schon ein kurzer Blick auf die Staats- und Ministerpräsidenten der letzten 30 Jahre. Zwei der drei Staatspräsidenten (Giscard d'Estaing und Chirac) und sechs der elf Premierminister waren auf der ENA. Dazu kommen dann noch weitere drei Premiers, die eine der anderen berühmten Grandes Écoles besucht haben. Nur ganze zwei von insgesamt elf können keinen derart exklusiven Abschluss nachweisen. Ein ähnliches Bild bietet sich auf der Ministerebene. So werden beispielsweise im derzeitigen Kabinett Raffarin zwei der vier zentralen Ministerien (Außenpolitik und Justiz) von Enarques und ein weiteres (Wirtschaft) von einem Polytechnicien geleitet.

In der politischen Verwaltung sieht es nicht ganz so krass, im Grundsatz aber ähnlich aus. Von den Mitgliedern der »Cabinets ministeriell«, den persönlichen Mitarbeiterstäben der Minister, waren schon unter dem sozialistischen Ministerpräsidenten Rocard (1988–1991) 18,8 Prozent Enarques. Unter seinen konservativen Nachfolgern Balladur und Juppé ist dieser Anteil dann sogar auf 36 bis 38 Prozent gestiegen. Noch deutlich stärker ist das Gewicht der ENA-Absolventen bei den an der Spitze dieser Cabinets stehenden Ministerialdirektoren. Bereits

Anfang der achtziger Jahre kam mit 37 Prozent über ein Drittel von der ENA. Mitte der neunziger Jahre waren es dann 70 Prozent, also beinahe drei von vier. Auch in den anderen Verwaltungssektoren dominieren die Enarques. So stellen sie mittlerweile auch jeden zweiten Direktor in den anderen Ministerien. Dasselbe trifft auch auf zwei von drei Präfekten, einen von zwei Botschaftern und vier der fünf Richter am obersten französischen Verwaltungsgericht (Conseil d'Etat) zu.

Hier macht sich bemerkbar, dass die Enarques einen großen Teil der Positionen in den Grand Corps, den Eliteeinrichtungen der öffentlichen Verwaltung, in denen ein großer Teil der französischen Spitzenbeamten tätig ist, unter sich ausmachen. Die 10 bis 15 besten Absolventen eines jeden ENA-Jahrgangs können traditionell unter den drei wichtigsten nichttechnischen **Grands Corps** (Conseil d'Etat, Cour des Comptes und Inspection des Finances) auswählen und besetzen dort zwischen zwei Drittel und vier Fünftel der Stellen. In der sonstigen hohen Zivilverwaltung liegt ihr Anteil bei 69 Prozent und im diplomatischen Corps immer noch bei einem Drittel (Bock 1999: 390ff.; Chevallier 1997: 92; Kesler 1997: 25ff.; Suleiman 1997: 39). Berücksichtigt man außerdem, dass die 50 bis 60 besten Absolventen der École Polytechnique in den wichtigsten technischen Grands Corps (Corps des Mines und Corps des Ponts et Chaussées) genauso stark repräsentiert sind, dann wird die beherrschende Rolle der Grandes Écoles in der französischen Politik und Verwaltung überdeutlich.

In den Topetagen der Wirtschaft sieht es nicht anders aus. Von den Chefs (PDG) der 200 größten französischen Unternehmen hat mit 57 Prozent über die Hälfte an der ENA, der École Polytechnique oder der HEC studiert. Die private HEC liegt dabei trotz ihrer wirtschaftswissenschaftlichen Ausrichtung mit nur gut 7 Prozent ganz klar hinter ihren beiden staatlichen Konkurrentinnen, die es auf jeweils knapp 25 Prozent bringen. Die 100 größten französischen Konzerne werden sogar zu mehr als zwei Drittel von den Absolventen dieser drei Hochschulen geführt, jeweils 30 von Enarques und Polytechniciens und weitere 10 von ehemaligen HEC-Studenten. Die Enarques dominieren dabei im Finanzsektor, wo sie 13 der 20 Topunternehmen leiten, die Polytechniciens in der Industrie mit 21 von 50 Chefpositionen. Wie ungeheuer stark der Einfluss einiger weniger Eliteeinrichtungen auf die Besetzung des Topmanagements ist, wird noch deutlicher, richtet man sein Augenmerk auf den Anteil derjenigen Absolventen der berühmten Grandes Écoles, die anschließend auch noch in einem der renommierten Grands Corps waren. Immerhin 72 der 200 größten und sogar 40 der 100 größten Firmen werden von solchen Personen geführt (Bauer/Bertin-Mourot 1996: 48 ff.; Hartmann 2001: 211 ff.).

Die ungeheure Konzentration von Macht in den Händen eines kleinen Kreises von Elitezöglingen zeigt sich in ihrem ganzen Ausmaß, wenn man den Anteil dieser Gruppe an der Bevölkerung betrachtet. Mit gerade einmal 500 Absolventen pro Jahr, das heißt 0,6 Promille eines Jahrgangs, machen die ENA und die École Polytechnique die Mehrzahl der entscheidenden Spitzenpositionen in der französischen Gesellschaft unter sich aus. Ein Großteil wird sogar von einem noch kleineren Kreis besetzt, den ungefähr 80 Studenten, die nach ihrem Examen dort noch in die Grands Corps gehen. Es sind dies ganze 0,1 Promille eines Jahrgangs.

Die massive quantitative Eingrenzung geht dabei Hand in Hand mit einer scharfen sozialen Selektion. So stammen zwei der drei Staatspräsidenten und vier der elf Ministerpräsidenten aus dem **Großbürgertum**, den oberen 5 Promille der Gesellschaft, nur ganz drei dagegen aus der Arbeiterschaft und den breiten Mittelschichten, den unteren 96,5 Prozent. Die übrigen kommen aus **gehoben bürgerlichem Milieu**.

> Zum Großbürgertum zählen Großunternehmer, Vorstandsmitglieder, Großgrundbesitzer, Spitzenbeamte und Angehörige der Generalität, zum gehobenen Bürgertum als dem restlichen Teil des Bürgertums größere Unternehmer, leitende Angestellte, höhere Beamte und Offiziere sowie akademische Freiberufler.

Unter den Topmanagern sieht es genauso aus. Von den PDG der 100 größten Unternehmen ist fast jeder zweite in einer großbürgerlichen Umgebung aufgewachsen und noch einmal gut 40 Prozent in einer bürgerlichen Familie. Der breiten Bevölkerung entstammt demgegenüber nur jeder neunte. In der Verwaltung bietet sich ein nicht ganz so krasses, aber immer noch eindeutiges Bild. Die Mitglieder der angesehensten Grands Corps kommen zu zwei Drittel, die übrigen hohen Beamten immerhin noch zu ungefähr der Hälfte aus dem Bürgertum. Mit einem Anteil von fast drei Vierteln liegen dabei jene ganz vorn, die die ENA und noch eine anderen Grande École absolviert haben (Rouban 1999: 79ff.). Der Nachwuchs des Bürgertums bleibt alles in allem weitgehend unter sich, wenn es um die Besetzung der gesellschaftlichen Spitzenpositionen geht.

Die Gemeinsamkeiten, die aus einer gleichen oder ähnlichen sozialen Herkunft resultieren, werden durch die exklusive Ausbildung noch verstärkt. Die Ehemaligen der Grandes Écoles und (noch stärker) der Grands Corps verbindet ein sehr ausgeprägter **Corpsgeist**. Er entspringt zunächst ganz automatisch dem Gefühl, einer kleinen Elite anzugehören, und ist damit der konsequente Ausdruck des elitären Status der Grandes Écoles beziehungsweise der Grands Corps und des langen, über Jahre gemeinsam verbrachten Weges bis zum Abschluss einer dieser Institutionen. Diese Gemeinsamkeiten prägen über alle Partei- und Sektorgrenzen hinweg. Sie schaffen gegenseitiges Verständnis und Vertrauen, fördern aber auch Günstlingswirtschaft und die Korruption, wie gerade in jüngster Zeit zahlreiche Gerichtsverfahren in den oberen Etagen der französischen Gesellschaft zeigen.

Das Bewusstsein, zu einer »auserwählten Schar« zu zählen, wird zusätzlich aber auch systematisch von den Grandes Écoles und ihren ehemaligen Schülern gefördert. So ist es unter den Absolventen der École Polytechnique üblich, sich unabhängig von der jeweiligen beruflichen Position als »Camarade« zu bezeichnen und füreinander jederzeit ansprechbar zu sein, sich sogar der Unterstützung des jeweils anderen sicher zu sein. Wie weit dieser Anspruch reicht, demonstriert ein Beispiel aus den späten sechziger Jahren. Der damalige Rektor der ENS in Paris kündigte dem Ministerpräsidenten Pompidou als ehemaligem Schüler dieser Einrichtung die Freundschaft, weil der sich geweigert hatte, die Strafverfolgung des linken Studentenführers und ENS-Studenten Alain Geismar wegen angeblichen Todschlags an einem Polizisten zu stoppen. Dass Pompidou die Staatsräson höher bewertete als die Kameradschaft unter den ENS-Angehörigen, war für den Rektor unverzeihlich. Bei den Mitgliedern der Grands Corps, vor allem bei den berühmten »Corps des Mines« und »Corps des Ponts et Chaussées« sowie der »Inspection des Finances« sind die Verbindungen untereinander sogar noch enger. Sie sorgen für eine starke gegenseitige Begünstigung bei der Besetzung von Spitzenpositionen und sichern damit das große Gewicht und die Kontinuität der Corps-Mitglieder in allen gesellschaftlichen Bereichen.

5.2 Großbritannien: Eton und Oxbridge

Auch in Großbritannien stellen exklusive Bildungsinstitutionen das entscheidende Nadelöhr für den Zugang zu den wichtigen Eliten des Landes dar. Die entscheidende Rolle spielen im Unterschied zu Frankreich allerdings weniger die Universitäten, obwohl es mit Oxford und Cambridge auch hier zwei ausgesprochene Eliteeinrichtungen gibt, sondern eine Reihe sehr renommierter Privatschulen, die den Kern der gut 200 anerkannten und in der Headmasters Conference (HMC) zusammengefassten Public Schools ausmachen. An der Spitze stehen die so genannten Clarendon Nine, die neun ältesten und auch berühmtesten **Public Schools**, zu denen u. a. **Eton**, Winchester und Harrow zählen. Sie bilden zusammen mit weiteren 20 Topschulen die »Eton and Rugby Groups«, die insgesamt nur 5 Promille eines Jahrgangs besuchen.

Diese Schulen sind ausnahmslos Internate, in denen sich fast der gesamte Alltag der Kinder und Jugendlichen abspielt. Da die Schüler zuvor häufig auch schon die ebenfalls internatsmäßig organisierten privaten »Preparatory schools« für die Sieben- bis Dreizehnjährigen und zum Teil auch die Prepreparatory Schools für die Fünf- bis Siebenjährigen besucht haben, werden die Kinder der »Upper Class«, das heißt des oberen Prozents der Gesellschaft, in ihren Verhaltensweisen wie ihren Leistungen weit stärker als in Frankreich vom Schulleben geprägt. Der familiären Weitergabe von Habitus und Bildung kommt daher auch eine geringere Bedeutung zu, wenn es um die Zulassung zu den Elitebildungsinstitutionen geht. Zwar muss man auch an den Public Schools, will man die schwierigen Aufnahmeprüfungen mit Tests in Englisch, Französisch, Mathematik, Geschichte, Geographie und mehreren Wahlpflichtfächern bestehen, über ein nicht unerhebliches intellektuelles Potential und den »richtigen« Habitus verfügen, die finanziellen Ressourcen spielen aber eine weit größere und auch unmittelbarere Rolle als in Frankreich. Wer eine der renommierten Public Schools besuchen will, der muss zu allererst in der Lage sein, die enormen Schulkosten von bis zu 19100 Pfund Sterling aufzubringen. Da das durchschnittliche Jahreseinkommen in Großbritannien mit knapp 20000 Pfund Sterling kaum höher liegt und Stipendien eine absolute Ausnahme darstellen, bleiben diese Schulen der breiten Bevölkerung verschlossen.

Wie selektiv die Public Schools in sozialer Hinsicht sind, zeigt schon ein Blick auf die Gesamtheit der HMC-Schools, die im Durchschnitt nur gut halb so teuer wie Eton, Winchester oder Westminster sind. Ihre Schüler kommen seit Jahrzehnten zu circa 90 Prozent aus der so genannten Serviceklasse, die das obere Fünftel der britischen Gesellschaft umfasst, und zu zwei Dritteln sogar aus der Serviceklasse I mit einem Bevölkerungsanteil von nur circa 5 Prozent (Edwards et al. 1989: 162). Die Einkommen ihrer Eltern liegen dementsprechend um das Zwei- bis Dreifache über den Durchschnittseinkommen. An den berühmten Public Schools wie Eton oder Harrow fällt die soziale Rekrutierung aufgrund der erheblich höheren Kosten und der schärferen Auswahlverfahren noch sehr viel exklusiver aus. Es dominieren dort die Kinder der Upper Class. Die Söhne von Prinz Charles haben ihre Schulzeit ebenso selbstverständlich in Eton verbracht wie die von einflussreichen Bankiers oder Industriellen, hohen Richtern und Diplomaten. Allein jeder dritte Schüler in Eton hat einen Vater, der ebenfalls schon dort zur Schule gegangen ist (Adonis/Pollard 1997: 25, 39).

An den beiden Eliteuniversitäten **Oxford** und **Cambridge** setzt sich, wenn auch weniger krass als an den besten Public Schools, die soziale Selektion dann fort. Das hat vor allem einen Grund. Die Absolventen der Public Schools besuchen diese beiden Hochschulen zu einem weit überdurchschnittlichen Prozentsatz. Gelingt jedem zehnten Absolventen der drei besten staatlichen Schulen die Aufnahme in Cambridge, so gilt das zum Beispiel für jeden dritten ihrer Altersgenossen aus Westminster. Allein 6 Prozent der Erstsemester in Cambridge kommen von nur zehn Public Schools. Ähnliches gilt auch für Oxford. Insgesamt stellen ehemalige Public-School-Schüler heute wie schon in den letzten Jahrzehnten jeden zweiten Studierenden dort (Adonis/Pollard 1997: 24, 55f.).

Dieser Erfolg resultiert in erster Linie aus der scharfen Bewerberauslese und der besseren Ausbildungsqualität an den Public Schools, denn Oxford und Cambridge weisen besonders harte Aufnahmebedingungen auf. Sie unterziehen die Bewerber nicht nur einer strengen Aufnahmeprüfung, sondern lassen zur Aufnahmeprüfung in der Regel auch nur Kandidaten mit sehr guten Noten. So wiesen 1980 von den Studienanfänger in Cambridge 83 Prozent und in Oxford immer noch 72 Prozent Abschlüsse mit solchen Noten auf, während der Anteil an den anderen Universitäten nur bei 27 Prozent lag (Adonis/Pollard 1997: 58). Die angesehensten Public Schools wie Eton, St. Pauls oder Westminster, die hinsichtlich der Abschlussnoten nicht nur die staatlichen, sondern auch die Masse der Privatschulen (letztere durchschnittlich um mehr als 40 Prozent) übertreffen, sind unter den Studierenden dort dementsprechend stark vertreten. Diese Differenz ist in erster Linie das Ergebnis einer qualifizierteren Ausbildung an den Public Schools, die durch die erheblich kleineren Klassen, die in der Regel höher bezahlten und zudem sehr sorgfältig ausgewählten Lehrer, eine bessere Ausstattung mit Lehrmitteln und großzügigere Schulräume mit vielfältigen Freizeit- und Sportangeboten ermöglicht wird. Die besseren schulischen Leistungen werden dann noch ergänzt durch die traditionell engen Verbindungen zwischen den renommierten Public Schools und den beiden Topuniversitäten. Im Habitus ähneln sich nicht nur ihre Lehrkörper, die sich zu einem hohen Prozentsatz aus ehemaligen Schülern und Studierenden rekrutieren, sondern auch Lehrpersonal und Absolventen beziehungsweise Aufnahmekandidaten.

Ein Examen von Oxford oder Cambridge und, insgesamt sogar noch stärker, ein Abschluss der berühmten Public Schools öffnet dann die Türen zu den gesellschaftlichen Spitzenpositionen. So haben von den Chefs (Chairmen) der 200 größten britischen Unternehmen 72 ihren Schulabschluss an einer der 20 renommiertesten Public Schools mit ihren jährlich nur insgesamt 2500 Absolventen gemacht und mehr als 40 anschließend noch ihr Examen in Oxford oder Cambridge. Letzteres gilt noch für weitere gut 20 Chairmen. Bei den 100 größten Konzernen ist das Gewicht der Elitebildungsstätten noch größer. Über drei

Viertel der Chairmen haben eine der 27 angesehensten Public Schools besucht, elf allein Eton und weitere vierzehn eine der anderen acht Clarendon Schools. Zudem hat nahezu jeder zweite in Oxford oder Cambridge studiert. Rechnet man jene zwölf Chairmen hinzu, die nach dem Abschluss einer Public School (vor allem Eton) eine Offizierslaufbahn in der königlichen Garde, einer traditionellen Hochburg der Upper Class, eingeschlagen oder an den ebenfalls hoch angesehenen Instituts of Chartered Accountants eine Ausbildung zum Wirtschaftsprüfer gemacht haben, dann kommt man sogar auf knapp zwei Drittel mit einer ausgesprochenen Eliteausbildung. Der Finanzsektor als der mit Abstand wichtigste und auch angesehenste Wirtschaftsbereich sticht dabei besonders hervor. Die 25 führenden Banken und Versicherungen werden zu fast 90 Prozent von ehemaligen Schülern einer Public School geführt, zu einem knappen Drittel allein von Etonians, und zu knapp zwei Dritteln von Oxbridge-Absolventen (Bauer/Bertin-Mourot 1996: 101 ff.; Hartmann 2001: 165 f.).

Auch bei den Regierungschefs ist auf den ersten Blick kaum ein Unterschied zu Frankreich auszumachen. Nur drei von zwölf Premierministern seit 1945 haben nicht in Oxford oder Cambridge studiert, darunter Churchill, der eine Offizierslaufbahn vorzog. Major, einer der beiden ohne exklusive Ausbildung, stand dabei einem Kabinett vor, von dessen 23 Mitgliedern 18 einen Oxbridge-Abschluss aufwiesen. Dasselbe traf auf 12 von seinen 18 Staatssekretären (Permanent Secretaries) zu. Der Prozentsatz der Oxbridge-Absolventen unter den Regierungsmitgliedern lag in den konservativen Nachkriegskabinetten stets zwischen 70 und 80 Prozent. In Labour-Regierungen hat er allerdings erst seit 1970 die 50 Prozent Marke überschritten, ein Wert, den mit einem Anteil von knapp 40 Prozent im derzeitigen Kabinett von Tony Blair nicht gehalten werden konnte. Unter den Staatssekretären ist ihr Anteil seit 1945 dagegen weitgehend stabil geblieben. Betrug er unter den zumeist konservativen Regierungen zwischen 1945 und 1964 bei 61 Prozent, so stieg er unter den in der Regel der Labour-Party angehörenden Premiers der Jahre 1965 bis 1979 sogar auf 69 Prozent, um nach einem Rückgang unter Margret Thatcher auf nur noch 56 Prozent unter John Major wieder auf zwei Drittel zu steigen (Adonis/Pollard 1997: 47 f., 59; Barberis 1996: 99; Mougel 1990: 86 f.).

Von den Ministern John Majors hatten auch über drei Viertel eine Public School besucht. In den vorherigen konservativen Kabinetten seit 1945 waren es sogar durchweg über vier Fünftel, in den Labour-Regierungen dagegen nur zwischen einem Fünftel und einem Drittel. Die selbst im Vergleich zu Oxbridge exklusivere soziale Rekrutierung der führenden Public Schools schlägt sich hier nieder. Bei den Staatssekretären liegt der Anteil der Absolventen von Public Schools seit 1945 unabhängig von der jeweiligen Regierungspartei kontinuierlich über 60 Prozent und erreicht mit 66 Prozent für die Jahre 1979 bis 1994 den höchsten Wert. Der Anteil der 20 renommiertesten Public Schools liegt dabei zwischen 20 und 28 Prozent. Allein auf einer der »Clarendon Nine« war jeder fünfte bis siebte Staatssekretär. Unter Major war fast jeder vierte in Eton. Erweitert man den Kreis der Spitzenbeamten des Senior Civil Service, so bleibt das Bild im Wesentlichen dasselbe. Von den 143 Angehörigen der beiden höchsten Stufen Grade 1 (Permanent Secretary) und Grade 2 (Deputy Secretary) konnten 1994 über 60 Prozent einen Abschluss von Oxford oder Cambridge nachweisen, von den 447 Beamten des Grade 3 (Under-Secretary) immerhin noch 45 Prozent. Auf einer Public School war fast jeder zweite der insgesamt 590 Spitzenbeamten. In der Armee und der hohen Justiz bietet sich dasselbe Bild. Ende der neunziger Jahre hatten die 45 höchsten Richter zu 55 Prozent eine Public School und zu knapp 62 Prozent Oxford oder Cambridge besucht. Von den seit 1997 von der Blair-Regierung neu ernannten hohen Richtern waren sogar 79 Prozent auf einer Public School, fast ein Viertel allein in Eton, und 73 Prozent in Oxford oder Cambridge. Ähnliches trifft auch auf die 214 Angehörigen der Generalität und Admiralität des Jahres 1987 zu, von denen knapp zwei Drittel auf Public Schools waren. Allein in Eton war jeder vierte General der Armee. Sie studierten anschließend allerdings nicht in Oxbridge – das tat nur jeder sechste –, sondern gingen in ihrer Mehrzahl direkt zur Offiziersausbildung nach Sandhurst. In der Folgezeit hat sich diesbezüglich nicht viel geändert hat. Von den 180 neuen Offizieren, die Sandhurst 1995 verließen, hatten mit 120 genau zwei Drittel ihren Schulabschluss auf einer Public School gemacht, ein Viertel dabei auf einer von nur 15 Top-Schulen. (Adonis/Pollard 1997: 48, 125; Barberis 1996: 105; Dargie/Locke 1999: 192; Mougel 1990: 86f., 343).

Angesichts der Dominanz der exklusiven Public Schools und der beiden Eliteuniversitäten überrascht es nicht, dass die soziale Rekrutierung der britischen Eliten der ihrer französischen Pendants stark ähnelt. Fast jeder zweite Chairman der 100 größten Unternehmen stammt aus der Upper Class, im Finanzsektor sogar drei von vier, und ein weiteres Drittel aus dem restlichen Bürgertum (Hartmann 1997: 9f., 2001: 167f., 2002: 159). Der Unterschied zu Frankreich ist also nicht nennenswert. In Politik und Verwaltung bietet sich dagegen ein nicht ganz so einheitliches Bild. Mit der Vorherrschaft der aus der Upper Class stammenden konservativen Premiers wie Churchill oder McMillan war es Mitte der sechziger Jahre vorbei. Von den danach folgenden sechs Premierministern kam niemand mehr als der Upper Class, sondern jeweils ein Drittel aus dem Bürgertum, aus den Mittelschichten und aus einfachen Verhältnissen. Die soziale Öffnung der Position des Regierungschefs schlägt sich in den Kabinetten, vor allem den konservativen, allerdings nur teilweise nieder. So kamen die Kabinettsmitglieder der Thatcher-Regierungen zwischen 1979 und 1987 immer noch zu fast zwei Dritteln aus der Upper Class, ein Rückgang um nur gut 10 Prozent gegenüber den früheren Tory-Regierungen. Einzig der Adel hatte massiv verloren, von einem Drittel auf nur noch knapp ein Zehntel. Bei den Staatssekretären fielen die Veränderungen generell deutlich geringer aus. Sie stammen nach wie vor überwiegend aus einem bürgerlichen Milieu (Barberis 1999: 74; Mougel 1990: 86f.).

Die von Oxford- und Cambridge-Absolventen gebildeten **Old Boy Networks** haben trotz ihrer unbestrittenen Wirksamkeit wegen der weitaus höheren Zahl an Studierenden an diesen beiden Universitäten und ihrer geringeren sozialen Exklusivität deshalb auch nicht die gleiche Qualität wie die der Polytechniciens oder der Enarques. Die Ehemaligen-Netzwerke der berühmten Public Schools sind dagegen in fast jeder Hinsicht vergleichbar. Das gilt besonders für die ehemaligen Schüler von Eton, die so genannten Etonians. Ihr Network gilt als das erfolgreichste in Großbritannien. Es umfasst zum Beispiel die »Heads« von 35 der 200 reichsten Familien des Landes (Scott 1991: 114). Alles in allem funktionieren die Ehemaligenvereinigungen der bekannten Public Schools und auch die von Oxford und Cambridge, wenn auch nicht ganz so straff organisiert und so effizient, ähnlich wie die der Grandes Écoles.

5.3 USA: St. Grottlesex und die Ivy League

Das Elitebildungssystem in den USA ähnelt dem britischen auf den ersten Blick in vielen Punkten. Auch hier gibt es, vor allem an der Ostküste, exklusive, den Public Schools durchaus vergleichbare **Privatschulen** wie Phillips Exeter[56] oder Groton und berühmte **Eliteuniversitäten** wie Harvard, Yale oder Princeton. Bei näherem Hinsehen wird aber deutlich, dass trotz der Gemeinsamkeiten zwei ganz entscheidende Unterschiede existieren. Zum einen spielen die Privatschulen, verglichen mit Großbritannien, nur eine untergeordnete Rolle im Ausleseprozess. Sie ermöglichen anders als etwa Eton in der Regel keinen direkten Zugang zu den gesellschaftlichen Führungspositionen, sondern bilden nur eine Vorstufe zu den für die Karriere ausschlaggebenden Eliteuniversitäten. Diese wiederum, und das ist die zweite grundsätzliche Differenz, befinden sich nicht in staatlicher, sondern in privater Hand. Die renommierteste staatliche Universität, die von Berkeley, taucht in den Rankings bestenfalls auf Platz 20 auf.

> Bei der traditionellen Upper Class an der Ostküste zählt ein Abschluss einer der führenden Privatschulen wie Phillips Exeter oder Groton vielfach immer noch mehr als ein Abschluss von Harvard oder Yale (Dye 1995: 173). Ein Mitglied dieser Upper Class beschreibt den Grund dafür und gleichzeitig auch die für ihn wesentliche Funktion der exklusiven Privatschulen der Ostküste mit folgenden Worten: »In fact, for many of us in Old Money families, class institutions served virtually all the functions of the ideal ›affective‹ middle-class family, teaching us everything from self-respect to sexual hygiene« (Aldrich 1996: 274).

Wirft man zunächst einen kurzen Blick auf die exklusiven Privatschulen der Ostküste, in der Regel unter dem Begriff St. Grottlesex be-

56 Deren Absolventen nennen sich in Anlehnung an die Etonians denn auch Exonians.

kannt, eine Verknüpfung der Namen von St. Paul's, Groton und Middlesex, drei der renommiertesten Schulen, dann fallen die Parallelen zu den bekannten britischen Public Schools sofort ins Auge. Schulen wie die Phillips Exeter Academy, die Taft School oder die St. Paul's School sorgen mit Schulgebühren von ungefähr 23000 Dollar und Gesamtkosten (inkl. Unterkunft und Verpflegung) von gut 30000 Dollar für ein hohes Maß an sozialer Exklusivität. Trotz finanzieller Unterstützung eines jeden dritten Schülers durch Stipendien kommen dort über 80 Prozent der Schüler aus dem oberen Fünftel der Gesellschaft. Fast die Hälfte der Familien, die ihre Kinder auf private Internatsschulen schicken, verfügen über ein Einkommen, das das Durchschnittseinkommen um das Vierfache, und weitere 20 Prozent über eines, das es um das Drei- bis Vierfache übertrifft (Cookson/Persell 1985: 58). Die Schulen bieten für die sehr hohen Gebühren eine exzellente Ausbildung, die den Weg an die Eliteuniversitäten erheblich erleichtert. Sie weisen nicht nur eine deutlich bessere Ausstattung und qualifiziertere Lehrer auf, sondern mit fünf Schüler pro Lehrer (statt der in staatlichen Schulen üblichen 15) vor allem eine erheblich günstigere Schüler-Lehrer-Relation. Beim jährlichen landesweiten Leistungsvergleich schneiden die Schüler dieser Privatschulen mit Punktzahlen von 650 bis 700 in den beiden Kategorien Verbal und Math (auf einer Skala von 200 bis 800 Punkte und einem Durchschnitt von 500 Punkten) dann auch weit überdurchschnittlich ab.

Ihre Aussichten, von den renommierten Eliteuniversitäten aufgenommen zu werden, sind dementsprechend gut. Zwar gehen nicht mehr wie früher drei Viertel der gut 300 Absolventen von Phillips Exeter nach Harvard, sondern »nur« noch ein knappes Sechstel. Rechnet man aber nur die Zulassungszahlen für Phillips Exeter und Andover Exeter zusammen, so kommt man bereits auf 90 Zulassungen von insgesamt gut 1600 (Levy 1990: 56f.). Allein diese zwei Schulen, von denen gerade einmal 600 bis 700 von insgesamt über zwei Millionen High-School-Absolventen kommen, stellen damit über 5 Prozent der Erstsemester in Harvard. Insgesamt schneiden die Absolventen der bekannten Privatschulen mit einer Zulassungsquote von 38 bis 40 Prozent an den Topuniversitäten fast ebenso gut ab wie die Kinder von Ehemaligen, die es auf 40 bis 42 Prozent bringen. Diese beiden Gruppen liegen damit weit vor den anderen Bewerbern, die je nach Universität nur Werte zwischen 10 und 20 Prozent erreichen.

Die drei berühmtesten Universitäten, Harvard, Yale und Princeton, haben Zulassungsquoten von ungefähr 10 Prozent.

Wie angesichts dieser Quoten schon zu vermuten ist, zeigen auch die renommierten Eliteuniversitäten eine äußerst selektive soziale Zusammensetzung ihrer Studierenden. Sie entspricht im Kern der an den exklusiven Privatschulen. Hier wie dort stammen gut vier Fünftel der Lernenden aus den oberen 20 Prozent der US-Gesellschaft, während die untere Hälfte der Bevölkerung kaum vertreten ist.[57] Verantwortlich dafür sind drei Tatsachen. Zunächst erzielen die Kinder aus den gehobenen Klassen und Schichten der Gesellschaft in den Leistungstests bessere Ergebnisse. Sie haben eben von Kindesbeinen an nicht nur durch ihr familiäres Umfeld günstigere Bedingungen, sich intellektuell zu entwickeln, sie genießen auch die bessere schulische Bildung, sei es einfach wegen ihres Wohnorts, sei es aufgrund ihrer finanziellen Möglichkeiten, die den Besuch teurer Privatschulen erlaubt.

Sieht man von den Schülern der exklusiven Privatschulen ab, halten sich die Leistungsdifferenzen beim Nachwuchs des oberen Zehntels der Einkommensbezieher trotz all dieser Vorteile mit einem nur zehnprozentigen Vorsprung aber in Grenzen. Deshalb sind zwei andere Punkte für die soziale Selektion auch wichtiger. Zum einen sind die Kosten eines Studiums an einer der Eliteuniversitäten enorm hoch. Sie belaufen sich mittlerweile auf 35000 bis 40000 Dollar pro Jahr für das Undergraduate-Studium bis zum Bachelor und 40000 bis über 50000 Dollar für alle weiter gehenden Studiengänge. Diese Summen bewegen sich in der Höhe beziehungsweise sogar oberhalb eines durch-

57 Vermutlich ist die Zusammensetzung noch selektiver. Da die Angaben der Universitäten, soweit sie überhaupt zu finden sind, bei Einkommen oberhalb von 85000 Dollar aber keine Differenzierung mehr vornehmen, ist nicht sicher zu sagen, wie hoch der Anteil der oberen 10 oder 5 Prozent ist.

schnittlichen Familieneinkommens. Die umfangreichen finanziellen Unterstützungsprogramme an den Hochschulen können die davon ausgehende soziale Selektionswirkung denn auch nur abschwächen. Von den Vollzeitstudierenden (Undergraduate) an Privatuniversitäten mit unteren oder mittleren Familieneinkommen erhalten zwar ungefähr 90 Prozent finanzielle Hilfen, diese bestehen bei fast drei Vierteln von ihnen aber zu einem mehr oder minder großen Teil aus Darlehen. Obwohl die beiden wichtigsten und auch zinsgünstigsten Darlehenstypen, die staatlich geförderten Programme »Federal Perkins Loan« und »Federal Stafford Loan«, mit 5 bis 8,25 Prozent relativ moderate Zinssätze aufweisen, kann man bei einem hohen Darlehensanteil aber allein durch diese beiden Programme auf eine Gesamtverschuldung von ungefähr 60000 Dollar für ein reines Undergraduate-Studium und über 200000 Dollar für ein Langstudium mit Master-, Doktor- oder Professionalabschluss kommen.

Die Verschuldung eines durchschnittlichen Studierenden, das heißt unter Einbeziehung auch all derjenigen, die an staatlichen Universitäten oder Colleges mit wesentliche niedrigeren Gebühren von zum Teil nur 2000 bis 3000 Dollar studieren, liegt inzwischen bei 30000 Dollar. Das ist mehr als eine Verdoppelung binnen sieben Jahren. Aufgrund der (mit über 50 Prozent in den letzten 10 Jahren) erheblich oberhalb der Einkommenssteigerungen liegenden Anhebung der Gebühren ist mit einer weiteren Zunahme der Verschuldung zu rechnen. Für die Absolventen der Topuniversitäten dürfte sie dabei weit überdurchschnittlich ausfallen, wie Angaben aus den neunziger Jahren zeigen (Hartmann 2001b: 49f.). Obwohl der Staat während des Studiums die Zinszahlungen für den größeren Teil der Schulden, maximal für ungefähr 40000 Dollar (Undergraduate) beziehungsweise 100000 Dollar (Graduate/Professional), übernimmt, bleiben enorme finanzielle Belastungen für all diejenigen, die ihr Studium zu größeren Teilen auf diese Weise finanzieren müssen. Potentielle Bewerber aus der Arbeiterklasse oder den breiten Mittelschichten werden dadurch auf jeden Fall weit stärker abgeschreckt als die Kinder aus wohlhabenden Familien.

Die für die endgültige Zulassung verantwortlichen **Admissions Committees** bilden den zweiten für die soziale Selektion entscheidenden Engpass. Man sucht an den Eliteuniversitäten explizit nicht nur nach denjenigen, die die besten Testergebnisse aufzuweisen haben, sondern vor allem nach Persönlichkeiten, die einen »Gewinn« für die Universität darstellen. Die Persönlichkeit des Kandidaten ist also letztlich ausschlaggebend. So bildet »Leadership« zum Beispiel für die für Harvard zuständige Direktorin des Admisssions Committees das zentrale Kriterium (Business Week, 23.8.2000). Der Vizepräsident der Universität Denver formuliert sein wesentliches Kriterium für die Auswahlgespräche ganz ähnlich wie das zitierte Kommissionsmitglied an der ENA. Auch für ihn ist entscheidend, »ob man sich die Person als Klassenkamerad oder Zimmergenossen wünschen würde« (The Boston Globe, 13.1.2004). Wie Feldman (1988) in ihrer Untersuchung über die Zulassungsprozeduren in **Harvard** deutlich zeigt, begünstigen solche Maßstäbe eindeutig den Nachwuchs aus den »besseren Kreisen«. Bei der Bewertung der Persönlichkeit schneiden zum Beispiel die Absolventen der Privatschulen deutlich besser ab als die anderen Bewerber, in der Bewertung der geistigen Fähigkeiten durch die Zulassungskommission gibt es dagegen keinerlei Unterschiede.

Dieser Vorsprung hat eine »objektive« und einen »subjektive«, das heißt eine von der Betrachtungsweise des Komitees abhängige Ursache. Objektiv haben die Kinder, die an Privatschulen und vor allem an den renommierten unter ihnen ausgebildet worden sind, eine breitere Förderung ihrer Persönlichkeit erfahren. Mindestens ebenso wichtig, vielleicht sogar noch wichtiger sind aber die Übereinstimmungen in Bewertungsmaßstäben wie Verhaltensmustern zwischen ihnen und den Kommissionsmitgliedern. Letztere, und das ist der subjektive Aspekt des Auswahlverfahrens, favorisieren bei ihrer Bewertung der Persönlichkeit (bewusst oder unbewusst) ein Auftreten und Verhalten, das dem ihrigen im Großen und Ganzen entspricht.[58] Angesichts des hohen Ausbildungsniveaus und der gehobenen sozialen Herkunft der Kommissionsmitglieder trifft das vor allem auf die Absolventen angesehener Privatschulen und die Kinder aus den »besseren Kreisen« der

58 Die Auswahlmaßstäbe entsprechen im Kern denen, die auch für die Rekrutierung deutscher Spitzenmanager charakteristisch sind. Siehe dazu Hartmann 1996, 2001a, 2002.

Gesellschaft zu. Inzwischen gibt es aber auch spezielle Berater, die gegen Zahlung von bis zu 33000 Dollar gezielt auf die Aufnahmeprüfungen der Eliteuniversitäten vorbereiten. Sie geben Tipps, redigieren die Bewerbungsunterlagen, proben das Auswahlgespräch etc. Allein ein eintägiger Campus-Besuch in Harvard oder Yale schlägt mit bis zu 4000 Dollar zu Buche. Solche Summen können sich normale Familien nicht leisten. Die Kinder der »oberen Zehntausend« profitieren also nicht nur ganz generell von den Persönlichkeitselementen, die sie ihrer sozialen Herkunft zu verdanken haben, sie können diese Vorteile dank der finanziellen Möglichkeiten ihrer Familien auch noch gezielt ausbauen.

Verstärkt wird die Begünstigung dieser Bewerber dann noch durch zwei weitere Mechanismen. Einmal bestehen zwischen den renommierten Privatschulen und den bekannten Privatuniversitäten enge Kontakte. Diese werden systematisch gepflegt, gerade was die Beziehungen zwischen den Leitungsorganen der Schulen und den »Admissions Committees« betrifft. Zum anderen sind die Privatuniversitäten zu einem großen Teil von den Spenden wohlhabender Alumni oder der Unternehmen, in denen jene tätig sind, abhängig. Daher werden die Kinder von Ehemaligen mit Hilfe von Quoten auch bewusst bevorzugt, um den Zugang zu diesen Geldquellen zu sichern. Man spricht in dieser Beziehung offen von den »›lineage‹ types – ›candidates who probably couldn't be admitted without the extra plus of being a Harvard son‹« (Feldman 1988: 95).

In letzter Zeit ist man seitens der Eliteuniversitäten sogar dazu übergegangen, an den Schulen gezielt nach Schülern Ausschau zu halten, die aufgrund ihrer Leistungen keine Chance für eine Zulassung sehen, deren Eltern aber sehr vermögend sind, allerdings keine Ehemaligen. Sie zu gewinnen, ist das Ziel. An der Duke University, einer von den Top 20 Universitäten, zurzeit sogar unter den Top 10, werden so jährlich 500 Wunschkandidaten ermittelt, von denen 40 direkt und weitere knapp 100 nach längerer Diskussion akzeptiert werden. Obwohl nur gut zwei Drittel sich letztlich auch einschreiben, machen sie doch 3 bis 5 Prozent der Anfänger aus. Auf diesem Wege will man die Anzahl der Vollzahler unter den Studierenden und zugleich die der potentiellen Spender erhöhen, um die Verluste durch den Börsencrash zumindest teilweise wieder wettzumachen. Feldman kommt in ihrer Untersuchung sogar zu dem Schluss, dass das derzeitige Auslesesystem im Großen und Ganzen den gleichen sozialen Effekt hat wie eine direkte Versteigerung der Studienplätze gegen Geld. Würde man bei der Auswahl dagegen das Zufallsprinzip oder ein reines Leistungsprinzip walten lassen, würde der Anteil der Ehemaligenkinder wie der Schüler der bekannten Privatschulen nahezu halbiert (Feldman 1988: 176f.). Alles in allem kann man konstatieren, dass die Zulassungsprozeduren an den renommierten Eliteuniversitäten sehr effektiv dafür sorgen, dass der Nachwuchs des oberen Fünftels der Gesellschaft dort weitgehend unter sich bleibt.

Trotz der großen Bedeutung, die die exklusiven Bildungseinrichtungen der USA (vor allem im Hochschulbereich) zweifellos besitzen, erreicht ihr Einfluss aufgrund der Größe des Landes und seiner föderalen Struktur dennoch nicht das Ausmaß wie in Großbritannien oder Frankreich. Die Absolventen der berühmten Eliteuniversitäten sind in den Führungsetagen der Wirtschaft oder der Politik zwar weit überproportional vertreten, ein den Enarques oder Etoninans vergleichbares Gewicht aber besitzen sie nicht. Das zeigt sich schon in der Wirtschaft, wo sie noch am stärksten vertreten sind. Anfang der achtziger Jahre hatte von den Topmanagern der 265 größten US-Konzerne zwar jeder zweite an einer von nur zwölf Topuniversitäten studiert, ein vergleichbarer Wert wie in Großbritannien oder Frankreich, bei einer Reduzierung auf die 100 größten Unternehmen bleibt die dort übliche Steigerung dieses Prozentsatzes aber aus. »Nur« noch vier von zehn Chefs (CEOs) dieser Firmen waren an einer der 13 Topuniversitäten[59], jeder vierte allerdings auf einer von nur vier dieser Universitäten und zwölf allein in Harvard (Dye 1995: 171; Hartmann 2001: 167).[60] Die Kon-

59 Neben den acht Ivy League Universitäten Harvard, Yale, Princeton, Columbia, Pennsylvania, Brown, Cornell und Dartmouth handelt es sich dabei um die nicht oder kaum weniger berühmten Stanford, MIT, Johns Hopkins, Chicago, Northwestern und Carnegie Mellon.

60 Bei den großen Unternehmen der New Economy ist das Gesicht der führenden Eliteuniversitäten etwas größer. Von den größten 13 Firmen werden immerhin sieben von Männern geführt, die mit Harvard, Princeton, Stanford oder dem Massachusetts bzw. Californian Institute of Technology an einer der Top 10 Universitäten studiert haben.

zentration auf sehr wenige Elitehochschulen und vor allem Harvard ist schon erstaunlich, reicht an Institutionen wie die ENA oder die École Polytechnique aber dennoch ebenso wenig heran wie an Oxford und Cambridge.

In der Politik bietet sich ein ähnliches Bild. Die Absolventen der Eliteuniversitäten sind auch dort stark repräsentiert, ein Gewicht wie die Enarques oder die Oxbridge-Absolventen haben sie aber nicht. Von den elf Präsidenten seit 1945 haben zwar vier in Yale studiert, aber »nur« noch weitere zwei an einer anderen der Top 20 Universitäten. Außerdem beginnt der Siegeszug der Yale-Absolventen erst 1989 mit dem Regierungsantritt von George Bush. Er wie auch seine beiden Nachfolger, Bill Clinton und George W. Bush, haben dort studiert. Dasselbe trifft im Übrigen auch auf John Kerry, den Herausforderer bei den nächsten Wahlen, zu. Al Gore, der unterlegene Kandidat der Demokraten bei der letzten Wahl, war in Harvard. Außerdem werden im derzeitigen Kabinett Bush mit dem Justiz- und dem Verteidigungsministerium auch zwei der vier zentralen Ministerien von ehemaligen Yale- und Harvard-Studenten geleitet.

Das stark gestiegene Gewicht der Yale- und Harvard-Absolventen geht dabei Hand in Hand mit einer deutlich gewachsenen direkten Einflussnahme der traditionellen Upper Class in der Politik. Sowohl Bush Vater und Sohn als auch Al Gore stammen aus einer der »großen Familien« der Upper Class und waren auch auf einer der renommierten Privatschulen der Ostküste. Nimmt man John Kerry hinzu, ebenfalls ein Kind der Ostküsten-Upper Class und Absolvent einer der exklusiven Privatschulen sowie außerdem mit der Erbin des Heinz-Catchup-Imperiums verheiratet, dann rundet sich das Bild. Während von den anderen acht US-Präsidenten seit 1945 einzig John F. Kennedy aus der Upper Class kam und seine Schul- und Hochschulbildung dementsprechend an einer der exklusiven Privatschulen und in Harvard erfahren hatte, hat sich die Situation in den letzten 15 Jahren grundlegend verändert. Der Nachwuchs der breiten Bevölkerung, der bis Ende der achtziger Jahre das Präsidentenamt prägte, hat entscheidend an Boden verloren. Die Söhne der Upper Class sind dagegen so zahlreich vertreten wie seit Jahrzehnten nicht mehr. Die gesamtgesellschaftlichen Machtverschiebungen in den USA machen sich hier bemerkbar.

Inwieweit das auch auf die Wirtschaft zutrifft, in der bis in die achtziger Jahre hinein ein Drittel bis die Hälfte der Spitzenmanager aus der Upper Class kam (Dye 1995: 175; Hartmann 1996: 172), lässt sich mangels genauer Daten nicht sagen. Es ist aber zu vermuten, dass der Prozentsatz auch hier gestiegen ist.[61] Insgesamt dürfte die soziale Rekrutierung der US-Wirtschaftselite dennoch nicht ganz so exklusiv ausfallen wie die ihrer französischen und britischen Pendants. Ähnlich sieht es auch in den Spitzen der Verwaltung oder der Justiz aus. Die Elitepositionen in den USA sind nicht ganz so geschlossen wie in Frankreich und Großbritannien.

5.4 Japan: Die Todai-Connection

In keinem anderen Industriestaat spielt eine einzige Bildungsinstitution für den Weg in die entscheidenden Führungspositionen eine so große Rolle wie die Todai, die staatliche Kaiserliche Universität von Tokio, in Japan. Sie übertrifft in dieser Hinsicht sogar die ENA, die mit der École Polytechnique immerhin noch eine fast gleichwertige Konkurrentin hat. Japanische Familien, die ihren Kindern den Aufstieg in Spitzenstellungen von Wirtschaft, Politik oder Verwaltung ermöglichen wollen, haben daher nur ein Ziel: Die Kinder müssen die Aufnahmeprüfung für die Todai oder wenigstens eine der anderen vier Topuniversitäten (die staatliche Kyodai, die öffentliche Hitotsubashi oder die privaten Keio und Waseda) schaffen.

Das japanische Bildungssystem ist außerordentlich stark hierarchisiert. Für jeden Schul- und Hochschultyp gibt es landesweite Rankings, die den Platz der einzelnen Schule oder Hochschule genau festlegen. Der Königsweg an die Todai beginnt daher im Grunde schon mit dem

---

61 Einen Anhaltspunkt für diese Vermutung bietet die Situation in der New Economy. Von den zehn größten Unternehmen werden sieben von den Söhnen von Professoren, Architekten, Ärzten oder höheren Managern geleitet. Die Tatsache, dass erstmals seit langer Zeit wieder ein Mitglied der Ford-Familie selbst die Führung des Ford-Konzerns übernommen hat, ist ein weiteres Indiz.

Besuch des »richtigen« Kindergartens. Wirklich entscheidend ist aber vor allem die Zulassung an einer der besten Oberschulen des Landes, denn während insgesamt nur 2 Promille aller Oberschulabsolventen ein Studium an der Todai beginnen können, sind es bei den Abiturienten dieser Topschulen bis zu 50 Prozent. Der Andrang ist dementsprechend groß. Alle führenden Oberschulen sind private Einrichtungen, die neben einmaligen Aufnahmegebühren von bis zu einigen tausend Euro jährliche Beträge in gleicher Höhe verlangen. Dazu kommen dann noch die Kosten, die durch den fast obligatorischen Besuch von privaten Nachhilfeschulen, den so genannten Jukus, entstehen. Diese Jukus werden von fast allen Oberschülern (wie auch der Mehrzahl der Mittelschüler) frequentiert, weil nur sie das für die Aufnahmeprüfungen an den Spitzenuniversitäten (wie auch den renommierten Oberschulen) erforderliche Wissen in seiner Gänze vermitteln. So enthält der offizielle Lehrplan der Oberschulen beispielsweise nur zwei Drittel jener Vokabeln, die man benötigt, um den Englisch-Test an Todai oder Waseda zu bestehen. Man muss auf einer Juku gewesen sein, um die nötigen Kenntnisse zu besitzen. Die guten Jukus kosten dann noch einmal bis zu mehrere tausend Euro.

> Bei den Aufnahmeprüfungen wurden 1993 an mehr als der Hälfte der Oberschulen Fragen gestellt, deren Antworten im Lehrmaterial für die Mittelschulen gar nicht enthalten waren (Cutts 1997: 159).

Die Kosten für den Schulbesuch können also durchaus bis zu 10000 Euro pro Jahr erreichen können. Der finanzielle Aspekt spielt dementsprechend eine nicht zu unterschätzende Rolle, hat aber nicht das Gewicht, das ihm in Großbritannien oder den USA zukommt. Das japanische Auswahlsystem mit seinen rigiden Aufnahmeprüfungen ist insgesamt eher dem französischen vergleichbar. Die soziale Auslese der Schüler fällt dementsprechend nicht so scharf aus wie an den renommierten Public Schools oder den angesehenen Privatschulen der Ostküste. Sie ist dennoch unübersehbar. So kamen an einer der berühmtesten Oberschulen Japans, der Nada in Kobe, bereits Mitte der siebziger Jahre 60 Prozent der Schüler aus Akademikerfamilien. Von den Männern der entsprechenden Generation hatten aber nicht einmal 5 Prozent eine Hochschule besucht. Dass jeder achte Schüler dort einen Arzt oder Professor, jeder siebte einen höheren Manager zum Vater hatte, ist daher nicht verwunderlich (Rohlen 1983: 130ff.).

Im Hochschulbereich setzt sich der Selektionsprozess dann fort, hier allerdings (wieder ähnlich wie in Frankreich) mit einer spürbaren Verschärfung. So stammen die Studierenden an der Todai durchweg aus den oberen 10 Prozent der japanischen Gesellschaft (Cutts 1997: 231). Ausschlaggebend dafür sind nicht die Studiengebühren, die sogar deutlich unter denen der bekannten Oberschulen liegen, sondern die sehr strengen Aufnahmeprüfungen. Sie sorgen mit ähnlichen Mechanismen wie die ENA oder die École Polytechnique für den weit gehenden Ausschluss jener Bewerber, die aus der breiten Bevölkerung kommen. Dasselbe gilt auch für die zwei renommiertesten privaten Eliteuniversitäten, Keio und Waseda. Mit Kosten von (je nach Studienfach) 7000 bis 10000 Euro pro Jahr und einer einmaligen Aufnahmegebühr von circa 2000 Euro sind sie zwar erheblich teurer als die staatlichen Spitzenuniversitäten Todai und Kyodai, die Kosten sind aber auch hier nicht entscheidend für die soziale Auslese.

Die Parallelen zu den renommierten Grandes Écoles setzten sich bei der Besetzung der Spitzenpositionen in der Gesellschaft fort. Die Todai mit ihren gut 15000 Studierenden im Undergraduate-Bereich – das ist ein Anteil an allen japanischen Studierenden von gerade einmal 5 Promille – dominiert in Wirtschaft, Politik und Verwaltung wie sonst nur die ENA. Von den 25 Premierministern seit 1945 haben 10 dort studiert, alle ausnahmslos an der juristischen Fakultät, die nicht mehr als ein gutes Zehntel der Studierenden besuchen. Im 18 Köpfe umfassenden derzeitigen Kabinett Koizumi sitzen sechs Absolventen der Todai. Vier von ihnen, darunter drei der zentralen Minister (Finanzen, Justiz und Wirtschaft, Handel, Industrie), waren an der juristischen Fakultät. In den neunziger Jahren kam zudem ungefähr ein Viertel der Abgeordneten der (nach dem Zweiten Weltkrieg ununterbrochen) regierenden LDP von der Todai. Nimmt man die Oppositionsparteien hinzu, sinkt dieser Prozentsatz zwar, liegt aber immer noch bei beachtlichen gut 20 Prozent.

Weit stärker als in der Politik ist das Gewicht der Todai-Absolventen in den oberen Etagen der staatlichen Bürokratie. So kamen unter Premier Miyazawa (1991–1993) allein 18 der 20 Staatsekretäre von dieser einen Universität. Das ist typisch für die staatliche Verwaltung. Es beginnt mit der Aufnahmeprüfung für die Laufbahn I, die man bestehen muss, will man dort eine Führungsstellung erreichen. Von über 30000 Bewerbern sind weniger als 2000 erfolgreich und von diesen wird letztlich nur ungefähr die Hälfte auch eingestellt. Die erfolgreichen Prüflinge haben aber bereits zu über 30 Prozent an der Todai studiert und die eingestellten sogar zu fast 40 Prozent. Bei den Kandidaten, die den so genannten »schnellen Weg« nehmen können, sind die Todai-Absolventen noch weit stärker vertreten. Dieser Weg, der den Zugang zu den Spitzenstellungen in den wichtigsten Ministerien eröffnet, steht jährlich ungefähr 300 Personen offen, circa 70 davon in den beiden wichtigsten Ministerien, dem Ministerium für Finanzen (MoF) und dem für internationalen Handel und Industrie (MITI). Von ihnen waren ungefähr zwei Drittel auf der Todai, bei MoF und MITI sogar über drei Viertel, die große Mehrzahl wieder von einer einzigen, der juristischen Fakultät mit ihren nur 400 bis 500 Abschlüssen pro Jahr. Sie stellt im Übrigen auch 8 der 14 Richter am obersten Gericht des Landes. Der Lehrkörper von Todai wird ebenfalls überwiegend von ehemaligen Todai-Absolventen gebildet (Cutts 1997:67).

Die Toppositionen, die nicht von Todai-Absolventen besetzt werden, fallen in der Regel an Bewerber, die von den anderen vier renommierten Eliteuniversitäten kommen. So waren von den verbleibenden 13 Ministerpräsidenten fünf auf der Waseda-Universität, zwei auf Keio und jeweils einer auf den Universitäten Kyodai und Hitotsubashi. Nur sechs von insgesamt 25 Premiers haben keine dieser fünf Eliteeinrichtungen besucht. Im augenblicklichen Kabinett kommen weitere fünf Minister von Keio (wie auch Premier Koizumi selbst), zwei von Hitotsubashi und einer von Waseda. Ganze vier von 18 Kabinettsmitgliedern (alle in wenig angesehenen Ressorts wie Gesundheit, Jugend oder Umwelt) waren auf einer anderen Hochschule. Auch unter den Parlamentsabgeordneten der LDP stellen Waseda, Keio, Kyodai und Hitotsubashi Mitte der neunziger Jahre weitere 30 Prozent, unter den erfolgreichen Bewerbern für die Laufbahn I weitere knapp 20 Prozent (Cutts 1997: 4 f., 178 f.; Kerbo/McKinstry 1995: 140; Rothacher 1993: 71, 128 ff.). Von Keio kommen auch weitere drei der 14 höchsten Richter.

In der Wirtschaft bietet sich ein ähnliches Bild. Von den Präsidenten aller an der Tokioter Börse gelisteten Firmen kamen Mitte der achtziger Jahre knapp 23 Prozent von Todai und noch einmal 28 Prozent von den anderen vier Topuniversitäten. Bei den 100 größten japanischen Unternehmen fällt die Konzentration auf die führenden Eliteinstitutionen noch deutlicher aus. Auf Todai entfallen allein 40 ihrer Präsidenten und weitere 22 auf die anderen vier. Bezieht man die übrigen Mitglieder der höchsten Führungsebene mit ein, so ändert sich das Bild kaum. Bei Mitsubishi, dem größten japanischen Firmenverbund (Keiretsu), hat jeder dritte der 811 Direktoren auf Todai studiert und ein weiteres Drittel auf den restlichen vier Tophochschulen (Cutts 1997: 183; Hartmann 2002: 154; Ishida 1993: 153). Zwei Drittel der Wirtschaftselite waren auf einer der fünf berühmtesten Universitäten, über ein Drittel auf Todai und dort vor allem an einer einzigen Fakultät, der juristischen. Mit ganzen 400 bis 500 Absolventen, das heißt nicht mehr als 0,5 Promille aller Hochschulabsolventen und nur gut 0,2 Promille eines Jahrgangs, stellt diese eine Fakultät ungefähr jeden dritten Topmanager, zwei von drei hohen Ministerialbeamten und vier von 10 Ministerpräsidenten. Einen vergleichbaren Erfolg weist weltweit nur noch die ENA auf.

Die hohe soziale Selektivität der Elitebildungsinstitutionen und ihr außerordentlich großes Gewicht bei der Besetzung von Spitzenpositionen lässt auch eine exklusive soziale Rekrutierung der japanischen Eliten erwarten. Obwohl nähere Angaben nur für die Politik verfügbar sind, dürften die Erwartungen im Großen und Ganzen zutreffen, denn selbst in der politischen Elite, die in den meisten Ländern noch die größte soziale Durchlässigkeit zeigt, gibt es in einem überraschend hohem Maße regelrechte Familiendynastien. Von den gut 500 Abgeordneten des Unterhauses stammen allein 130 aus Familien von ehemaligen Parlamentsabgeordneten, teilweise schon in der dritten Generation. In der LDP-Fraktion liegt der Anteil sogar bei über einem Drittel und erreicht in der Spitze 41 Prozent (Kerbo/McKinstry 1995: 107; Rothacher 1993:50). Bei den Premierministern der Nachkriegszeit trifft das sogar auf fast zwei Drittel, 15 von 23 zu. Von den letzten sechs Premiers hatten gleich drei wichtige frühere Politiker und zwei weitere große Unternehmer (einer davon zusätzlich noch Provinzgouverneur) zum Vater. Typisch ist der jetzige Ministerpräsident Junichiro Koizumi. Obwohl er allgemein als Reformer und Gegner des Parteiestablishments gilt, kommt er doch aus einer alten und sehr einflussreichen Politikerfamilie. Sein Vater war Verteidigungsminister und sein Großvater Postminister. Die soziale Rekrutierung der japanischen Führungseliten scheint sich also nicht nennenswert von der Frankreichs, Großbritanniens oder der USA zu unterscheiden. Auch hier dominiert der Nachwuchs aus der Upper Class beziehungsweise bürgerlichen Kreisen.

5.5 Deutschland: Promotion und bürgerlicher Habitus

In Deutschland gibt es im Gegensatz zu den anderen vier Ländern bislang keine Elitebildungseinrichtungen, weder auf schulischer noch auf universitärer Ebene. Einzig der Doktortitel kann wenigstens halbwegs mit den exklusiven Bildungsabschlüssen der dortigen Elitebildungseinrichtungen mithalten. Mit 5000 bis 10000 **Promotionen** erreichte dieser höchste deutsche Bildungstitel[62] zwar schon in den fünfziger und sechziger Jahren eine quantitative Größenordnung, die deutlich oberhalb der Examenszahlen französischer, britischer oder japanischer Eliteinstitutionen lag, bei ausschließlicher Berücksichtigung der drei Fachdisziplinen, deren Absolventen die weitaus meisten Spitzenpositionen unter sich ausmachen, bietet sich aber ein anderes Bild. In den Ingenieur-, Rechts- und Wirtschaftswissenschaften bewegte sich die Anzahl der Promotionen damals mit 1300 bis 2000 quantitativ durchaus in Dimensionen, wie sie auch in den Elitebildungsstätten Frankreichs, Großbritanniens, Japans und erst recht der USA üblich waren

62 Die Habilitation spielt außerhalb der Hochschulen und der Medizin keine nennenswerte Rolle.

und sind. Erst mit der Bildungsexpansion hat sich das spürbar verändert. Heute promovieren Jahr für Jahr über 22000 Personen, und dieser Prozess hat auch die drei genannten Fächer erfasst, die es mittlerweile auf ungefähr 4500 Promotionen jährlich bringen (Hartmann 2002: 198).

Die soziale Selektionskraft des Doktortitels hat dementsprechend deutlich nachgelassen. Kamen bis in die siebziger Jahre hinein noch über 60 Prozent der Promovierten in den Ingenieur-, Rechts- und Wirtschaftswissenschaften aus dem Bürgertum, so dürfte dieser Anteil inzwischen auf unter 50 Prozent gesunken sein.[63] Doch auch mit den früher üblichen 60 Prozent kann die Promotion in puncto soziale Exklusivität bei weitem nicht mit den Abschlüssen der ENA oder der École Polytechnique, denen von Eton oder Oxbridge, denen von Harvard, Yale oder der Todai mithalten. Was den Doktortitel schon damals grundsätzlich von den Examina dieser Eliteeinrichtungen unterschied, war vor allem das geringere gesellschaftliche Renommee, das er trotz aller Hochachtung genoss, und das fehlende Zusammengehörigkeitsgefühl unter den Absolventen. Für das geringere Renommee war (und ist bis heute) zum einen die Tatsache verantwortlich, dass die Promotion im Unterschied zu den Abschlüssen einer berühmten Public School oder Grande Écoles nicht die Vermittlung eines Elitebewusstseins und -status zum Ziel hat, sondern in erster Linie wissenschaftlich ausgerichtet ist, zum anderen die insgesamt, das heißt unter Einschluss der anderen Fachdisziplinen, wesentlich höhere Anzahl der Promotionen. Der fehlende Corpsgeist resultiert daraus, dass die Promotion ein hoch individualisierter Vorgang ist und bisher zudem keine hierarchische Ordnung der deutschen Universitäten existiert, der Ort der Promotion also relativ gleichgültig ist.

Unter den Angehörigen der gesellschaftlichen Eliten war und ist der Doktortitel nichtsdestotrotz außerordentlich verbreitet. Über 50 Prozent der Vorstands- und Aussichtsratsvorsitzenden der 100 größten deutschen Unternehmen, fast jeder zweite unter den hohen Beamten

63 Da er zwischen 1975 und 1985 schon von 61 auf 54 Prozent gesunken ist (Hartmann 2002: 57), müsste er bei auch nur annähernd gleich bleibender Entwicklung mittlerweile unter 50 Prozent liegen.

und Richtern und selbstverständlich alle Professoren haben promoviert, mit Ausnahme letzterer zu über 90 Prozent in den Ingenieur-, Rechts- und Wirtschaftswissenschaften. In der Politik spielt dieser Titel allerdings keine Rolle. Seine soziale Selektivität sorgt also, sieht man einmal von der Politik ab, durchaus für eine gewisse Vorauswahl zugunsten des bürgerlichen Nachwuchses. Sie kann aber nicht ausreichend erklären, warum die soziale Rekrutierung der deutschen Spitzenmanager genauso exklusiv ausfällt wie die ihrer französischen oder britischen Kollegen. Dass fast die Hälfte der Vorstandsvorsitzenden der 100 größten deutschen Unternehmen aus dem Großbürgertum und ein weiteres Drittel aus dem gehobenen Bürgertum[64] stammt (Hartmann 2001: 177f., 214f.), demgegenüber nur einer von acht Bundeskanzlern in einem bürgerlichen Milieu aufgewachsen ist, muss noch andere Ursachen haben.

Ein Blick auf die Bildungs- und Berufskarrieren promovierter Ingenieure, Juristen und Wirtschaftswissenschaftler der Promotionsjahrgänge 1955, 1965, 1975 und 1985, insgesamt circa 6500 Personen (Hartmann 2002), verschafft hier größere Klarheit. Für den Aufstieg in die Elite im weiteren[65] wie engeren Sinne gelten je nach Sektor (mehr oder minder) unterschiedliche Bedingungen. Auf den ersten Blick bietet eine bürgerliche Herkunft nur in der Wirtschaft einen unzweifelhaften Vorteil. Während von den Promovierten, deren Vater Arbeiter, Bauer, kleiner Selbständiger oder Angestellter beziehungsweise Beamter ohne leitende Funktionen war, nur knapp jeder zehnte im Verlauf seines Berufslebens in die erste Führungsebene eines großen Unternehmens aufgestiegen ist, hat das von den Sprösslingen des gehobenen Bürgertums schon mehr als jeder achte und von den Söhnen des Großbürgertums sogar fast jeder fünfte geschafft. Differen-

64 Beim gehobenen Bürgertum ist darauf zu achten. dass es sich hier um die Vätergenerationen bis Anfang der sechziger Jahre handelt. Die höheren Beamten und akademischen Freiberufler gehören heute zu einem erheblichen Teil nicht mehr zum Bürgertum. Siehe dazu auch Hartmann 2002: 35ff.

65 Als Elite im weiteren Sinne gelten Mitglieder der ersten Führungsebene von Unternehmen ab 150 Beschäftigten, Politiker vom Oberbürgermeister einer bedeutenden Großstadt oder einem Landesminister aufwärts, Juristen vom Vizepräsidenten eines Landgerichts oder einem Oberlandesgerichtsrat aufwärts und Professoren.

ziert man weiter, so zeigt sich, dass Arbeiterkinder die schlechtesten Chancen besitzen und die Söhne größerer Unternehmer die besten. Letztere sind mehr als dreimal so erfolgreich wie erstere. In den anderen Sektoren sind die Bürgerkinder nicht so dominant. In der Wissenschaft sind die Promovierten aus der breiten Bevölkerung sogar erfolgreicher als sie.

Dieser Eindruck ändert sich allerdings schon deutlich, nimmt man nur die Elite im engeren Sinne in den Blick. In den Chefetagen der 400 größten deutschen Unternehmen, an der Spitze der großen Wirtschaftsverbände und an den Bundesgerichten dominieren die Söhne des Bürgertums und vor allem des Großbürgertums nämlich ganz eindeutig. Beim Weg in die Vorstände der Großkonzerne sind die Söhne des gehobenen Bürgertums doppelt, die des Großbürgertums sogar mehr als dreimal so erfolgreich wie die aus der breiten Bevölkerung. Der Nachwuchs von leitenden Angestellten schafft es sogar zehnmal häufiger als die Arbeiterkinder. Wenn es darum geht, dass Topmanager gleichzeitig noch die Führung eines Verbandes innehaben, sind die Chancen für die Großbürgersöhne ebenfalls dreimal höher als für die Promovierten aus der breiten Bevölkerung. Auch in den Spitzenpositionen der Justiz sieht es ähnlich aus. Während in der Justizelite im weiteren Sinne noch fast jeder zweite promovierte Jurist aus der breiten Bevölkerung kommt, gilt das nur noch für ein Drittel der Bundesrichter und gerade noch für einen von acht an den (nach dem Bundesverfassungsgericht) beiden wichtigsten Bundesgerichten[66], dem Bundesgerichtshof und dem Bundesverwaltungsgericht. Die Sprösslinge des Großbürgertums stellen unter den Promovierten dagegen mehr als ein Viertel der Bundesrichter und im Falle dieser beiden Bundesgerichte sogar über ein Drittel der Richter. Von den promovierten Juristen aus großbürgerlichen Familien ist fast jeder dritte Bundesrichter geworden. Soziale Aufsteiger findet man umso seltener, je wichtiger und machtvoller die Position ist. Bei den Söhnen des gehobenen und vor allem des Großbürgertums sieht es genau umgekehrt aus. In der Elite im engeren Sinne sind sie ganz besonders stark vertreten.

66 Am Bundesverfassungsgericht war keiner der untersuchten Promovierten tätig.

Die erheblich besseren Aufstiegschancen, die sich dem bürgerlichen Nachwuchs sowohl in der Elite im engeren Sinne als auch generell in der Wirtschaft bieten, lassen sich dabei nicht mit dem **Studierverhalten** erklären. Zwar spielt für Karrieren in großen Unternehmen durchaus eine Rolle, dass die Promovierten aus dem Bürgertum im Durchschnitt ein Semester früher fertig sind als ihre Kommilitonen aus der breiten Bevölkerung und während ihres Studiums auch ungefähr doppelt so häufig eine Universität im Ausland besucht haben, die Bedeutung der sozialen Herkunft wird dadurch aber nicht im Geringsten geschmälert. Das zeigen Berechnungen, die alle Faktoren[67] in ihrer wechselseitigen Wirkung mit einbeziehen, ganz unmissverständlich. Das Elternhaus beeinflusst den Zugang zur deutschen Elite ganz direkt.

Richtet man den Blick zunächst auf die Wirtschaft als den entscheidenden Bereich – immerhin sind über zwei Drittel der zur Elite zählenden Promovierten in diesem Sektor tätig –, so zeigt sich ganz klar, dass der entscheidende Grund für die wesentlich höhere Erfolgsquote der Bürgerkinder in ihrem **klassenspezifischen Habitus** zu suchen ist. Wer in die Vorstände und Geschäftsführungen großer Unternehmen gelangen will, der muss nämlich vor allem eines besitzen: habituelle Ähnlichkeit mit den Personen, die dort schon sitzen. Da die Besetzung von Spitzenpositionen in großen Unternehmen von einem sehr kleinen Kreis von Personen entschieden wird und das Verfahren nur wenig formalisiert ist, spielt die Übereinstimmung mit den so genannten »Entscheidern«, der »gleiche Stallgeruch«, die ausschlaggebende Rolle. Es wird sehr viel weniger nach rationalen Kriterien entschieden, als man gemeinhin vermutet.

Die ausschlaggebende Bedeutung der »richtigen Chemie« oder des »Bauchgefühls« hängt wesentlich mit dem Bedürfnis zusammen, sich mit Personen zu umgeben, denen man vertrauen kann. Man müsse sich einen Vorstand, so ein interviewter Topmanager, in der Regel als eine »Schicksalsgemeinschaft« vorstellen, die gemeinsam erfolgreich

67 Neben der sozialen Herkunft, dem Alter bei Studienbeginn und eventuellen Auslandsaufenthalten zählen dazu unter anderem auch noch die Studiendauer, das Studienfach und der Studienort (Hartmann 2002: 77ff., 86).

sei oder aber scheitere. Maßgeblich dafür, ob man glaubt, jemand vertrauen zu können, und damit auch für die Entscheidung, ob diese Person als Vorstandskollege akzeptiert wird, ist letztlich der Habitus der Person.

Der gewünschte Habitus wird in den Chefetagen der deutschen Großunternehmen an vier zentralen Persönlichkeitsmerkmalen festgemacht. Man sollte eine intime Kenntnis der Dress- und Benimmcodes aufweisen, weil sie aus Sicht der Entscheider anzeigt, ob der Kandidat die geschriebenen und vor allem die ungeschriebenen Regeln und Gesetze in den Chefetagen der Wirtschaft kennt und auch zu beherzigen gewillt ist. Eine breite Allgemeinbildung ist erwünscht, weil sie als ein klares Indiz für den berühmten und als unbedingt notwendig erachteten »Blick über den Tellerrand« angesehen wird. Unternehmerisches Denken (inklusive der aus Sicht von Spitzenmanagern damit notwendigerweise verknüpften optimistischen Lebenseinstellung) gilt als zwingend erforderlich, weil es die Voraussetzung für Visionen darstelle. Persönliche **Souveränität** in Auftreten und Verhalten als wichtigstes Element schließlich zeichnet in den Augen der Verantwortlichen all diejenigen aus, die für Führungsaufgaben dieser Größenordnung geeignet seien.

Einer der über Jahrzehnte einflussreichsten deutschen Manager, Günter Vogelsang, hat die Bedeutung von Allgemeinbildung bei seiner Aufnahme in die Hall of Fame des Manager Magazins vor kurzem mit den Worten auf den Punkt gebracht: »Wenn einer potentiellen Führungskraft zu den Jahren 1066 oder 1077 nichts einfällt, dann stellt sich die Frage, ob deren Sicht der Welt zum Führen reicht.«

So nachvollziehbar all diese Begründungen auch sind, letztlich geht es um etwas Anderes. Auf Seiten der Entscheider beschreibt man mit diesen Merkmalen eigentlich nur den Mann, den man in sich selbst sieht. Der Glaube, selbst der richtige Mann am richtigen Platz zu sein, veranlasst die Topmanager, jemanden mit denselben oder ähnlichen

Eigenschaften zu suchen. Das aber bedeutet letztlich, dass man ganz eindeutig Personen bevorzugt, die (wie man selbst) auch aus dem Bürgertum stammen. Sie zeigen jene persönliche Souveränität, die man sich wünscht und auch erwartet. Sich so in den Vorstandsetagen bewegen, als sei einem das Gelände seit je her vertraut, können selbstverständlich am einfachsten die, die in diesem Milieu aufgewachsen sind. **Soziale Aufsteiger** lassen es fast immer an der erforderlichen oder zumindest erwünschten Selbstverständlichkeit in Auftreten wie Verhalten und damit zugleich auch an der Bereitschaft mangeln, den offiziellen Kanon und die herrschenden Codes auch einmal gekonnt in Frage zu stellen beziehungsweise sie gegebenenfalls einfach zu durchbrechen. Diese Souveränität, die den spielerischen Umgang mit den gültigen Regeln beinhaltet, macht die entscheidende Differenz aus zwischen denen, die dazu gehören, und denen, die nur dazu gehören möchten.

Die deutlich günstigeren Aufstiegsaussichten, die sich den Promovierten aus der breiten Bevölkerung in den anderen Gesellschaftsbereichen bieten, lassen vermuten, dass sich die habituellen Anforderungen wie auch die Auswahlmechanismen dort mehr oder minder deutlich von denen in der Wirtschaft unterscheiden. Das ist auch so. In der Politik gilt immer noch das Prinzip der »**Ochsentour**«. Wer es bis in den Bundestag oder ein Landesministerium schaffen will, der muss unten im Ortsverein anfangen.[68] Der »kontinuierliche innerparteiliche Aufstieg, überwiegend begonnen in lokalen Vorstandspositionen, [stellt] eine nahezu unabdingbare Voraussetzung zur Erlangung nationaler Führungspositionen« dar (Herzog 1990: 36). Die vergleichsweise demokratischen Auswahlprozesse in den großen Volksparteien sorgen dafür, dass die sozial relativ breit gestreute Parteibasis einen nicht zu unterschätzenden Einfluss auf die Kandidatenaufstellung besitzt. Außerdem müssen Politiker, wollen sie erfolgreich sein, eine gewisse Affinität zu ihrer Wählerklientel aufweisen. All das begünstigt Bewerber, die in ihrem Habitus nicht zu weit weg von der vielgeschwo-

68 Diese Regel bestimmt die Karrieren in den großen Volksparteien CDU/CSU und SPD. In der FDP und bei den Grünen gilt diese Regel aufgrund der anderen Parteistrukturen und der anderen Wählerklientel nur eingeschränkt.

renen Basis entfernt sind. Mit der Erosion der großen Volksparteien hat in der jüngeren Generation von Politikern der Anteil mit bürgerlicher Herkunft allerdings deutlich zugenommen. So kommen mit Roland Koch und Friedrich Merz nicht nur zwei der drei einflussreichsten CDU-Politiker aus alteingesessenen Anwaltsfamilien, sondern mit Guido Westerwelle auch der FDP-Vorsitzende. Außerdem sitzen gleich in zwei Landeskabinetten die Töchter ehemaliger prominenter Ministerpräsidenten, in Bayern die Tochter von Franz Josef Strauss und in Niedersachsen die von Ernst Albrecht.

In der Justiz sind es in erster Linie die stark formalisierten Besetzungsprozeduren, der vom Beamtentum geprägte Habitus und der Einfluss der Politik auf die Personalentscheidungen in den oberen Ebenen, die die Karriereaussichten für die promovierten Juristen aus der Arbeiterklasse und den breiten Mittelschichten günstiger ausfallen lassen als in der Wirtschaft. Ähnliches gilt für die Wissenschaft. Wer auf eine Professur berufen wird, der muss zuvor mehrere stark formalisierte Stufen eines Berufungsverfahrens durchlaufen. Außerdem sind politische Einflüsse von außerhalb der Hochschulen nicht zu unterschätzen. Eine einfache »Kooptation« durch wenige Entscheidungsträger wie in der Wirtschaft ist dadurch ausgeschlossen. Außerdem kommt der für die Wissenschaft charakteristische Habitus der »Wissensorientierung« und »Bildungsbeflissenheit« dem Nachwuchs aus der breiten Bevölkerung erheblich stärker entgegen als der des »souveränen Machers«, wie er in den Topetagen der Wirtschaft vorherrscht. Alles in allem gilt die Regel, dass der Zugang zu Elitepositionen sozial umso geschlossener ist, je kleiner der Kreis der Personen, die über die Besetzung entscheiden, und je informeller das Auswahlverfahren.

So offensichtlich der Zusammenhang zwischen der Struktur von Besetzungsprozessen und der sozialen Öffnung von Elitepositionen ist, er offenbart dennoch nur die halbe Wahrheit. Die für die Promovierten aus der »Normalbevölkerung« im Vergleich zur Wirtschaft deutlich besseren Aufstiegsmöglichkeiten in der Politik, der Justiz und der Wissenschaft sind nicht allein darauf zurückzuführen, dass die Entscheidungen dort von einem größeren Kreis von Personen und nach stärker formalisierten Regeln getroffen werden, sie haben auch etwas mit Wahlmöglichkeiten und Prioritäten zu tun.

Die Chancen für den Nachwuchs aus der Arbeiterklasse und den breiten Mittelschichten sind immer dann überdurchschnittlich gut, wenn das Interesse der Konkurrenten aus gehobenem und Großbürgertum eher schwach ausfällt. Da es letztere in erster Linie dorthin zieht, wo die größte Macht und das höchste Einkommen winken, in die Chefetagen der Wirtschaft,[69] entschärft sich zwangsläufig die Konkurrenzsituation in den anderen Bereichen. Damit aber eröffnen sich allein aufgrund mangelnden Interesses seitens der »Bürgerkinder« für die Promovierten aus den anderen Klassen und Schichten der Gesellschaft hier Karrieremöglichkeiten, die in den großen Unternehmen so nicht existieren.

Besonders gut erkennen lässt sich dieser Zusammenhang, wenn man die Promotionsjahrgänge 1965 und 1975 miteinander vergleicht. Sie bilden, was die beruflichen Perspektiven angeht, die beiden Extrempole. Die Absolventen des Jahrgangs 1965 trafen auf außergewöhnlich günstige Bedingungen, weil nicht nur die Wirtschaft durch ihren Boom Ende der sechziger/Anfang der siebziger Jahre ausgesprochen gute Aufstiegschancen bot, sondern die Ausweitung des öffentlichen Dienstes und vor allem der Ausbau des Hochschulsystems in Justiz und Wissenschaft zeitgleich ebenfalls hervorragende Karrieremöglichkeiten eröffneten. Der Kohorte von 1975 dagegen musst sich mit besonders widrigen Verhältnissen abfinden. Das Wirtschaftswunder war unwiederbringlich vorbei und die Besetzungswelle an den deutschen Hochschulen im Auslaufen begriffen. Die Zahl der frei werdenden oder gar der neu geschaffenen Toppositionen war dementsprechend gering. Einzig die Justiz war davon (zumindest teilweise) ausgenommen.

Die Sprösslinge des gehobenen und vor allem die des Großbürgertums haben auf die gravierend veränderte Situation sofort reagiert. Den spürbaren Verlust an Spitzenpositionen in den großen Unternehmen haben sie durch einen Wechsel in andere Bereiche zu kompensieren

69 Während die Promovierten aus dem gehobenen und dem Großbürgertum Spitzenpositionen in der Wirtschaft (inkl. der hier nicht näher behandelten Verbände) zwei- bis dreimal so häufig bekleiden wie vergleichbare Positionen in Politik, Justiz und Wissenschaft, sind die erfolgreichen Promovierten aus der breiten Bevölkerung mehrheitlich in diesen drei Sektoren zu finden.

versucht. Dem Nachwuchs des Großbürgertums ist das problemlos gelungen. Er hat den mit 15 Prozent leichten Rückgang in der Wirtschaft durch starke Zuwächse an den Hochschulen (plus 76 Prozent) und in der Justiz (plus 80 Prozent) sogar mehr als wettmachen können. Die Promovierten aus dem gehobenen Bürgertum waren nicht ganz so erfolgreich. Ihre Einbuße in den Chefetagen fiel mit 26 Prozent nicht nur deutlicher aus, sie haben sie trotz eines Zuwachses um 250 Prozent in der Justiz auch nicht komplett ausgleichen können, weil sie an den Hochschulen mit 26 Prozent genauso stark verloren haben wie in der Wirtschaft.

Verglichen mit dem Rückgang, den die Promovierten aus der Arbeiterklasse und den breiten Mittelschichten hinnehmen mussten, ist das allerdings nicht weiter nennenswert. Letztere haben nicht nur eine von zwei Toppositionen in der Wirtschaft räumen müssen, sondern auch einen fast 40-prozentigen Einbruch an den Hochschulen zu verzeichnen. Einzig in der Justiz haben sie mit 7 Prozent ganz leicht zulegen können. Insgesamt aber bleibt ein Verlust von knapp 40 Prozent. Während aus der Kohorte von 1965 noch mehr als jeder vierte eine Spitzenposition erreichen konnte, allein jeder achte in der Wirtschaft und jeder neunte an den Hochschulen, trifft das beim Jahrgang 1975 nur noch auf jeden siebten zu. Bei den Promovierten mit bürgerlichem Familienhintergrund bietet sich ein ganz anderes Bild. Von den Sprösslingen des gehobenen Bürgertums hat trotz eines Verlustes von circa 10 Prozent immer noch jeder fünfte eine Spitzenkarriere gemacht, von den Großbürgerkindern dank eines Zuwachses von gut 10 Prozent sogar fast jeder dritte.

Noch deutlicher zeigen sich die unterschiedlichen Möglichkeiten, die dem Nachwuchs des Bürgertums auf der einen und dem der restlichen Bevölkerung auf anderen Seite offen stehen, wenn man den Blick ausschließlich auf die Juristen wirft. Sie waren seit der zweiten Hälfte der siebziger Jahre von den verschlechterten Aufstiegschancen in der Wirtschaft besonders stark betroffen; denn sie sahen sich zusätzlich zur allgemeinen Reduzierung der Spitzenpositionen auch noch einem Verdrängungsprozess seitens der Betriebswirte ausgesetzt, die immer mehr der von ihnen traditionell besetzten Toppositionen eroberten, zunächst in der Industrie (Hartmann 1990), dann aber auch in ihrer klassischen Domäne, dem Finanzsektor. Hatten von den Vorstandsmitgliedern der vier führenden Großbanken 1980 noch fast zwei Drittel ein juristisches Examen aufzuweisen, so ist es heutzutage gerade noch ein gutes Viertel (Hartmann 2003: 119f.). Für die promovierten Juristen des Jahrgangs 1975 war die Situation also ganz besonders problematisch. Sie versuchten dementsprechend vor allem in die Justiz auszuweichen, die noch die besten Karriereaussichten bot. Dieser Wechsel gelang allerdings nicht allen gleichermaßen gut. Während die promovierten Juristen, die aus der breiten Bevölkerung stammen, ihre Erfolgsquote nur um knapp 50 Prozent steigern konnten, war der Nachwuchs des Großbürgertums schon doppelt so erfolgreich. Die Söhne des gehobenen Bürgertums, die vom Rückgang in der Wirtschaft und an den Hochschulen stärker betroffen waren als die Großbürgerkinder, erhöhten ihre Quote sogar auf das Vierfache (Hartmann 2002: 103).[70]

Alles in allem hat sich der Zugang zu den deutschen Eliten im Zeitverlauf gegenläufig zur Öffnung der Promotion sozial noch weiter geschlossen. Das gilt vor allem für die Wirtschaft.[71] Aber auch in der Politik, der Verwaltung, den Massenmedien, der Kultur oder beim Militär hat sich der Prozentsatz der Elitemitglieder (mehr oder minder deutlich) erhöht, die aus dem Bürgertum stammen (Schnapp 1997a: 77). Die Bildungsexpansion hat nur den Zugang zu den Bildungsinstitutio-

70 Die Kohorte von 1985 bietet im Übrigen ein genau entgegengesetztes Bild. Die Bürgerkinder haben sich dank deutlich verbesserter Karriereaussichten in der Wirtschaft wieder aus der Justiz zurückgezogen. Ihr Anteil hat sich ungefähr doppelt so stark reduziert wie der der Promovierten aus der breiten Bevölkerung.

71 Die entgegengesetzte Feststellung der Potsdamer Elitenstudie (Schnapp 1997a: 77, 1997b. 106) verfehlt die Realität aufgrund erhebungstechnischer Mängel. Zunächst liegt die Ausschöpfungsquote mit nur 33,6 Prozent für alle Unternehmen außerhalb des Finanzsektors sehr niedrig. Sodann wurde im Finanzsektor mit der Deutschen Bundesbank, den Landeszentralbanken, Genossenschaftsbanken, öffentlichen Bausparkassen und den öffentlich-rechtlichen Sozialversicherungsträgern eine ganze Anzahl von Institutionen einbezogen, deren Führungspositionen eher nach politischen Kriterien als nach den Maßstäben der Privatwirtschaft besetzt werden. Schließlich wurden gerade in den Finanzinstituten, aber auch in den anderen Unternehmen Positionsinhaber (wie zum Beispiel stellvertretende Aufsichtsratsvorsitzende) befragt, die nicht zur eigentlichen Wirtschaftselite zu rechnen sind. Die Tatsache, dass jedes vierte Mitglied der Wirtschaftselite zugleich Gewerkschaftsmitglied ist, zeigt das mehr als deutlich.

nen erleichtert, nicht aber den zu den Elitepositionen. Das Bürgertum dominiert mit über 80 Prozent in der Wirtschaftselite und mit einem Anteil von fast zwei Dritteln auch unter den hohen Verwaltungsbeamten und Richtern.

5.6 Internationalisierung der Eliten?

Frankreichs Notenbankpräsident Jean-Claude Trichet, selbst ehemaliges Mitglied der ENA und der Inspection des Finances, prognostizierte Ende März 2001 in der ZEIT: »In etwa fünf Jahren wird kein einziger Absolvent der (staatlichen Kaderschmiede) Inspection des Finances mehr an der Spitze einer großen französischen Bank sitzen.« Die Globalisierung der Wirtschaft wird seiner Meinung nach mit dem spezifisch französischen Karrieremodell Schluss machen, das an die Spitze der bedeutenden Finanzinstitute fast immer ehemalige Mitglieder dieses Grands Corps führt. Das Ende der nationalen Eliten zugunsten **transnationaler Eliten** wurde und wird nicht nur in Frankreich, sondern ebenso in Deutschland oder Großbritannien verkündet. Vor allem für die Wirtschaft werden solche Vorhersagen immer wieder getroffen. Während in Politik, Verwaltung oder Justiz die Bildung wirklich einflussreicher übernationaler Organisationen und damit auch Eliten nur schleppend vorangeht und sie in entscheidenden Streitfällen (wie die UNO im Falle des Golfkriegs oder die EU-Kommission in der Frage der Staatsverschuldung) auch immer wieder am Widerstand der nationalen Eliten scheitern, scheinen solche Einschränkungen in der Wirtschaft nicht zu herrschen. Dort scheint die rasch voranschreitende Internationalisierung einen idealen Nährboden auch für die Internationalisierung der Spitzenpositionen zu bieten.

Rosabeth Moss Kanter, ehemalige Präsidentin der Harvard Business School, nennt ihr 1995 erschienenes Buch denn auch programmatisch *World Class*, Sklair sein neues Werk noch eindeutiger *The Transnational Capitalist Class*. Kanter beschreibt in ihrem Opus die Bildung einer neuen Weltklasse von Managern und Unternehmern, deren Mitglieder »nicht nur kosmopolitisch ausgerichtet«, sondern

»auch sehr eng miteinander verbunden« seien (Kanter 1996: 99) und an deren Spitze eine globale Elite von Spitzenmanagern stehe. Sklair, dessen Argumentation vor allem auf der Internationalisierung wirtschaftlicher Abläufe und Interessen basiert, geht gleich zu Beginn seiner Ausführungen auf die Frage ein, ob eine solche **transnationale Klasse** auch eine soziale und nicht nur eine soziologisch konstruierte Realität aufweise. Er argumentiert dabei vor allem mit der globalen Orientierung der wirtschaftlichen, politischen und professionellen Eliten und einem gemeinsamen Lebensstil, der »besonders auf gleichen Mustern der Hochschulausbildung (zunehmend in Business Schools) und der Konsumtion von Luxusgütern und -dienstleistungen« (Sklair 2001: 20, eigene Übersetzung) beruhe. Marceau, deren Buch bezeichnenderweise den Untertitel *The making of an international business elite* hat, stützt ihre These von der Herausbildung einer »international business class« auf die Ergebnisse einer Erhebung unter über 2000 Absolventen (aus zwölf Ländern) der ältesten und wohl auch renommiertesten europäischen Business-School, des INSEAD in Fontainebleau. Dabei gelangt sie zu dem Schluss, dass sich durch die Internationalisierung des Geschäfts die Rekrutierungsmuster für die Manager verändert hätten und die Söhne der jeweiligen nationalen Bourgeoisien darauf mit dem Besuch von international ausgerichteten Business-Schools reagierten. Dort erlernten sie dann nicht nur neue Managementtechniken, um ihre alten Führungspositionen in den nationalen Wirtschaften unter den veränderten Bedingungen zu sichern, sondern sie würden darüber hinaus (zumindest auf europäischer Ebene) auch zum Kern einer »international business elite« geformt (Marceau 1989a: 203 ff.; 1989b: 194, 208).

Die Betonung der **Business Schools** ist charakteristisch für Prognosen, die das Ende nationaler Wirtschaftseliten feststellen oder vorhersagen. Diese Schulen scheinen die Ausbildungsstätten der neuen transnationalen Wirtschaftselite zu sein. Mit der Dominanz der traditionellen Institutionen wie etwa der ENA scheint es dementsprechend zu Ende zu gehen und folglich auch mit den nationalen Mustern der Elitenrekrutierung. Nationale Eliten, so die Schlussfolgerung vieler Beobachter, sind ein Auslaufmodell, gerade auch in Europa mit seinen besonders hartnäckigen Traditionen.

Betrachtet man die Entwicklung der in Europa angebotenen MBA-Programme, so deutet ihr rasantes Wachstum auf den ersten Blick tatsächlich auf einen globalen Erfolg und damit auch die Internationalisierung des angelsächsischen Modells der Managementausbildung hin. Die Zahl der in Europa angebotenen **MBA-Programme** hat sich binnen weniger Jahre fast verdoppelt. Richtet man sein Augenmerk allerdings auf die bisherigen Karriereerfolge der Absolventen von Business Schools in Europa, so relativiert sich dieser Eindruck schnell. Die Erfolge begrenzen sich in erster Linie auf die Unternehmensberatungsgesellschaften. In den großen Industrie- und Finanzkonzernen spielen MBAs in den Topetagen bislang allenfalls eine Nebenrolle. Von den Chefs der 100 größten britischen, französischen und deutschen Unternehmen wiesen 1995 gerade einmal 21 einen MBA auf, zwölf davon allein in den britischen, sieben in den französischen und nur zwei in den deutschen Konzernen. Außerdem war der MBA nur in einem Fall der einzige hochwertige Bildungstitel. In allen anderen Fällen diente er nur der nachträglichen »Veredelung« nationaler Eliteabschlüsse. Elf der zwölf britischen Topmanager verfügten zuvor schon über einen Abschluss von Oxford oder Cambridge und alle französischen über einen der drei führenden Grandes Écoles. Schließlich zeigt der Trend eher nach unten. Mit Ausnahme der beiden deutschen Spitzenmanager ist niemand unter den MBA-Inhabern, der zu der jüngeren, nach 1940 geborenen Generation zählt (Hartmann 1999: 120f., 131). Dieser Eindruck bestätigt sich auch bei den 1994 neu berufenen 1571 französischen PDG, Verwaltungsratsvorsitzenden und Vizepräsidenten. Von ihnen kamen gerade einmal 59 vom INSEAD in Fontainebleau, der immerhin angesehensten Business School Frankreichs und zugleich Europas (Byrkjeflot 2001: 152).

Die relativ geringe Bedeutung transnationaler MBA-Abschlüsse lässt schon vermuten, dass es mit der Internationalisierung in den Chefetagen der großen Unternehmen auch insgesamt nicht so weit her ist. Wirft man einen Blick auf die 100 größten deutschen, französischen, britischen und US-amerikanischen Unternehmen, so erweist sich diese Vermutung als zutreffend. Die Topposition wird nach wie vor zu einem sehr geringen Teil von Ausländern besetzt (jeweils zwei in Frankreich und Japan, jeweils drei in Deutschland und den USA und sieben in Großbritannien), und der Anteil der Topmanager mit mindestens einjähriger Auslandserfahrung liegt gerade einmal zwischen 7 Prozent und 17 Prozent. Die Ausländer, die es bis an die Spitze eines Großunternehmens geschafft haben, stammen dabei durchweg aus Ländern, die demselben Kulturkreis angehören, wie etwa Österreich und der Schweiz im deutschen Fall.

Was die **Internationalität** der »einheimischen« Topmanager betrifft, so fällt auch diese ausgesprochen dürftig aus. Das gilt in besonderem Maße für die US-amerikanischen CEO. Ganze zwei von 97 haben im Ausland studiert und auch nur ganze sechs für längere Zeit außerhalb der USA gearbeitet. Für Spitzenkarrieren in den großen US-Konzernen scheint es weit gehend überflüssig zu sein, intensivere Erfahrungen außerhalb des eigenen Landes zu sammeln. Am nächsten kommen den US-Topmanagern in dieser Hinsicht noch die PDG der französischen Großunternehmen. Die deutschen und britischen Großunternehmen weisen verglichen mit den US-amerikanischen und französischen Großkonzernen an ihrer Spitze einen relativ hohen Anteil von Topmanagern mit Auslandserfahrung auf. Typisch sind allerdings auch in diesen beiden Ländern Karrierestationen innerhalb des Unternehmens, an dessen Spitze man dann später steht. Auffällig ist bei den meisten Spitzenmanagern mit beruflicher Auslandserfahrung zudem, dass sie häufig in Ländern, die dem eigenen Kulturkreis zugehören oder zu denen traditionell gute Verbindungen bestehen, tätig waren. Wie dürftig es um die Internationalität in den Topetagen der großen deutschen Konzerne bestellt ist, bestätigt sich auch, wenn man die übrigen Mitglieder der Vorstände in die Betrachtung mit einbezieht. In den 40 führenden deutschen Unternehmen stellen Ausländer gerade einmal 4 Prozent der Vorstandsmitglieder und nur jeder dritte Vorstand verfügt über Auslandserfahrung. Ähnlich sieht es auch in den Übrigen führenden Industrieländern aus. Die **nationalen Karrierewege** dominieren ganz eindeutig.

In noch stärkerem Maße trifft diese Aussage auf Politik, Verwaltung und Justiz zu. Obwohl es gerade in Europa mit dem Europaparlament, der europäischen Kommission, den EU-Behörden und dem europäischen Gerichtshof sichtbare Zeichen für eine Europäisierung dieser drei Bereiche gibt, ist der Weg zu einer wirklich transnationalen Elitebildung noch sehr weit. Auch über die Karrieren an den höchsten europäischen Institutionen wird bislang immer noch ganz überwiegend in den jeweiligen Nationalstaaten entschieden. Auf weltweiter Ebene gilt das in noch sehr viel stärkerem Maße. Von tatsächlicher Internationalisierung kann man dort trotz UNO und internationalem Strafgerichtshof nicht sprechen.

Als Resümmee bleibt: Im internationalen Maßstab existieren bislang weder Elitebildungsstätten, in denen der Nachwuchs des Bürgertums eine gemeinsame Elitesozialisation erfährt, noch eine ausreichende grenzüberschreitende (vor allem berufliche) Mobilität, um auf diesem Wege die für einen gemeinsamen Habitus erforderliche Homogenität zu schaffen. Es fehlt an dem, was die herrschenden Klassen alter Großreiche ausgezeichnet hat: eine gemeinsame Kultur und Sprache, die in diesen viele Länder umfassenden Reichen eine weit gehende oder sogar die vollständige Integration verschiedener regionaler und lokaler Eliten in eine reichsweit herrschende Klasse ermöglichten (Mann 1990, 1991).

Orientierungsfragen

1. Wie erfolgt soziale Selektion in den Elitebildungsinstitutionen Frankreichs, Großbritanniens, Japans und der USA?
2. Welche Rolle spielen dabei die finanziellen Mittel, die einer Familie zur Verfügung stehen?
3. Welche Bildungsabschlüsse haben die Eliten dieser Länder?
4. Wie werden die Eliten in Deutschland rekrutiert?
5. Gibt es internationale Eliten?

Weiterführende Literatur

Bock, Hans Manfred (1999), »Republikanischer Elitismus und technokratische Herrschaft«, in: Christadler, Marieluise/Utterwedde, Henrik (Hg.), *Länderbericht Frankreich*. Opladen: Leske + Budrich, S. 381–403.

Cookson, Pete W./Persell, Caroline Hodges (1985), *Preparing for Power. America's Elite Boarding Schools*. New York: Basic Books.

Cutts, Robert L. (1997), *An Empire of Schools. Japan's Universities and the Molding of a National Elite.* Armonk: M.E. Sharp.

Herzog, Dietrich (1990), »Der moderne Berufspolitiker. Karrierebedingungen und Funktion in westlichen Demokratien«, in: Wehling, Hans Georg (Red.), *Eliten in der Bundesrepublik.* Stuttgart: Kohlhammer, S. 28–51.

Hartmann, Michael (1996), *Topmanager – Die Rekrutierung einer Elite.* Frankfurt a. M.: Campus.

— (1999), »Auf dem Weg zur transnationalen Bourgeoisie? – Die Internationalisierung der Wirtschaft und die Internationalität der Spitzenmanager Deutschlands, Frankreichs, Großbritanniens und der USA«, in *Leviathan*, 27, S. 113–141.

— (2002), *Der Mythos von den Leistungseliten. Spitzenkarrieren und soziale Herkunft in Wirtschaft, Politik, Justiz und Wissenschaft.* Frankfurt a. M.: Campus.

6. Eliten und Klassenstrukturen

Die Elitediskussion wird heute eindeutig von den funktionalistischen Ansätzen dominiert. Obwohl in den letzten Jahren die klassischen Positionen von Pareto und Mosca mit ihrer klaren Dichotomie von Elite und Masse wieder an Bedeutung gewonnen haben, bestimmt die funktionalistische Sichtweise doch weiterhin die große Mehrzahl der theoretischen wie vor allem empirischen Arbeiten. Ihr Credo lautet: Es gibt keine herrschenden Klassen oder einheitlichen Eliten mehr, sondern nur noch miteinander konkurrierende gleichgewichtige Teileliten, die sozial offen sind, weil der Zugang zu ihnen nicht mehr über die Herkunft, sondern vorwiegend über die individuelle Leistung erfolgt. Der für das Funktionieren der parlamentarischen Demokratie erforderliche Konsens unter den Eliten stellt sich daher im Gegensatz zu früher auch nicht länger über soziale Homogenität her, sondern muss in Auseinandersetzungen zwischen den einzelnen Funktionseliten gesucht werden.

Eine solche Herangehensweise wirft angesichts der geschilderten Elitenbildung in den wichtigsten Industriestaaten drei entscheidende Fragen auf:

1. Wie sieht es mit der Bedeutung der Leistung bei der Rekrutierung der Eliten und der sozialen Heterogenität dieser Eliten wirklich aus?
2. Besitzt die Wirtschaftselite tatsächlich keine Sonderstellung, die ihr einen deutlich größeren Einfluss auf die gesamtgesellschaftliche Entwicklung als allen anderen Eliten ermöglicht?
3. Wie gestaltet sich das Verhältnis zwischen den Eliten und den Klassen innerhalb der Gesellschaft?

6.1 Leistungseliten und Elitenkonsens

Was die Kernaussage aller funktionalistischen Elitetheorien, der Zugang zu den Teileliten basiere ganz überwiegend auf **Leistung**, angeht, so stimmen die empirischen Untersuchungen über die Karrierewege der Spitzenmanager und -politiker, der obersten Verwaltungsbeamten und Richter in Deutschland, Frankreich, Großbritannien, Japan und den USA doch mehr als skeptisch. Immerhin lässt sich in allen fünf führenden Industrieländern eine hoch selektive soziale Rekrutierung beobachten. Die große Mehrzahl der Elitepositionen wird von Personen besetzt, die aus dem Bürgertum stammen. Zwar existieren Unterschiede zwischen den einzelnen Ländern – so fällt die soziale Herkunft in Frankreich und Großbritannien etwas exklusiver aus als in Deutschland und den USA – und den verschiedenen Sektoren, unter denen die Wirtschaft in der Regel die höchsten Anteile an Bürgerkindern aufweist und die Politik die geringsten, doch all diese Differenzen beeinflussen den Gesamteindruck nicht nennenswert. Die wichtigen gesellschaftlichen Bereiche werden (von wenigen Ausnahmen wie etwa der deutschen politischen Elite abgesehen) ganz eindeutig vom Bürgertum dominiert, zu einem großen Teil sogar von den Sprösslingen des Großbürgertums beziehungsweise der Upper Class.

Die funktionalistischen Eliteforscher, denen dieser Sachverhalt in der Regel auch nicht verborgen geblieben ist, versuchen ihn mit zwei Argumentationen in ihr Theoriegebäude zu integrieren. Zum einen weisen sie darauf hin, dass die disproportionale soziale Rekrutierung der Eliten in erster Linie mit unterschiedlichen Bildungserfolgen zu erklären sei, dem Leistungsprinzip als entscheidendem Zugangskriterium im Grundsatz also nicht widerspreche. Zwar leugnen sie den Zusammenhang zwischen sozialer Herkunft und dem Erwerb von hohen Bildungstiteln nicht, sie erklären ihn aber vorwiegend mit individuellen Leistungsunterschieden und Bildungsmotivationen. Die diesbezüglichen Aussagen von Dreitzel und Dahrendorf sind da symptomatisch. Zum anderen gehen sie (aufgrund des von ihnen konstatierten Zusammenhangs von Bildung und beruflicher Karriere) in Anknüpfung an die klassischen Modernisierungstheorien (Blau/Duncan 1967; Treiman 1977; Zapf 1971) von einer eindeutigen Tendenz zu einer weiteren Meritokratisierung, das heißt auch sozialen Öffnung der Eliten aus. Noch existierende Verbindungen zwischen sozialer Herkunft und Elitenzugang würden durch die starke Expansion des höheren Bildungswesens weitgehend gelockert, wenn nicht sogar endgültig gelöst.

Beide Argumentationen haben auf den ersten Blick zwar etwas für sich, halten einer genaueren Überprüfung dann aber doch nicht stand. Betrachtet man zuerst den Zusammenhang von Bildungserfolg und Elitenzugang, dann ist ein solcher Zusammenhang selbstverständlich existent. Auch die Behauptung, dass die für die Besetzung von Spitzenpositionen zumeist erforderlichen exklusiven Bildungsabschlüsse ohne außergewöhnliche Leistungen nicht zu erweben sind, ist erst einmal nicht von der Hand zu weisen. So geht beispielsweise von jenen ungefähr 30000 (unter über 2 Millionen) High-School-Absolventen, die Testergebnisse von 700 und mehr Punkten in der Kategorie Verbal aufweisen, jeder dritte auf einer der Top Ten Universitäten und ein weiteres Zehntel auf eine der im Ranking folgenden 20 Hochschulen (Greeen 2000: xxiii). Doch selbst wenn man die herkunftsbedingten Gründe für die Leistungsstärken und -schwächen bestimmter Schülergruppen außer Betracht lässt, bleibt eine Tatsache. Die Studienplätze an den begehrten Eliteinstitutionen wie Harvard und Yale werden nicht nur nach Leistungsgesichtspunkten vergeben. Wie in Kapitel 5 zu sehen, spielt bei den Auswahlverfahren die soziale Herkunft der Kandidaten vermittels des Kriteriums Persönlichkeit auch ganz unmittelbar eine entscheidende Rolle. Das gilt für alle exklusiven Bildungsein richtungen, seien es die berühmten Privatuniversitäten der USA, die renommierten Grandes Écoles, die angesehenen Public Schools oder die Topuniversitäten in Japan.

Wie ausschlaggebend ein bürgerliches Elternhaus für den Zugang zu den Eliten ist, zeigt sich auch in Deutschland, wo solche Elitebildungsstätten bisher fehlen. Wie die beiden internationalen Vergleichstests PISA und IGLU unübersehbar demonstriert haben, sorgt eine Vielzahl von Auslesemechanismen innerhalb des deutschen Bildungssystems dafür, dass die schulischen Bildungskarrieren ebenfalls in hohem Maße durch die soziale Herkunft der Kinder bestimmt werden, in der Breite sogar stärker als in den meisten anderen Ländern. Die **Dreigliedrigkeit des Schulwesens** spielt in dieser Hinsicht eine entscheidende Rolle. Beim Übergang zur weiterführenden Schule machen sich nämlich nicht nur die milieubedingt besseren Leistungen der Kinder aus den höheren Schichten und Klassen bemerkbar, sondern auch die je nach sozialer Herkunft stark differierenden Beurteilungen der Lehrkräfte. So hat zum Beispiel das Kind eines leitenden Angestellten bei gleicher Leistung eine (je nach Bundesland) zweieinhalb- bis dreieinhalbmal so große Chance, eine Gymnasialempfehlung zu bekommen wie das eines Arbeiters.

Wer es aus den so genannten »bildungsfernen Schichten« trotz all dieser Hürden bis an die Hochschulen geschafft hat, wird auch dort mit den höchst wirkungsvollen »inoffiziellen« Lehrplänen und den von den »bildungsnahen Schichten« bestimmten Verhaltensmustern konfrontiert. Nach Erhebungen des deutschen Studentenwerks muss er zudem größere materielle Probleme bewältigen. Er muss zu einem ungefähr doppelt so hohen Prozentsatz wie der Rest der Studierenden einer laufenden Beschäftigung nachgehen, um sein Studium finanzieren zu können, was sich dann in einem ebenfalls doppelt so hohen Anteil unter den Langzeitstudierenden niederschlägt. Alles in allem sind die **Studienaussichten** für den Nachwuchs aus Arbeiterfamilien oder den Haushalten normaler Angestellter und Beamter trotz der sozialen Öffnung der Hochschulen weit schlechter als für die Bürgerkinder. Das zeigt sich verständlicherweise am deutlichsten bei denen, die es bis zum höchsten Abschluss schaffen, der Promotion. Hier kommt in den für die Elitenrekrutierung wichtigen Fächern ungefähr die Hälfte der Absolventen aus dem Bürgertum, das damit weit überproportional vertreten ist.

Wenn die Annahmen einer auf Leistung beruhenden Elitenauslese zumindest im Grundsatz stimmen sollten, dann müsste der Nachwuchs aus der breiten Bevölkerung wenigstens nach dem Erwerb eines Doktortitels die gleichen Chancen auf eine Topposition haben wie die Promovierten, die in bürgerlichen Verhältnissen aufgewachsen sind. Da der Doktortitel den höchsten deutschen Bildungsabschluss darstellt und der Bildungsabschluss nach funktionalistischer Sicht die wichtigste **meritokratische Einflussvariable** und zugleich das sicherste Indiz für individuelles Talent und individuelle Anstrengung repräsentiert, sollten Kinder aus Arbeiter- oder Angestelltenfamilien mit der Promotion zumindest dasselbe Maß an Fähigkeiten und Bemühungen nachgewiesen haben wie ihre Kommilitonen aus dem Bürgertum. Es spricht sogar viel dafür, dass sie ein größeres Quantum an Begabung und Fleiß benötigt haben, weil sie die zahlreichen Hindernisse, die ihnen auf ihrem Bildungsweg aus sozialen Gründen entgegenstehen, erst einmal überwinden mussten. An ihrer Leistungsfähigkeit und -bereitschaft kann es jedenfalls nicht liegen, wenn die Aussichten auf eine Spitzenkarriere immer noch schlechter sind als beim Nachwuchs aus bürgerlichen Kreisen.

Genau das aber ist sowohl in den Großkonzernen der Fall als auch bei den großen Wirtschaftsverbänden oder in den obersten Gerichten, wie die Untersuchung der vier Promotionskohorten von 1955 bis 1985 (Hartmann 2002) eindeutig gezeigt hat. Selbst durch den Erwerb des höchsten Bildungstitels ist es nicht möglich, das Handicap einer nichtbürgerlichen Herkunft auch nur annähernd auszugleichen. Das Elternhaus wirkt bei der Rekrutierung der Eliten also nicht nur indirekt auf dem Wege über Bildungsabschlüsse, sondern auch ganz unmittelbar über **persönlichkeits-** und damit **herkunftsbezogene Auswahlkriterien.** Das gilt dabei umso mehr, je größer die mit einer Position verbundene Macht ist, in den Chefetagen der führenden Großkonzerne oder an den Bundesgerichten also stärker als in eher mittelständischen Firmen oder den Oberlandesgerichten. Daher liegt Keller mit ihrer auf die Wirtschaftselite bezogenen Feststellung völlig falsch, »dass die größten Unternehmen bei der Rekrutierung auf Basis von Leistung ungeachtet der sozialen Herkunft am weitesten fortgeschritten sind« (Keller 1963: 83; eigene Übersetzung). Genau das Gegenteil ist in der Regel der Fall.

Berücksichtigt man die große Bedeutung, die den persönlichkeitsgebundenen Kriterien auch in den Aufnahmeprozeduren der Elitebildungseinrichtungen zukommt, zeigt sich die grundlegende Schwäche des funktionalistischen Ansatzes ganz deutlich. Das trifft gerade auch auf Keller zu, obwohl sie in dieser Hinsicht die differenzierteste Analyse bietet. Wenn sie zusammenfassend konstatiert, dass die für den Zugang zu den Eliten entscheidenden Qualifikationen nicht vererbt, sondern nur durch die jeweils eigene Leistung erworben werden könnten, verfehlt sie ebenfalls den Kern der Sache (Keller 1963: 262ff.). Zwar spielt die individuelle Leistung eine wesentliche Rolle, doch selbst wenn man von der sozialen Bedingtheit dieser Leistung einmal absieht, bleibt als zweiter mindestens so entscheidender Karrierefaktor der herkunftsspezifische Habitus, dessen Aneignung durchaus mit dem Prozess der Vererbung verglichen werden kann. Die Herkunft aus den »besseren Kreisen« nimmt bei der Besetzung von Spitzenpositionen nach wie vor die Funktion eines Türöffners wahr.

Dies gilt für Deutschland ebenso wie für die anderen großen Industriestaaten. Unterschiedlich sind nur die konkreten Mechanismen. Erfolgt die soziale Selektion in Ländern wie Frankreich oder den USA ganz überwiegend über die Aufnahmeprozeduren der exklusiven Bildungsinstitutionen, so übernimmt das Bildungssystem in Deutschland in diesem Prozess nur die Aufgabe einer groben Vorsortierung. Die entscheidende Auslese findet hierzulande zu einem viel größeren Teil als dort erst im Verlauf der beruflichen Karriere statt. Der Effekt ist in letzter Konsequenz aber der gleiche. Der Zugang zu den wichtigen Eliten bleibt großenteils für den Nachwuchs des Bürgertums und noch stärker des Großbürgertums reserviert.

Eine gewisse Ausnahme von dieser Regel bildet nur der politische Sektor. Hier gibt es in puncto soziale Herkunft der Spitzenpolitiker doch größere Differenzen zwischen den einzelnen Ländern, weil die Struktur der Parteien zum Teil sehr unterschiedlich ausfällt. Die Extreme stellen dabei Deutschland auf der einen und Frankreich und Japan auf der anderen Seite dar. Während der Auswahlprozess in den großen deutschen Volksparteien bislang dazu geführt hat, dass die Kandidaten aus der breiten Bevölkerung hier erheblich bessere Aufstiegschancen besitzen als in den anderen wichtigen Gesellschaftsbereichen[72], begünstigen die in Frankreich wie Japan typischen Honoratioren- und Klientelparteien ganz eindeutig die Politiker mit einem bürgerlichen Hintergrund. Für eine erfolgreiche Bewerbung um Spitzenämter ist der Besuch der Elitebildungsinstitutionen des jeweiligen Landes ausschlaggebend und nicht die soziale Nähe zur Wählerschaft. Die soziale Herkunft der politischen Elite unterscheidet sich dementsprechend nur relativ wenig von der der Wirtschafts- oder Verwaltungselite.

Angesichts dieser sozialen Rekrutierung stellt sich natürlich die Frage, ob die funktionalistische Elitetheorie nicht nur mit ihrer Kernthese

---

72 Siehe dazu Kapitel 5.5.

von den sozial heterogenen Leistungseliten falsch liegt, sondern auch mit der Annahme, **Konsens** und **Kooperation der Teileliten** würden durch ihre funktionale Spezialisierung und Autonomie sowie ihre heterogene soziale Herkunft wesentlich erschwert. Die Situation in Frankreich und Japan spricht schon auf den ersten Blick gegen eine solche Behauptung. Die sehr engen Beziehungen zwischen den Eliten in Wirtschaft, Politik und Verwaltung finden in beiden Ländern sogar einen sprachlichen Ausdruck. In Frankreich nennt man jenen inzwischen üblich gewordenen Prozess, bei dem hohe Beamte aus der staatlichen Verwaltung in die Spitzenpositionen großer Konzerne wechseln, Pantouflage[73] und die Personen, die diesen Wechsel vollziehen, Catapulté oder Parachuté (die Hinaufkatapultierten oder die mit dem Fallschirm Abgesprungenen), weil sie die unternehmensinterne Hierarchie nicht emporklettern müssen, sondern gleich in der Führungsetage landen. In Japan gibt es für denselben Vorgang einen ganz ähnlichen Begriff. Er lautet Amakudari, das heisst »vom Himmel herabsteigen«.

Der Wechsel von der Wirtschaft in die Politik ist sehr viel seltener, kommt aber auch vor, wie das Beispiel von Wirtschafts- und Finanzminister Mer zeigt. Er war zunächst ein typischer Parachuté. Nach dem Besuch der École Polytechnique und einer anschließenden Tätigkeit im Corps des Mines ist er zum Industriekonzern Saint Gobain gegangen und dort in kurzer Zeit Generaldirektor und dann PDG geworden, um anschließend dieselbe Position beim fusionierten Stahlkonzern Usinor Sacilor einzunehmen. Als Minister hat er jetzt noch einmal das Betätigungsfeld gewechselt.

Über die Hälfte der 100 größten französischen Firmen wird von solchen Männern geführt, 40 allein von ehemaligen Angehörigen der berühmten Grands Corps. In Japan trifft dasselbe vor allem auf den

73 Für diesen Begriff gibt es keine adäquate deutsche Übersetzung.

Finanzsektor zu, wo ehemalige hohe Beamte des MoF oder der Bank of Japan jeder vierten der 150 größten Banken vorstehen. In der Industrie ist ein solcher Wechsel zwar seltener, aber dennoch nicht unüblich. So übernehmen beispielsweise die Chefs des MITI später fast ausnahmslos Spitzenpositionen der Wirtschaft (zumeist als Präsidenten oder Vizepräsidenten großer Unternehmen) (Cutts 1997: 197; Kerbo 1995: 95). Auch in der Politik bietet sich ein vergleichbares Bild. Ungefähr jeder vierte Abgeordnete im japanischen Parlament und mehr als jeder dritte Premier war in seinem Berufsleben zuvor in einer hohen Ministerialstellung tätig. Von den französischen Staats- und Ministerpräsidenten der letzten drei Jahrzehnte gehörten sogar fast zwei Drittel vorher zu einem der Grands Corps der Verwaltung.

Die engen personellen Verbindungen zwischen Verwaltung, Wirtschaft und Politik sind im Wesentlichen das Resultat der gemeinsamen Zeit in den exklusiven Elitebildungsstätten des Landes. Da die meisten Spitzenpositionen in allen wichtigen gesellschaftlichen Bereichen mit den Absolventen dieser Eliteinstitutionen besetzt werden, stellt ein Wechsel von einem Sektor in einen anderen kein Problem dar. Ob ein Enarque nach seiner Tätigkeit in der Inspection des Finances oder ein Todai-Absolvent nach einem Amt im MoF an die Spitze eines der von ihm vorher kontrollierten Finanzinstitute geht oder als Minister in ein Kabinett, ist letztlich egal. Er wird hier wie dort auf seinesgleichen stoßen. Durch den Besuch der gleichen Eliteeinrichtungen kennt man sich seit langen Jahren, auch über die Grenzen der jeweiligen Tätigkeitsbereiche und Parteizugehörigkeiten hinweg. Das schafft zusammen mit der vergleichbaren sozialen Herkunft die Basis für weit reichende Gemeinsamkeiten in Einstellungen und Verhaltensweisen. So dürften direkte und diskrete Gespräche zwischen sozialistischer Regierung und Arbeitgeberlager in der zweiten Hälfte der neunziger Jahre zweifelsohne dadurch erheblich erleichtert worden sein, dass sich der sozialistische Ministerpräsident Jospin und der Vorsitzende des französischen Arbeitgeberverbandes und Chef des Wendel-Konzerns, de Seillière, nach ihrem Besuch der ENA auch noch drei Jahre lang als Angehörige eines Grand Corps im Außenministerium ein Zimmer geteilt haben. Berücksichtigt man außerdem noch die Konzentration fast aller wesentlichen Spitzenpositionen in den Hauptstädten Paris und Tokio, dann wird klar, dass die Herstellung eines Grundkonsenses zwischen den Eliten der verschiedenen Bereiche wesentlich weniger Schwierigkeiten aufwerfen dürfte, als die funktionalistische Eliteforschung immer behauptet.[74]

Die Verhältnisse in den USA zeichnen sich weniger durch den Wechsel hoher Verwaltungsbeamter in die Chefetagen der anderen Sektoren als vielmehr durch eine besonders enge Verknüpfung von Wirtschaft und Politik aus. Besonders in den letzten drei Jahrzehnten ist die Anzahl der Kabinettsmitglieder, die zuvor im Topmanagement großer Unternehmen tätig waren, außerordentlich groß geworden. Unter dem jetzigen Präsidenten George W. Bush trifft das auf fast jedes zweite Mitglied zu, so unter anderem den Vizepräsidenten Cheney und die Minister für Verteidigung und Wirtschaft, Rumsfeld und Evans. Typisch ist dabei ein stetiger Wechsel zwischen einflussreichen politischen Ämtern und Spitzenpositionen in großen Unternehmen.[75] Auch zwischen Politik und Wissenschaft existiert ein im Vergleich vor allem zu Japan recht reger Austausch.[76] Ein Mann wie der augenblickliche Präsident von Harvard, Summers, der zuvor Finanzminister unter Clinton war, bildet keine Ausnahme. So war der jetzige Finanzminister Snow früher ebenfalls als Professor an einer Hochschule tätig. Zusätzlich begünstigt auch hier der hohe Prozentsatz von Absolventen der Eliteuniversitäten in allen Bereichen das gegenseitige Verständnis.

In Großbritannien und vor allem Deutschland sind die einzelnen gesellschaftlichen Sektoren deutlicher voneinander abgegrenzt, Wechsel des Spitzenpersonals dementsprechend seltener. Nur eine Hand voll der führenden Topmanager war auch schon in hohen politischen oder Verwaltungsämtern tätig (Hartmann 1999: 129). Zwar werden Wechsel zwischen Politik und Wirtschaft häufiger, wie im Falle Deutschlands die Beispiele des Hamburger Finanzsenators Peiner, früher Chef

74 Die räumliche Konzentration erleichtert auch eine Einbindung der Intellektuellen, wie zum Beispiel Paris zeigt, wo vor allem bestimmte Clubs diese Funktion übernehmen.

75 Die führenden Großkonzerne bleiben davon allerdings ausgenommen. Cheney stellt in dieser Hinsicht eine Ausnahme dar.

76 Auch in Frankreich gibt es einen solchen Wechsel häufiger. Allein im jetzigen Kabinett Raffarin werden drei Ministerien (Verteidigung, Kultur und Jugend, Bildung und Forschung) von ehemaligen Professorinnen und Professoren geleitet.

der Gothaer Versicherung, oder des neuen RAG-Vorstandsvorsitzenden Müller, früher Bundeswirtschaftsminister, zeigen, sie finden aber immer noch eher selten statt. Auch Karrieren wie die des früheren Bundespräsidenten Herzog, der als Professor, Staatssekretär, Landesminister, Bundesverfassungsrichter und schließlich Bundespräsident Spitzenpositionen in Wissenschaft, Verwaltung, Politik und Justiz inne hatte, bleiben trotz einer tendenziellen Zunahme immer noch Ausnahmen.[77]

Während ein großer Teil der britischen Eliten durch die langjährige Erziehung in den Public Schools, Oxbridge oder den Garderegimentern aber dennoch gemeinsame Verhaltensweisen und Einstellungen entwickeln und damit auch eine solide Grundlage für gegenseitiges Vertrauen schaffen konnte, bleibt in Deutschland in erster Linie die soziale Herkunft als Basis für einen bereichsübergreifenden Konsens. Berücksichtigt man außerdem, dass die politische Elite sich wegen der Vorherrschaft der großen Volksparteien sozial bislang deutlich heterogener zusammensetzt als etwa in Frankreich, Japan oder auch den USA, dann dürfte die Herstellung eines Elitenkonsenses hierzulande schwieriger sein und mehr Zeit in Anspruch nehmen als in den anderen großen Industriestaaten.

6.2 Die besondere Rolle der Wirtschaftselite

Einer der entscheidenden Unterschiede zwischen den Vertretern der funktionalistischen Eliteforschung (wie Dahrendorf, Dreitzel, Keller oder Lasswell) auf der einen und kritischen Elitetheoretikern (wie Bourdieu und Mills) auf der anderen Seite besteht in der Bewertung des Einflusses, den die Wirtschaftselite im Vergleich zu den anderen Eliten ausübt. Bourdieu und Mills weisen immer wieder auf ihre strukturell bedingte Dominanz hin. So sagt Bourdieu in seinen früheren Arbeiten

77 Der neue Bundespräsident Köhler hat als ehemaliger Abteilungsleiter und Staatssekretär auf Landes- und Bundesebene, früherer Präsident des Deutschen Sparkassen- und Giroverbandes, der Europäischen Bank für Wiederaufbau und Entwicklung sowie des IWF und schließlich Bundespräsident allerdings eine vergleichbare Vita zu bieten.

ganz unmissverständlich, dass das ökonomische Kapitel »allen anderen Kapitalarten zugrunde liegt« (Bourdieu 1983: 196), und auch in seinen jüngeren Veröffentlichungen spricht er immer noch von den besonders starken Effekten des ökonomischen Felds. Mills wird diesbezüglich noch deutlicher. Er bezeichnet die »Konzernvertreter« sogar als die »wahren Inhaber der Macht«, gegen die auf Dauer keine andere Macht ankommen könne (Mills 1962: 151). Auch wenn Mills diese sehr prononcierte Aussage an anderer Stelle wieder relativiert und Bourdieus Position in den letzten Jahren weniger klar ausfällt, so bleibt die Differenz zu den funktionalistischen Ansätzen doch unübersehbar. Mills wie Bourdieu räumen der Wirtschaftselite unzweifelhaft eine Sonderrolle ein.

Genau diese Sonderrolle bestreiten alle wesentlichen Repräsentanten der funktionalistischen Eliteforschung. Keller argumentiert dabei am systematischsten. In ihrem Buch über die »Strategic Elites« weist sie zunächst anhand eines Konflikts zwischen U.S. Steel und Präsident Kennedy um eine geplante Preiserhöhung für Stahl darauf hin, dass die Zeiten zu Ende seien, in denen die Wirtschaftselite in der Verfolgung ihrer eigenen Interessen zugleich das allgemeine Interesse zu verfolgen schien. Der sprichwörtliche Satz, was gut für U.S. Steel sei, sei auch gut für das Land, treffe heute nicht mehr zu. Dann wird ihre Argumentation grundsätzlicher. Wirtschaftliche Ziele bildeten heutzutage ungeachtet ihrer Bedeutung nur noch eines von mehreren wünschenswerten Zielen. Die Wirtschaftselite müsse daher mit anderen Eliten um die vorhandenen Ressourcen konkurrieren. Die wirtschaftliche Leistung eines Landes stelle ganz generell nur noch einen Maßstab für gesellschaftlichen Fortschritt dar, der stets gegenüber anderen Faktoren wie militärische Stärke, internationales Prestige, Massenbildung oder wissenschaftliche Erfolge abgewogen werden müsse. Keller geht sogar noch weiter, indem sie selbst die eingeschränkte Funktionszuweisung von Parsons kritisiert. Auch seine im Rahmen des AGIL-Schemas getroffene Feststellung, eine der vier Grundfunktionen der Gesellschaft, die der Anpassung an die Umwelt, werde im Wesentlichen von der Wirtschaft wahrgenommen, sei so nicht mehr aufrecht zu halten. Zumindest Militär, Diplomatie und Wissenschaft nähmen hier gleichermaßen entscheidende Aufgaben wahr (Keller 1963: 96 f.). Eine herausgehobene Stellung der Wirtschaftselite lehnt sie deshalb auch ganz unmissverständlich ab. Bei vielen anderen Vertretern des funktionalistischen Ansatzes ist darüber hinaus zu erkennen, dass sie (implizit oder explizit) der politischen Elite jene besondere Machtstellung einräumen, die sie der Wirtschaftselite absprechen.

Schon ein kurzer Blick in die hiesigen Medien lässt eine derartige Sichtweise mehr als fragwürdig erscheinen. In allen wichtigen politischen Diskussionen und Stellungnahmen, die hierzulande zurzeit geführt werden, spielt der Wirtschaftstandort Deutschland die entscheidende Rolle.[78] Ob es um die Steuerpolitik geht oder die Zukunft der Sozialsysteme, die Umgestaltung der Hochschullandschaft oder die Perspektiven der wissenschaftlichen Forschung, er bildet den wesentlichen Bezugspunkt. Das geht bis in die verwendeten Begrifflichkeiten hinein. Studierende als zahlende Kunden der Hochschulen, betriebswirtschaftliche Rechnungsführung in der öffentlichen Verwaltung, eine Bundesagentur für Arbeit mit einem Vorstandsvorsitzenden statt einer Bundesanstalt für Arbeit mit einem Präsidenten, die inzwischen üblich gewordene Benennung der großen Fußballstadien nach dem Hauptsponsor, all das lässt schon bei oberflächlicher Betrachtung erahnen, wie groß der Einfluss der Wirtschaft in allen gesellschaftlichen Bereichen heutzutage ist.

Der erste Vorstandsvorsitzende der Bundesagentur, Florian Gerster, ist nicht zuletzt an dem Irrtum gescheitert, aufgrund der neuen Bezeichnung seiner Position könne er auch agieren wie ein wirklicher Vorstandsvorsitzender eines großen Unternehmens. Die aus der Wirtschaft entliehenen Begrifflichkeiten setzen sich im Übrigen auch im Alltag der Bundesagentur fort. So gibt es eine neue Dienstanweisung mit dem Titel »Geschäftspolitik 2003, Ziel: Bestand Arbeitslose senken«, deren Inhalt darin besteht, Beraterteams von jeweils vier bis fünf Vermittlern dazu zu verpflichten, jeden Monat 60 Fälle 1. Meldeversäumnis (Folge: Sperrzeit) und 7 Fälle 2. Meldeversäumnis (Folge: Verlust des Arbeitslosenstatus) zu produzieren.

78 In den anderen Ländern werden die Debatten ähnlich geführt.

Dieser erste Eindruck bestätigt sich, wenn man genauer hinsieht und hinter die Fassaden schaut. Es zeigt sich dann ein deutliches **strukturelles Übergewicht** der Wirtschaftselite, das in erster Linie auf seiner ausschließlichen Entscheidungsgewalt über Investitionen, Rationalisierungsmaßnahmen und letztlich auch Betriebsstilllegungen beruht. Die rasche Internationalisierung der Wirtschaft hat die daraus schon immer resultierende Macht – schließlich hängt von den Entscheidungen der Unternehmen nicht nur die Zahl der zur Verfügung stehenden Arbeitsplätze, sondern in großem Maße auch das Steueraufkommen und die finanzielle Lage der Sozialversicherungen ab – in den letzten zwei Jahrzehnten deutlich vergrößert. Sie ermöglicht es den großen Konzernen, zunehmend aber auch mittelständischen Firmen, alle anderen gesellschaftlichen Bereiche unter enormen Druck zu setzen. So wird im Vorfeld geplanter Investitionen von Seiten der Unternehmen mittlerweile fast routinemäßig gegenüber der öffentlichen Hand mit möglichen Alternativen argumentiert, um die eigenen Ziele und Wünsche in Hinblick etwa auf Steuerbelastungen, gesetzliche Auflagen oder Subventionen realisieren zu können. Ob diese nun tatsächlich existieren oder aber nur vermeintlich, ist dabei vielfach egal. Entscheidend ist die politische Wirkung, die von solchen Drohungen ausgeht.

Wie die heftige Konkurrenz um solche Investitionen zeigt, sehen sich die einzelnen Kommunen nicht mehr in der Lage, den Unternehmen Bedingungen welcher Art auch immer zu stellen. Sie übertreffen einander vielmehr an Zusagen, was direkte oder indirekte Beihilfen, zur Verfügung gestellte Infrastrukturleistungen oder die Kooperation mit örtlichen Forschungsinstituten oder Hochschulen angeht. Trotz riesiger Finanzprobleme ködern die Städte potentielle Investoren mit allen möglichen (legalen, halblegalen und teilweise auch illegalen) Vergünstigungen. So bot Berlin zum Beispiel den Musikkonzernen Warner und EMI für einen Wechsel von Hamburg beziehungsweise Köln an die Spree neben einer Beteiligung an den Umbaukosten auch noch eine Mietobergrenze von 8 Euro pro Quadratmeter und Einarbeitungszuschüsse für die Beschäftigten von 10000 Euro an. Ähnliche Offerten sind inzwischen Usus geworden. Auch einzelne Bundesländer oder ganze Nationalstaaten werden bei großen Investitionsvorhaben so ge-

geneinander ausgespielt, frei nach dem Motto: Wer zahlt, bestimmt die Musik.

In der **Steuerpolitik** lässt sich eine ähnliche Entwicklung beobachten. Es findet seit etlichen Jahren auf nationaler wie internationaler Ebene so etwas wie ein Wettbewerb um die attraktivsten Steuersätze und -modelle für die Wirtschaft mit teilweise verheerenden Folgen für das Steueraufkommen und damit auch die öffentlichen Dienstleistungen statt. Der ganz wesentlich durch die Änderung der Körperschaftssteuergesetzgebung verursachte, dramatische Einbruch der kommunalen Einnahmen und die daraus resultierenden, teilweise katastrophalen Konsequenzen für die städtische Infrastruktur (Straßen, Schulen, Theater, Bibliotheken etc.) und die Bediensteten stellen nur ein Beispiel dafür dar. Das Vorgehen der Unternehmen wird dabei immer dreister. So drohte letztes Jahr der Chef von Infineon, Schumacher, aus steuerlichen Gründen mit einem Wechsel des Firmensitzes in die Schweiz, obwohl das Unternehmen seit seiner Gründung vor gut fünf Jahren nur ein einziges Jahr überhaupt Steuern gezahlt, dafür aber allein für den Standort Dresden fast eine Milliarde Euro an staatlichen Subventionen erhalten hat. Obwohl es in diesem Fall bislang bei der Drohung geblieben ist, zeigen andere Beispiele, wie weit der Staat inzwischen bereit ist, seine Steuergesetze den Wünschen der Wirtschaft anzupassen. Die jüngste Entwicklung bei der Besteuerung von Aktienverkäufen ist da symptomatisch. Ein und derselbe Finanzminister garantiert den großen Versicherungskonzernen auf massiven Druck der Wirtschaft erst durch ein neues Gesetz Steuerfreiheit für jene Gewinne, die bei der Veräußerung ihrer zahlreichen Beteiligungen anfallen, die damit ursprünglich verknüpfte Regelung, dann konsequenterweise auch keine Verluste bei solchen Geschäften mehr steuerlich absetzen zu können, macht er nach heftigen Protesten aber wieder rückgängig. Für die Versicherungsunternehmen bedeutet das: Die Holdings können ihre großen Aktienpakete weiterhin steuerfrei verkaufen, ihre Lebensversicherungstöchter, die sich ansonsten mit Steuernachforderungen in Höhe von bis zu sechs Milliarden Euro konfrontiert gesehen hätten, die anfallenden Verluste aber gleichzeitig steuermindernd geltend machen. Mit dem Hinweis auf die Attraktivität des Finanzplatzes Deutschland ist statt einer rechtlich eigentlich zwingend gebotenen einheitlichen Regelung auf Wunsch der Versicherungsbranche nun eine verabschiedet worden, die der Steuersystematik wie auch dem normalen Gerechtigkeitsempfinden Hohn spricht. Interessant ist dabei, dass die Initiative zu diesem Gesetzesvorhaben vom Hamburger Finanzsenator Peiner ausging, der vor seinem Wechsel in die Politik lange Jahre Vorstandsvorsitzender der Gothaer Versicherung war. Auch wenn eine solche direkte persönliche Verquickung von Politik und Wirtschaft in Deutschland bisher eher selten ist, zeigen all diese Beispiele, die beliebig ergänzt werden könnten, doch den außerordentlich großen Einfluss der Wirtschaftselite auf die politischen Entscheidungen hierzulande.

Die strukturell bedingte Überlegenheit des Kapitals und seiner Spitzenrepräsentanten schlägt sich in stetig wachsendem Maße auch in direkten Einflussnahmen seitens der Spitzen der großen Konzerne nieder. Man sucht den unmittelbaren Kontakt zur Bundesregierung und vor allem zum Bundeskanzler und man wird umgekehrt von diesen auch gesucht. Spitzengespräche werden zur Regel. Das gilt nicht nur in wirtschaftspolitischen, sondern zunehmend auch in nichtökonomischen Fragen. So hat Kanzler Schröder zu seinem Anfang diesen Jahres einberufenen Ideengipfel zu Bildung und Wissenschaft mehrheitlich nicht etwa Wissenschaftler oder Bildungspolitiker eingeladen, sondern bekannte Topmanager und Unternehmensberater. Drei Wissenschaftlern standen mit den Vorstandsvorsitzenden der Deutschen Telekom, der Lufthansa, von Schering und Siemens, Ricke, Mayrhofer, Erlen und von Pierer, dem früheren Vorstandsvorsitzenden von BMW und jetzigen Aufsichtsratsmitglied Milberg sowie dem Vizepräsidenten des BDI, Harting, und Roland Berger mehr als doppelt so viele Vertreter der Wirtschaft gegenüber.

Zu den formellen und informellen Kontakten zwischen der Wirtschafts- und der politischen Elite kommen die Aktivitäten einer stetig und schnell wachsenden Zahl an Lobbyisten. Ihr Geschäft sei nach de m Umzug von Bonn nach Berlin »geradezu explodiert«, wird der erste parlamentarische Geschäftsführer der SPD-Fraktion letzten Oktober in einem Artikel der ZEIT zitiert. Bei den Ausweisen, die den freien Zugang zu den Abgeordnetenbüros gestatten, hätten die Lobbyisten, so derselbe Artikel, mit einer Gesamtzahl von 4500 die Journalisten mittlerweile weit hinter sich gelassen. Hier hat sich – nicht zuletzt durch den Wechsel von immer mehr ehemaligen Politikern wie etwa Ex-Verteidigungsminister Scharping oder Ex-Finanzstaatssekretär Hauser zu Beratungsunternehmen – ein Geflecht gebildet, das höchst effektiv wirkt. Gesetzesvorhaben werden durch intensive Gespräche mit wichtigen Ministerialen, Parlamentariern oder Ministerialbeamten nicht mehr nur beeinflusst, sie werden zum Teil sogar direkt initiiert. Außerdem erhalten die Lobbyisten die Gesetzesentwürfe bisweilen noch vor den Abgeordneten, um »alternative Formulierungsvorschläge« machen zu können.[79]

Die Entwicklung in Deutschland lässt erahnen, wie es inzwischen in Ländern wie Japan oder den USA aussieht, wo die Verbindungen zwischen Wirtschaft und Politik traditionell sehr viel enger sind als hierzulande. Zu der Form direkter und indirekter Einflussnahme auf die Politik, wie wir sie aus Deutschland kennen, kommt dort noch etwas Entscheidendes hinzu. Die finanzielle Unterstützung der Politiker bei ihren Wahlkämpfen spielt in beiden Ländern eine sehr große Rolle. In Japan rechnete man schon Anfang der neunziger Jahre bei der regierenden LDP mit durchschnittlich 400 Millionen Yen (über 3 Millionen Euro) Wahlkampfkosten pro Parlamentssitz, die zum allergrößten Teil von der Wirtschaft aufgebracht wurden (Rothacher 1993: 29 f.). Das klassische Land der großen **Wahlkampfspenden** sind aber die USA. Hier gaben die erfolgreichen Bewerber für einen Senatsposten bereits 1976 durchschnittlich 610000 Dollar für ihren Wahlkampf aus. Binnen der nächsten zehn Jahre stieg der Betrag dramatisch um das Fünffache auf 3 Millionen Dollar, um sich dann bis zum Jahre 2000 mit 7,7 Millionen Dollar noch einmal mehr als zu verdoppeln. Ein Sitz im Repräsentantenhaus ist zwar deutlich billiger, kostet aber immer noch 840000 Dollar, auch das eine Verdoppelung im letzten Jahrzehnt. Die Summen sind so enorm angestiegen, weil derjenige, der mehr Geld für seinen Wahlkampf aufgeben kann, in ungefähr 90 Prozent der Fälle auch gewinnt. Insgesamt haben sich die eingeworbenen Summen für die Kongresswahlen zwischen 1992 und 2000

---

79 Vergleiche zum Anwachsen des Lobbyismus in Deutschland Leif/Speth 2003.

von 659 Millionen auf 1,05 Milliarden Dollar erhöht und die für die Präsidentenwahlen von 331 Millionen auf 529 Millionen Dollar. Allein George W. Bush, der keinerlei Vorwahlen zu bestreiten hat, wird im anstehenden Präsidentschaftswahlkampf auf eine »Kriegskasse« von fast 200 Millionen Dollar zurückgreifen können. Die zehn größten Spender sind dabei ausschließlich Großbanken oder Investmenthäuser wie UBS oder Merrill Lynch.

Das war auch in der letzten Wahlperiode 2000 schon so. Die Finanz- und Immobilienbranche ließ sich die Unterstützung von Kandidaten damals (zusätzlich zu den über 200 Millionen Dollar für Lobbyarbeit) knapp 300 Millionen Dollar kosten. Die Gelder gehen den Wunschkandidaten dabei entweder direkt oder aber, was angesichts der Spenden-Höchstsumme von 2000 Dollar effektiver ist, über Angestellte der Firmen und deren Familienangehörige zu. Außerdem ist es immer beliebter geworden, den Bewerbern nicht mehr direkte, sondern indirekte Spenden zukommen zu lassen, das so genannte »Soft Money«. Dieses »Soft Money« macht inzwischen fast 20 Prozent der Spenden aus, deutlich mehr als die staatliche Unterstützung, die es nur auf weniger als 10 Prozent bringt. Berücksichtigt man zudem, dass die Spenden von Privatpersonen zu etwa drei Vierteln von Leuten stammen, die mit mehr als 200000 Dollar Jahreseinkommen zu den oberen 1,5 Prozent der Bevölkerung zählen, und dass die Kandidaten selbst eigenes Geld in den Wahlkampf stecken, das fast den Umfang der staatlichen Finanzierung erreicht, dann wird der Einfluss der Wirtschaftselite und der Upper Class auf die Besetzung wichtiger politischer Ämter unübersehbar. Ähnliches gilt im Übrigen auch für die hohen Positionen in der Justiz. Da sie im US-System ebenfalls in der Regel durch Wahlen besetzt werden, spielen auch hier Spenden eine immer größere Rolle. Die Steigerungsraten liegen in den letzten zehn Jahren sogar noch weit höher als in der Politik. So musste ein erfolgreicher Kandidat für den Obersten Gerichtshof von Michigan 1994 durchschnittlich 287000 Dollar für seinen Wahlkampf aufwenden, sechs Jahre später bereits 1,3 Millionen Dollar (Phillips 2003: 374ff.).

Viele Beobachter (wie etwa den Wirtschaftsnobelpreisträger Krugman oder den früheren Nixon-Berater Phillips) erinnert die Entwicklung bereits an die Situation Ende des 19. bis Anfang des 20. Jahrhunderts. Damals zählte nicht nur jede dritte Senator zu den landesweit nur ungefähr 5000 Millionären, Senatssitze wurden auch regelmäßig von den großen Eisenbahngesellschaften gekauft. Wie verbreitet dieses Vorgehen war, zeigt ein Antrag, der darauf abzielte, allen Senatoren ihren Sitze zu entziehen, sollte dieser gekauft sein. Er wurde vom Senat mit dem Argument zurückgewiesen, dass das Gremium dann beschlussunfähig würde (ebd.: 292f.). Die Allianz von wirtschaftlicher und politischer Elite war damals so eng, dass diese Zeit unter dem von Mark Twain geprägten Begriff »Vergoldetes Zeitalter« zum Synonym für eine fast uneingeschränkte Macht der großen Unternehmen wie der Millionäre und eine weit verbreitete politische Korruption wurde. Wie lohnend Wahlkampfspenden für die Wirtschaft auch heutzutage sind, demonstriert nicht nur die Auftragsvergabe nach Ende des Irak-Krieges, sondern die gesamte Gesetzgebung der letzten 20 Jahre zur Deregulierung der US-amerikanischen Finanzmärkte oder zur steuerlichen Entlastung der Unternehmen. Auch wenn sich die größeren Gesetzesvorhaben sicherlich nicht allein mit direkten finanziellen Zuwendungen an die Politiker und intensiver Lobbyarbeit der Unternehmen und Wirtschaftsverbände erklären lassen, sondern ganz entscheidend mit der strukturellen Überlegenheit des Kapitals zu tun haben, so darf man die Spenden und Lobbyisten in ihrer Wirksamkeit dennoch nicht unterschätzen.

Auf jeden Fall ist es sinnvoller, den **Einfluss der Wirtschaftselite** »anhand einer Reihe von Schlüsselentscheidungen« abzuschätzen, wie es von Beyme empfiehlt (Beyme 1971: 203), als ihn über Netzwerkanalysen bestimmen zu wollen, wie es die funktionalistisch orientierten Untersuchungen in der Regel machen. Der Versuch, über die Frage nach den wichtigsten Kontaktpartnern bei anstehenden organisationsübergreifenden Problemen den Stellenwert der verschiedenen Sektoreliten zu ermitteln, krankt nämlich gleich an mehreren Schwächen. Entscheidend sind dabei zwei Mängel. Erstens verzichtet man dabei bewusst, wie hin und wieder auch eingeräumt wird (beispielsweise Higley et al. 1991: 47), auf eine Überprüfung der jeweiligen Machtpositionen anhand der praktischen Auswirkungen von Entscheidungen oder anderen Kriterien als dem der Zugehörigkeit zu den in der Erhebung erfragten Elitezirkeln. Man geht einfach von der Annahme aus, dass diese Zirkel relativ egalitär strukturiert seien. Zweitens wird die zumeist als Ergebnis ermittelte zentrale Stellung der politischen Elite häufig schon durch die Fragestellung vorherbestimmt. Typisch ist die vergleichsweise genaue und auch theoretisch fundierte Auswertung der Mannheimer Befragung von 1981 durch Hoffmann-Lange. Sie gelangt dabei zu dem Schluss, dass die »Repräsentanten des politisch-administrativen Systems« mit einem Anteil von über 50 Prozent eine überragende Rolle im zentralen Elitezirkel spielen, und spricht folgerichtig von der »zentralen Position des Sektors Politik« (Hoffmann-Lange 1992: 386f., 403f.). Schaut man sich die entsprechende Frage im Fragenkatalog aber näher an, so verwundert dieses Resultat nicht. Wenn man zunächst fragt, bei welchem Thema der Befragte am intensivsten versucht habe, »die Politik zu beeinflussen oder auf die Öffentlichkeit einzuwirken«, und danach nach seinen wesentlichen Gesprächspartnern bei diesem Vorhaben, dann ist einfach aufgrund der Fragestellung eine vorrangige Nennung von Politikern zu erwarten. Wirklicher Einfluss lässt sich so nicht heraus finden.[80]

Das geht nur anhand zentraler Entscheidungen. Selbst wenn man dabei jene unternehmensbezogenen Entscheidungen unberücksichtigt lässt, die zwar (wie etwa bei großen Firmenfusionen) erhebliche Auswirkungen auf ganze Regionen und Länder haben, von den Unternehmensspitzen in der Regel aber dennoch ohne Einbeziehung oder Vorinformation anderer getroffen werden, ist die Dominanz der Wirtschaftselite auch bei direkt politischen Entscheidungen unübersehbar. Die Steuerpolitik, die die finanzielle Grundlage für die Handlungsfähigkeit des Staates und damit das zentrale Element jeglicher Politik bildet, bietet dafür ein gutes Beispiel. In den USA als dem Vorreiter einer kapitalfreundlichen Steuerpolitik ist der Anteil der Unternehmenssteuern am gesamten Steueraufkommen in den letzten Jahrzehnten drastisch gesunken, die steuerliche Belastung der breiten Bevölkerung

80 Dazu kommt dann noch die Überrepräsentierung der Politik in den Befragungssamples. Wenn in der Potsdamer Elitenstudie 40 Prozent der ausgewählten Elitemitglieder aus Politik (24 Prozent) und Verwaltung (16 Prozent) kommen und nur gut 22 Prozent aus der Wirtschaft, dieses Missverhältnis bei den realisierten Interviews sogar bei 43 zu 18 Prozent liegt, dann wird das Gewicht der Politik allein durch das Sample wesentlich gestärkt.

dagegen deutlich gestiegen. Aus einem Gleichstand zwischen Lohn- sowie Sozialsteuern (FICA) auf der einen und Unternehmenssteuern auf der anderen Seite hat sich binnen 30 Jahren eine Relation von 3:1 entwickelt, und dies trotz einer Steigerung der Unternehmensgewinne um das Vier- bis Fünffache in den letzten zwei Jahrzehnten (Phillips 2002: 149 f.). Neben zahlreichen Möglichkeiten der Firmen, Steuerschlupflöcher zu nutzen, machen sich hier vor allem die Steuerreformen unter Präsident Reagan bemerkbar. Ähnlich sieht es auch in Deutschland aus. Im Zeitraum zwischen 1970 und 2000 steht beim Gesamtsteueraufkommen auch hier einer Verdoppelung des Lohnsteueranteils mehr als eine Halbierung von Körperschafts- und Gewerbesteuer gegenüber. Seither ist die Körperschaftssteuer noch einmal massiv eingebrochen, wie die Klagen vieler Kommunen über ausbleibende Steuerzahlungen seitens großer Konzerne oder gar Rückzahlungen an eben dieselben zeigen. Allein bei den Aktiengesellschaften und GmbHs sind die Gewinnsteuern von 2000 auf 2002 von fast 24 Milliarden Euro auf nur noch knapp 3 Milliarden Euro geschrumpft.

Die veränderte Steuerpolitik hat aber nicht nur die Unternehmen begünstigt, sondern auch die Bezieher hoher Einkommen und die Besitzer großer Vermögen. Während das Realeinkommen (nach Steuern) für die Durchschnittsverdiener in den USA zwischen 1977 und 1999 leicht rückläufig war, hat es sich beim obersten Prozent der Einkommensbezieher mehr als verdoppelt, auf inzwischen über 500000 Dollar.

Auch innerhalb des obersten Prozents ist die Ungleichverteilung enorm. Über ein Drittel des Einkommenszuwachses ging allein an die obersten 0,1 Promille mit einem Jahreseinkommen von inzwischen durchschnittlich 17 Millionen Dollar (Krugman 2002).

Allein in den neunziger Jahren haben sie ihren Anteil am Gesamteinkommen von 8,2 auf 16,3 Prozent steigern können und verdienen damit mehr als die unteren 40 Prozent der Bevölkerung. Auf die obersten 0,1 Promille, das heißt ungefähr 13000 Familien, entfallen allein drei Prozent, auf das unterste Fünftel gerade einmal fünf Prozent. Bei den Vermögen sieht es noch krasser aus. Das oberste Prozent besitzt mittlerweile über 40 Prozent allen Vermögens, doppelt soviel wie Ende der siebziger Jahre. Sie teilen sich über 60 Prozent des Geschäfts- und Anleihe- sowie die Hälfte des Aktien- und Treuhandvermögens, nur die obersten fünf Promille schon fast ein Drittel der Aktien und fast die Hälfte der Anleihen.

Eine wichtige Rolle bei dieser Einkommens- und Vermögenskonzentration hat die Steuerpolitik gespielt. Am stärksten hat sicherlich die Senkung des Spitzensteuersatzes durch die Reagan-Administration von 50 auf unter 30 Prozent gewirkt. Sie hat einen Trend aber nur fortgesetzt, der schon seit den siebziger Jahren zu beobachten war. Lag der effektive Steuersatz für das oberste Prozent der Gesellschaft in den sechziger Jahren noch sechs- bis siebenmal so hoch wie für die Durchschnittsfamilie, so hatte sich das bis 1980 schon auf ein Verhältnis von 3:2 reduziert, um binnen der nächsten zehn Jahre eine gleiche Höhe zu erreichen (Henwood 1998: 67; Krugman 2002; Phillips 2003: 135, 158ff., 167, 188; Werner 2003: 31). George W. Bush hat die Steuerbelastung der reichen US-Bürger und der Unternehmen mit seinen Steuersenkungsvorhaben von 550 Milliarden Dollar, deren Kern die Halbierung und letztliche Beendigung (ab 2007) der Dividendenbesteuerung darstellt, in jüngster Zeit dann noch einmal drastisch reduziert. Außerdem hat er 2001 ein Gesetz unterzeichnet, das das endgültige Auslaufen der bereits mehrfach gesenkten Erbschaftssteuer bis 2011 vorsieht. Davon würde ganz überwiegend das oberste Promille der Bevölkerung profitieren, das bisher über die Hälfte der für diese Steuer anfallenden 20 Milliarden Dollar zu zahlen hat (Beckert 2003: 137f.).

Interessant ist auch, dass sich die Steuerprüfungen von den Reichen zu den Armen verschoben haben. Wurden 1988 noch 11,4 Prozent der Personen, die über 100000 Dollar pro Jahr verdienten, aber nur 1,03 Prozent derjenigen mit weniger als 25000 Dollar überprüft, hat sich das Verhältnis mit 1,15 gegenüber 1,36 Prozent bis 1999 radikal umgekehrt (Phillips 2003: 377).

In Deutschland zeigt sich, obwohl man hier angesichts mangelnder statistischer Erhebungen stärker auf Schätzungen angewiesen ist[81], ein im Großen und Ganzen ähnliches Bild. Auf weniger als 0,1 Promille der Erwerbstätigen, ganze 3000 Personen, entfällt mit knapp 2,3 Prozent aller Einkommen ein vergleichbar hoher Anteil wie in den USA (Becker/Hauser 2003: 241). Mit gut einem Viertel des deutschen Vermögens, so der German Wealth Report der Investmentbank Merrill Lynch und der Beratungsgesellschaft Cap Gemini Ernst & Young, erreicht das oberste Prozent der Bevölkerung ebenfalls einen sehr hohen, wenn auch nicht ganz den USA vergleichbaren Wert. Allein die obersten 0,1 Promille, die 3700 so genannten »Ultra High Net Worth Individuals«, verfügen dabei über 7,9 Prozent. Zu dieser Konzentration von Einkommen und Vermögen hat die Steuerpolitik der Regierungen Kohl und Schröder ebenfalls einen nicht unerheblichen Anteil beigetragen, zum Beispiel mit der Abschaffung der Vermögenssteuer und der deutlichen Senkung des Spitzensteuersatzes.

Die Steuergesetzgebung zeigt den enormen Einfluss der Wirtschaftselite auf wesentliche politische Entscheidungen. Ihre Interessen sind dabei weitgehend identisch mit denen des Großbürgertums beziehungsweise der Upper Class im Allgemeinen. Beide profitieren gleich doppelt von den Steuerreformen. Zum einen werden ihre persönlichen Einkommen deutlich niedriger besteuert, zum anderen können auch die Unternehmen aufgrund der gesunkenen Steuerlasten mehr Gewinne ausschütten, deren Hauptnutznießer wiederum Großbürgertum und Topmanager sind. Letztere haben ihre Einkommen in den letzten zwei Jahrzehnten dramatisch steigern können, in den USA vom Fünfzigfachen eines Arbeiterverdienstes auf mehr als das Vierhundertfache. Den Rekord hält der Chef von Oracle, Larry Ellison, der es 2001 auf über 700 Millionen Dollar brachte. In Deutschland ist die Kluft mit dem 100fachen noch nicht so tief, der Trend ist aber derselbe. Allein zwischen 1997 und 2002 haben die Vorstände der 30 DAX-Konzerne ihre Vergütungen um ungefähr zwei Drittel erhöhen können. An der Spitze liegt der Vorstand von Daimler-Chrysler, dessen Mitglieder im Durchschnitt 3,7 Millionen Euro bar, also noch ohne die umfänglichen Aktien-

81 S. dazu Bergmann 2004

optionen, einstecken können. Mit diesen Summen zählen die Spitzenmanager der führenden Großunternehmen zu den obersten 0,1 Promille der Einkommensbezieher.

Als Einzelperson verdiente der Vorstandssprecher der Deutschen Bank, Josef Ackermann, im Jahre 2003 mit einem Einkommen von ungefähr 11 Millionen Euro am meisten. Er konnte seinen Verdienst gegenüber 2002 um fast 60 Prozent steigern.

Die umfangreichen Aktienoptionspakete, die zu den Gehältern noch hinzukommen, machen die Vorstände außerdem selbst zu wichtigen Aktionären. Sollten beispielsweise alle Vorstandsmitglieder von Daimler-Chrysler ihre Optionen einlösen, gehörten ihnen knapp 10 Prozent des Unternehmens. Den wichtigsten Führungskräften der Deutschen Bank, dem Group Executive Committee, gehören bereits über 7 Prozent der Aktien ihres Instituts. Von einer Herrschaft der Manager im Sinne Burnhams und nennenswerten Interessengegensätzen zu den Kapitalbesitzern kann dementsprechend keine Rede sein.[82]

6.3 Herrschende Klasse und gesamtgesellschaftliche Kräfteverhältnisse

Die enorme Konzentration von Produktivvermögen in den Händen weniger Promille der Bevölkerung, die Höhe der Vorstandsgehälter und die vor allem diesen Personenkreis begünstigenden Steuerreformen zeigen nicht nur die enge Verknüpfung von Wirtschaftselite und Großbürgertum und deren enormen politischen Einfluss, sie lassen

82 Das gilt nicht nur im Verhältnis zu den großen privaten Aktienbesitzern, sondern auch gegenüber den Fonds. Zwar existieren durchaus Differenzen, in der Frage der Managementvergütungen stellt sich aber überraschend heraus, dass der wachsende Einfluss von Fonds die Steigerung der Managergehälter sogar begünstigt (Höpner 2003: 148f.).

darüber hinaus auch generelle Schlussfolgerungen zum Verhältnis von **Eliten und Klassen** zu. Das betrifft sowohl die Verbindungen zwischen den einzelnen Eliten sowie zwischen diesen und dem Großbürgertum als auch den Zusammenhang zwischen gesamtgesellschaftlichen Klassenverhältnissen und dem gesellschaftlichen Einfluss der Eliten.

Richtet man den Blick zunächst auf die Beziehungen der einzelnen Eliten zueinander, so kann man bei den maßgeblichen Eliten aus Wirtschaft, Politik und Verwaltung, zum Teil auch Justiz und Medien, in allen großen Industriestaaten eine spürbare Intensivierung im Sinne von gegenseitigen Verflechtungen konstatieren. In Ländern wie Frankreich und weniger ausgeprägt auch Japan oder den USA ist dieser Prozess inzwischen relativ weit fortgeschritten. Es existieren zwar weiterhin unterschiedliche Elitepositionen, der regelmäßige personelle Wechsel eines wesentlichen Teils der Positionsinhaber lässt die Grenzen zwischen den einzelnen Eliten aber zunehmend verschwimmen. Am weitesten geht das derzeit in Italien. Die Verflechtungen haben dort in der Person von Silvio Berlusconi ein Ausmaß erreicht, das vor 20 Jahren wohl als besonders realitätsfernes Zerrbild linker Propaganda abgetan worden wäre. Wohl kaum jemand hätte sich Ende der achtziger Jahre vorstellen können, dass in einem der größten Industriestaaten der reichste Mann des Landes zugleich Regierungschef sein und nicht nur die privaten, sondern auch die öffentlichen Fernsehsender kontrollieren würde. Eine solche Machtfülle in den Händen einer einzigen Person schien damals für eine moderne Industriegesellschaft ebenso undenkbar wie die Tatsache, dass ein Parlament zahlreiche Gesetze ganz offensichtlich ausschließlich zugunsten der wirtschaftlichen Interessen dieser einen Person verabschieden könnte. Auch wenn dieser oberflächliche Eindruck etwas täuscht – der Widerstand gegen die unverhohlene Verquickung von privaten und öffentlichen Interessen stößt in letzter Zeit doch zunehmend auf Widerstand, wie die Weigerung von Staatspräsident Ciampi zeigt, zwei Gesetze zu unterschreiben, die Berlusconi zum einen weit gehende Immunität gegen Strafverfolgung zusichern und zum anderen sein Medienimperium noch weiter stärken –, so deutet sie doch an, wie eng die Verbindungen zwischen den einzelnen Teileliten sowie zwischen ihnen und dem Großbürgertum auch heutzutage sein können.

Das aber wirft zwangsläufig die Frage auf, ob der Begriff der **herrschenden Klasse** nicht doch mehr Realitätsgehalt hat, als man angesichts der massiven Ablehnung durch die funktionalistische Eliteforschung und dem doch auch eher vorsichtigen Gebrauch durch Kritiker wie Mills und (in letzter Zeit) Bourdieu vermuten sollte. Die entscheidenden Gegenargumente der funktionalistischen Elitetheoretiker fasst Keller in ihrer Unterscheidung zwischen der »Ruling Class« und den »Strategic Elites« am präzisesten zusammen. Für Keller zeichnet sich eine herrschende Klasse gegenüber Eliten dadurch aus, dass sie sehr viel breiter und auch dauerhafter ist, ihre Aktivitäten weniger spezialisiert sind, die Mitgliedschaft weniger freiwillig ist und die Mitglieder nicht nur ihre beruflichen und funktionalen Positionen teilen, sondern auch generelle Gewohnheiten, Sitten und kulturelle Verhaltensmuster. Die Rekrutierung erfolge aus Familien, die den Zugang zu den wichtigsten Eliten mehr oder weniger monopolisiert hätten und ihre Vorteile an die nächste Generation vererben könnten. All das unterscheide sie grundsätzlich von den Eliten, die auf einzelne Sektoren spezialisiert seien, zu funktionaler Autonomie tendierten, weil niemand zugleich Elitepositionen in mehr als einem Bereich innehaben könnte, und aufgrund individueller Fähigkeiten und Leistungen rekrutiert würden, die nicht mehr an eine bestimmte soziale Herkunft gebunden seien. So lange wie die gesellschaftliche Kerngruppe prinzipiell aus einem kleinen exklusiven Kreis, sprich der Upper Class, rekrutiert worden sei, sei es schwierig, wenn nicht sogar unmöglich gewesen, zwischen den strategischen Eliten und derjenigen Klasse zu unterscheiden, aus der die meisten ihrer Mitglieder gestammt hätten. Im Zeitalter der modernen funktional differenzierten und spezialisierten Gesellschaft dagegen werde auch die Kerngruppe funktional spezialisiert und der Zugang zu den einzelnen Eliten sei sozial relativ offen. Es gebe nicht mehr eine Pyramide mit einer Spitze, sondern eine Anzahl von Pyramiden mit jeweils einer anderen Elite an ihrer Spitze (Keller 1963: 57 ff., 83).

Betrachtet man die wichtigen Eliten der großen Industriestaaten anhand dieser Kriterien, so sprechen zahlreiche Punkte für die Existenz einer herrschenden Klasse. Obwohl Kellers grundsätzliche Unterscheidung zwischen Eliten und herrschender Klasse analytisch richtig ist, verschwimmen die Grenzen in der Realität doch immer stärker. So gibt es, selbst wenn man Berlusconi mit seiner Personalunion mehrerer Spitzenämter als Extremfall einmal außer Betracht lässt, eine erhebliche Anzahl von Personen, die zumindest fast gleichzeitig Elitepositionen in verschiedenen Sektoren bekleiden. Beispielsweise hat US-Vizepräsident Cheney seine vorherige Position als Chef des Halliburton-Konzerns während seiner Amtszeit zwar aufgegeben, er dürfte nach deren Ende aber sofort dorthin zurückkehren können. Die regelmäßigen Wechsel zwischen unterschiedlichen Elitepositionen, wie sie unter den Begriffen Pantouflage und Amakudari in Frankreich und Japan üblich sind, weisen in dieselbe Richtung. Von einer klaren Trennung zwischen den einzelnen Eliten kann man hier jedenfalls nicht sprechen. Außerdem verbindet einen großen Teil der maßgeblichen Eliten auch die Herkunft aus demselben bürgerlichen und (wichtiger noch) großbürgerlichen Milieu. Sie sorgt in Form eines gemeinsamen klassenspezifischen Habitus auch bei ihnen für gleiche oder ähnliche »Gewohnheiten, Sitten und kulturelle Verhaltensmuster«. Sie teilen nicht nur ihre »beruflichen und funktionalen Positionen«. Die ausschlaggebende Bedeutung eines bürgerlichen beziehungsweise großbürgerlichen Habitus für die Rekrutierung der Eliten macht darüber hinaus auch deutlich, dass der Zugang zu den Elitepositionen weit geschlossener ist, als Keller und mit ihr die gesamte funktionalistische Eliteforschung behaupten. Die mit einer bürgerlichen Herkunft verknüpften wesentlichen Vorteile werden nicht nur materiell, sondern auch habituell durchaus von Generation zu Generation weitervererbt. Selbst wenn man die herkunftsbedingten Differenzen in puncto schulische und universitäre Leistungen und Abschlüsse unberücksichtigt lässt, zählt beim Zugang zu den wichtigen Eliten eben nicht nur und oft nicht einmal in erster Linie die individuelle Leistung. Schließlich wachsen mit der zunehmenden Komplexität der modernen Industriegesellschaft weder zwangsläufig die funktionale Autonomie der einzelnen Eliten noch, wie von Beyme in seiner Ablehnung des Machtelitebegriffs von Mills als wesentliches Argument anführt, die »Kommunikationsschwierigkeiten der wirtschaftlichen und politischen Eliten« (Beyme 1971: 206).

Die Wirtschaftselite achtet durchaus darauf, auch in der politischen Elite ausreichend vertreten zu sein. Wie von Beyme richtig anmerkt, kann der Einfluss der »wirtschaftliche Mächtigen« zwar nicht an der Zahl derjenigen gemessen werden, die solche Interessen unmittelbar »im staatlichen Machtapparat zu artikulieren suchen«, weil dazu auch andere Mittel zu Verfügung stünden, die »Überrepräsentierung von bestimmten sozial mächtigen Schichten und Gruppen« verstärke jedoch die Chancen der Beeinflussung dieses Machtapparats von außerhalb, weil »die überrepräsentierten Gruppen als ›facilitators‹ für Einflüsse« wirkten (Beyme 1971: 220f.). Selbst in Deutschland sind zentrale politische Positionen daher regelmäßig mit Angehörigen der Wirtschaftselite oder zumindest des Großbürgertums besetzt. Zurzeit gilt das nicht nur für hohe Ämter in den Landeskabinetten, die von CDU/CSU und FDP gestellt werden, sondern auch für die rot-grünen Regierungen des Bundes und des Landes Nordrhein-Westfalen, deren Innen- beziehungsweise Finanzministerium von den Söhnen eines Hüttendirektors und eines Landgerichtspräsidenten geführt werden.

Alles in allem ist es auch heutzutage recht schwierig, deutlich »zwischen den strategischen Eliten und derjenigen Klasse zu unterscheiden, aus der die meisten ihrer Mitglieder stammen«. Es spricht daher viel dafür, weder von konkurrierenden pluralistischen Teileliten wie die funktionalistischen Elitetheorien noch von einer Machtelite wie Mills auszugehen, sondern (in Anlehnung an eine Definition von Giddens) von einer abgeschwächten Variante der herrschenden Klasse, der »Governing Class«. Eine solche herrschende Klasse zeichnet sich für Giddens durch eine relativ geschlossene soziale Rekrutierung (vorwiegend aus der Upper Class) und ein relativ hohes Maß an Integration aus. Von den klassischen »Ruling Classes« unterscheide sie sich vor allem durch die deutlich eingeschränkte Reichweite ihrer Macht, weil diese im Rahmen der parlamentarischen Demokratie doch (mehr oder weniger) stark von unten eingeschränkt werde, sie Rücksicht auf die breite Bevölkerung nehmen müsse (Giddens 1974: 5ff.).

Führt man Giddens Überlegungen fort, dann ist unter der herrschenden Klasse nicht einfach die Bourgeoisie, die Upper Class, das Großbürgertum oder die Bourdieusche Classe Dominante zu verstehen.[83] Es handelt sich bei ihr vielmehr – und in diesem Sinne ist die Kritik von Mills an einer zu direkten Verknüpfung zwischen wirtschaftlicher Macht und politischer Herrschaft zutreffend – um einen Personenkreis, der aus dem Großteil der maßgeblichen Eliten und dem Kern des Bürgertums gebildet wird. Er umfasst nicht alle Mitglieder der wichtigen Eliten und auch nicht alle Angehörigen des Großbürgertums, weil die Besetzung einer Spitzenposition oder die Geburt in ein großbürgerliches Elternhaus allein dazu nicht ausreicht. Um wirklich zur herrschenden Klasse zu gehören, muss man auch dauerhaft sozial in sie eingebunden sein und damit maßgeblichen Einfluss auf die gesellschaftliche Entwicklung nehmen können.[84]

Dafür gibt es drei Möglichkeiten. Erstens kann man eine Spitzenposition über einen so langen Zeitraum inne haben, dass die Integration in diese Klasse auch unabhängig von der eigenen sozialen Herkunft gelingt. Politiker wie Helmut Kohl zählen zu dieser Kategorie, nicht aber beispielsweise Landes- oder auch Bundesminister (vor allem der SPD) aus normalen Elternhäusern, die nach einer Legislaturperiode oder weniger aus ihrem Amt ausscheiden und danach wieder als einfacher Bundestagsabgeordneter tätig sind oder in ihren Beruf zurückkehren. Die zweite Möglichkeit liegt darin, qua Geburt zur herrschenden Klasse zu gehören. Sie steht aber nur einem kleinen Kreis von Erben sehr großer Vermögen (wie etwa den Kindern von Herbert Quandt) offen, die einfach aufgrund ihres Kapitalbesitzes zur Wirtschaftselite gehören. Für den Sohn eines Landgerichtspräsidenten oder Chefarztes bleibt dieser Weg in der Regel verschlossen. Er muss zumindest für eine gewisse Zeit auch selbst eine Spitzenposition beset-

83 Die Classe Dominante im Bourdieuschen Sinne ist auch viel zu groß, da sie im Unterschied zur Upper Class oder dem Großbürgertum das gesamte Bürgertum und dazu auch noch weite Kreise der abhängig beschäftigten Intelligenz umfasst.

84 Siehe zum Verhältnis von Eliten und herrschender Klasse auch Krais 2001.

zen. Das ist die dritte Variante. Man kann den Zugang zur herrschenden Klasse auch finden, wenn man Toppositionen zwar nur für eine kürzere Zeit bekleidet, um danach eine Ebene tiefer einer immer noch gehobenen Führungstätigkeit nachzugehen, dafür aber schon in einem bürgerlichen oder (besser noch) großbürgerlichen Elternhaus geboren worden ist. Das kürzt den Prozess der Integration nämlich entscheidend ab.

Innerhalb der herrschenden Klasse stellen die maßgeblichen Repräsentanten des Kapitals, das heißt die Spitzenmanager der großen Unternehmen und die wichtigsten Aktionäre sowie Einzelunternehmer, die mächtigste Einzelgruppe. Aber selbst ihre Interessen setzen sich durchaus nicht immer und auch nicht auf dem direkten Wege durch. Das zeigt zum Beispiel die augenblickliche Diskussion über die deutsche Bildungspolitik. Das deutsche Kapital schweigt (ungeachtet vereinzelter Vorstöße seitens des Handwerks) zu der im internationalen Vergleich anachronistischen Dreigliedrigkeit, obwohl diese auch in puncto Leistungsfähigkeit und nicht nur in sozialer Hinsicht die Hauptverantwortung für die gravierenden Schwächen des deutschen Schulsystems trägt. Man nimmt in dieser Frage Rücksicht auf jene Teile des Bürgertums und aufgestiegenen Kleinbürgertums, die in der frühen Auslese einen wichtigen Konkurrenzvorteil für ihren Nachwuchs sehen, weil man ihre Unterstützung bei den anderen, für die Wirtschaft wesentlichen Reformvorhaben wie vor allem dem Abbau der Sozialsysteme benötigt.

Allgemein, und das ist der blinde Fleck der meisten Elitetheorien und -untersuchungen, hängen Erfolge oder Misserfolge für die Wirtschaftselite ebenso wie für die ganze herrschende Klasse in erster Linie von den **gesamtgesellschaftlichen Kräfteverhältnissen** ab. Das zeigen die Änderungen im Steuerrecht sehr deutlich. Auf der einen Seite haben sie sich nur deshalb in diesem Umfang durchsetzen lassen, weil die potentiellen Gegenkräfte in den Parteien, aber vor allem in den Gewerkschaften durch andere Entwicklungen bereits stark geschwächt waren. Entscheidend waren dabei zwei Prozesse. Die Internationalisierung der Wirtschaft und die damit real oder auch nur vermeintlich verbundenen umfassenden Handlungs- und Wahlmöglichkeiten des Kapitals haben den Einfluss sowohl der Gewerkschaften als auch linker oder klassisch sozialdemokratischer Parteien und Organisationen erheblich reduziert. Diese schon seit den späten siebziger Jahren laufende Entwicklung wurde in ihrer Wirkung dann ab 1989 noch substanziell verstärkt durch den Zusammenbruch des »real existierenden Sozialismus«. Die dramatische Schwächung der Gewerkschaften – Rückgänge des Organisationsgrads von zum Teil über 50 Prozent innerhalb der letzten drei Jahrzehnte auf nur noch gut oder sogar unter zehn Prozent wie in den USA und Frankreich – und der doch recht schnelle Untergang der einzigen real vorhandenen gesellschaftlichen Alternative zum Kapitalismus haben den scheinbar unaufhaltsamen Siegeszug neoliberaler Ideen und Konzepte in der Politik erst ermöglicht.

Wie wirksam vermeintliche Handlungsmöglichkeiten, die in Wirklichkeit überhaupt nicht existieren, nichtsdestotrotz sein können, lässt sich am Beispiel des ständig wiederholten Arguments erkennen, die Bezüge der Topmanager müssten drastisch angehoben werden, damit diese nicht in andere Länder abwandern. Obwohl es eine solche Möglichkeit angesichts der fehlenden Internationalisierung des Spitzenmanagements real so gut wie gar nicht gibt, zeitigte das Argument dennoch Wirkung, hatte einen nicht zu unterschätzenden Anteil an der enormen Steigerung der Gehälter, weil es in der Öffentlichkeit kaum jemand auf seine Stichhaltigkeit hin überprüfte. Ähnlich sieht es mit der augenblicklich heftig diskutierten Verlagerung von Arbeitsplätzen nach Osteuropa aus. Entgegen den allgemeinern Verlautbarungen und Vermutungen handelt es sich dabei bisher um ein absolutes Randphänomen. Nach Schätzungen von Osteuropa-Experten sind seit 1990 nicht einmal 50000 Arbeitsplätze von Deutschland in diese Länder verlagert worden. Die generelle Behauptung, die Löhne für gering qualifizierte Tätigkeiten müssen aufgrund des weltweiten Überangebots an solchen Qualifikationen zwangsläufig stark sinken, ist unter Wissenschaftlern ebenfalls heftig umstritten (Goldthorpe 2003).

Auf der anderen Seite zementieren und verstärken die Veränderungen im Steuerrecht, die ein, wenn nicht sogar das Kernelement dieses Siegeszugs bilden, die Verschiebung der Kräfteverhältnisse dann weiter. Die aktuelle Diskussion um Arbeitszeitverlängerungen im öffentlichen Dienst zeigt das sehr deutlich. Die Anhebung der Wochenarbeitszeit von 38,5 auf 42 Stunden wird von den Landesregierungen mit den leeren öffentlichen Kassen begründet, die zu einem erheblichen Teil die Konsequenz der in den letzten zwei Jahrzehnten verfolgten Steuerpolitik sind. Sollte man diese drastische Arbeitszeitanhebung für den gesamten öffentlichen Dienst tatsächlich durchsetzen können, werden die privaten Unternehmen über kurz oder lang nachziehen. Das würde die Kräfteverhältnisse noch weiter zu Lasten der breiten Bevölkerung verschieben, den Handlungsspielraum der herrschenden Klasse noch mehr vergrößern.

All diese Veränderungen beeinflussen auch die Gewichtsverteilung zwischen den einzelnen Eliten ganz massiv, und zwar eindeutig zugunsten der Wirtschaftselite und zu Ungunsten der politischen Elite. Wie schon Mills in seiner »Power Elite« am Beispiel des New Deal zeigt, hat die politische Elite immer dann relativ großen Einfluss und Handlungsspielraum, wenn gesellschaftliche Bewegungen und Kräfte die Macht des Kapitals einschränken. Genau das Gegenteil aber ist in den letzten Jahren zu beobachten. Die Wirtschaft gibt daher die Orientierungspunkte für die wesentlichen politischen Entscheidungen vor und der eigenständige Einfluss der Politik schwindet. Bei politischen Entscheidungen spielt der parlamentarische Prozess eine immer geringere Rolle. Sie werden mehr und mehr geprägt durch mediale Inszenierungen (die Runde bei Christiansen und nicht das Parlament als Hauptschauplatz politischer Diskussion), Sachverständigenausschüsse (wie Hartz- und Rürup-Kommission) und Aktivitäten von Stiftungen wie dem CHE (Centrum für Hochschulentwicklung der Bertelsmann-Stiftung und der Rektorenkonferenz) als quasi inoffiziellem Nebenministerium für Bildung und Wissenschaft. Da Gegenkräfte in der Gesellschaft entscheidend an Einfluss verloren haben, kann das Parlament mehr und mehr an den Rand gedrängt, können Entscheidungsprozesse in kleinen Zirkeln konzentriert werden. Die Wirtschaftselite trifft die wesentlichen Entscheidungen lieber im intimen Kreis zusammen mit einigen wenigen Spitzenpolitikern. Für die erforderlichen parlamentarischen Mehrheiten sorgen dann die Disziplinierungsinstrumente der Parteien.

Es setzt sich eine Spirale in Gang, die die politischen Parteien immer weiter schwächt. Wenn die Politik sowieso kaum noch Handlungsspielräume mehr hat, weil sie, so die verbreitete Logik, den Gesetzen des Weltmarktes letztlich wohl oder übel folgen muss, dann lohnt sich politisches Engagement auch nicht mehr. Der massive Mitgliederschwund bei den großen deutschen Volksparteien – allein in den neunziger Jahren bei der CDU um über ein Fünftel, bei der SPD sogar um mehr als ein Viertel – zeigt das ebenso wie die stetig zurückgehende **Wahlbeteiligung** in allen großen Industrieländern. In den USA liegt sie mittlerweile selbst bei den wichtigsten Wahlen nur noch zwischen gut 40 (Kongress) und knapp 50 Prozent (Präsident). Um US-Präsident zu werden, reicht heute weniger als ein Viertel der Stimmen aller Wahlberechtigten aus.

Das hat noch eine weitere Konsequenz. Weil die Wahlbeteiligung je nach Einkommen und Bildungsabschluss erheblich variiert, wächst der Einfluss der Wohlhabenden und Reichen auch auf diesem Wege. Nach Daten des U.S. Census Bureau weist das obere Viertel der Erwerbstätigen, das über einen Hochschulabschluss (Bachelor und höher) und damit auch über das eineinhalb- bis dreifache Durchschnittseinkommen verfügt, eine Wahlbeteiligung von knapp 80 Prozent auf, das untere knappe Fünftel mit maximal drei Jahren High School dagegen eine von nur ungefähr 30 Prozent. Damit stellt das obere Viertel mit über 36 Prozent fünfmal so viele tatsächliche Wähler wie das untere Fünftel mit nur gut 7 Prozent. Zugespitzt formuliert genügen die Stimmen der oberen 25 Prozent schon fast aus, um als Präsident gewählt zu werden. Es ist auf jeden Fall ungleich wichtiger, ihre Interessen zu berücksichtigen als die der unteren Bevölkerungshälfte, die es auf kaum mehr Wählerstimmen bringt. Das soziale Ungleichgewicht bei den Wählern stärkt noch den Einfluss der Wirtschaftselite und der Upper Class auf die Politik.

Alles in allem kann man die Entwicklung in den USA, aber nicht nur dort, treffend mit den Worten von Warren Buffett, dem zweitreichsten Mann der Welt, charakterisieren, der in seinem Aktionärsrundbrief 2004 kurz und knapp schreibt: »In Amerika wird ein Klassenkrieg geführt und meine Klasse gewinnt eindeutig.« Wer wie Keller und mit ihr der gesamte Mainstream der funktionalistischen Eliteforschung einzig auf die Einsicht der Eliten setzt, wenn es um die Schaffung besserer Lebensbedingungen geht (Keller 1963: 279), und die Rolle der breiten Bevölkerung, der so genannten Masse, in diesem Prozess weitgehend passiv definiert, dürfte dementsprechend einer Illusion aufsitzen. Die herrschende Klasse wird den Spielraum, der ihr durch die gesellschaftlichen Kräfteverhältnisse geboten wird, in der Regel zu ihren Gunsten nutzen.

Orientierungsfragen

1. Welche Rolle spielt die Leistung bei der Rekrutierung von Eliten?
2. Wie homogen sind die Eliten?
3. Warum besitzt die Wirtschaftselite eine Sonderstellung?
4. Wie macht sich diese Sonderstellung bemerkbar?
5. Existiert heute noch eine herrschende Klasse?
6. Welche Rolle spielen die gesamtgesellschaftlichen Kräfteverhältnisse für die Macht der Wirtschaftselite?

Weiterführende Literatur

Becker, Irene/Hauser, Richard (2003), *Anatomie einer Einkommensverteilung. Ergebnisse der Einkommens- und Verbrauchsstichproben 1969–1998.* Berlin: Sigma.

Beckert, Jens (2003), »Demokratische Umverteilung: Erbschaftsbesteuerung und meritokratisches Eigentumsverständnis in den USA«, in Fluck, Winfried/ Werner, Welf (Hg.), *Wie viel Ungleichheit verträgt die Demokratie? Armut und Reichtum in den USA.* Frankfurt a. M.: Campus, S. 119–143.

Bottomore, Thomas B. (1966), *Elite und Gesellschaft. Eine Übersicht über die Entwicklung des Eliteproblems.* München: C. H. Beck.

Hartmann, Michael (2002), »Der Mythos von den Leistungseliten. Spitzenkarrieren und soziale Herkunft« in: *Wirtschaft, Politik, Justiz und Wissenschaft.* Frankfurt a. M.: Campus.

Krais, Beate (2001), »Die Spitzen der Gesellschaft. Theoretische Überlegungen«, in: Krais, Beate (Hg.), *An der Spitze. Deutsche Eliten im sozialen Wandel.* Konstanz: UVK, S. 7–62.

Phillips, Kevin (2003), *Die amerikanische Geldaristokratie. Eine politische Geschichte des Reichtums in den USA*. Frankfurt a. M.: Campus.

Werner, Welf (2003), »Zurück in die Zeit des Great Gatsby? Änderungen in der amerikanischen Einkommensverteilung im späten 20. Jahrhundert«, in: Fluck, Winfried/Werner, Welf (Hg.), *Wie viel Ungleichheit verträgt die Demokratie? Armut und Reichtum in den USA*. Frankfurt a. M.: Campus, S. 23–46.

Literatur

Adonis, Andrew/Pollard, Stephen (1997), *A Class Act. The Myth of Britain's Classless Society*. London: Hamish Hamilton.

Aldrich, Nelson W. (1996), *Old Money. The Mythology of Wealth in America*. New York: Allworth Press.

Armengaud, André (1986), »Die Rolle der Demographie«, in: Braudel, Fernand/Labrousse, Ernest (Hg.), *Wirtschaft und Gesellschaft in Frankreich im Zeitalter der Industrialisierung. 1789–1880*. Bd. 1 (übersetzt von Dieter Hornig, Marianne Kürschner und Ilse Utz). Frankfurt a.M.: Syndikat, S. 126–173.

Aron, Raymond (1950), »Social Structure and the Ruling Class«, in: *The British Journal of Sociology*, 1, S. 1–16 und S. 126–143.

— (1960), »Classe sociale, classe politique, classe dirigeante«, in: *Archives Européennes de Sociologie*, 1, S. 260–282.

Barberis, Peter (1996), *The Elite of the Elite*. Ipswich: Ipswich Book.

Bach, Maurizio (1999), »Vilfredo Pareto«, in: Kaesler, Dirk (Hg.), *Klassiker der Soziologie. Bd. 1. Von Auguste Comte bis Norbert Elias*. München: C.H. Beck, S. 94–112.

Bachrach, Peter (1967), *Die Theorie demokratischer Elitenherrschaft. Eine kritische Analyse*. Frankfurt a.M.: Europäische Verlagsanstalt.

Bauer, Michel/Bertin-Mourot, Benedicte (1996), *Vers un modèle Européen de dirigeants? Comparaison Allemagne/France/Grande Bretagne*. Paris: C.N.R.S. et Boyden Executive Search.

Becker, Irene/Hauser, Richard (2003), *Anatomie einer Einkommensverteilung. Ergebnisse der Einkommens- und Verbrauchsstichproben 1969–1998*. Berlin: Sigma.

Beckert, Jens (2003), »Demokratische Umverteilung: Erbschaftsbesteuerung und meritokratisches Eigentumsverständnis in den USA«, in: Fluck, Winfried/Werner, Welf (Hg.), *Wie viel Ungleichheit verträgt die Demokratie? Armut und Reichtum in den USA*. Frankfurt a.M.: Campus, S. 119–143.

Benzner, Bodo (1989), *Ministerialbürokratie und Interessengruppen. Eine empirische Analyse der personellen Verflechtungen zwischen bundesstaatlicher Ministerialorganisation und gesellschaftlichen Gruppeninteressen in der Bundesrepublik Deutschland im Zeitraum 1949–1984*. Baden-Baden: Nomos.

Bergeron, Louis/Furet, François/Kosseleck, Reinhart (1969), *Das Zeitalter der europäischen Revolutionen 1780–1848. Bd. 26. Fischers Weltgeschichte.* Frankfurt a. M.: Fischer Verlag: Lizenzauflage (1998), Augsburg: Weltbild Verlag.

Bergmann, Joachim (2004), »Die Reichen werden reicher – auch in Deutschland. Die Legende von den moderaten Ungleichheiten«, in: Artus, Ingrid/Trinczek, Rainer (Hg.), *Über Arbeit, Interessen und andere Dinge.* München und Mehring: Rainer Hampp Verlag, S. 57–75.

Berking, Helmuth (1984), *Masse und Geist. Studien zur Soziologie in der Weimarer Republik.* Berlin: Wissenschaftlicher Autoren-Verlag.

Beyme, Klaus von (1971), *Die politische Elite in der Bundesrepublik Deutschland.* München: R. Piper & Co.

Blau, Peter M./Duncan, Otis D. (1967), *The American Occupational Structure.* New York: Wiley.

Bock, Hans Manfred (1999), »Republikanischer Elitismus und technokratische Herrschaft«, in: Christadler, Marieluise/Utterwedde, Henrik (Hg.), *Länderbericht Frankreich.* Opladen: Leske + Budrich, S. 381–403.

Bottomore, Thomas B. (1964), *Elites and Society.* London: C.A. Watts Co.: dt. *Elite und Gesellschaft. Eine Übersicht über die Entwicklung des Eliteproblems* (übersetzt von Kurz, Gerda/Summerer, Siglinde). München: C.H. Beck, 1966.

Bourdieu, Pierre (1974), »Avenir de classe et causalité du probable«, in: *Revue française de sociologie,* 15, S. 9–42: dt. »Klassenschicksal, individuelles Handeln und das Gesetz der Wahrscheinlichkeit« (übersetzt von Beate Krais), in ders./Boltanski, Luc/Saint Martin, Monique de/Maldidier, Pascale (1981) *Titel und Stelle: Über die Reproduktion sozialer Macht.* Frankfurt a. M.: EVA, S. 169–226.

— (1979), *La distinction, Critique sociale du jugement.* Paris: Éditions de Minuit: dt. *Die feinen Unterschiede. Kritik der gesellschaftliche Urteilskraft* (übersetzt von Bernd Schwibs und Achim Russer). Frankfurt a.M.: Suhrkamp 1982.

— (1980), *Le sens pratique.* Paris: Éditions de Minuit: dt. *Sozialer Sinn. Kritik der theoretischen Vernunft* (übersetzt von Günter Seib). Frankfurt a.M.: Suhrkamp 1987.

— (1983), »Ökonomisches Kapital, kulturelles Kapital, soziales Kapital« (übersetzt von Reinhard Kreckel), in Kreckel, Reinhard (Hg.), *Soziale Ungleichheiten. Soziale Welt,* Sonderband 2. Göttingen: Otto Schwartz & Co., S.183–198.

— (1984), *Homo academicus.* Paris: Éditions de Minuit: dt. *Homo academicus* (übersetzt von Bernd Schwibs). Frankfurt a. M.: Suhrkamp 1992.

— (1989a), *La noblesse d'Etat. Grandes écoles et esprit de corps.* Paris: Éditions de Minuit: dt. *Der Staatsadel* (übersetzt von Franz Hector und Jürgen Bolder). Konstanz: UVK 2004

— (1989b), *Satz und Gegensatz. Über die Verantwortung der Intellektuellen* (übersetzt von Ulrich Raulff und Bernd Schwibs). Berlin: Wagenbach Verlag.

— (1991), »Das Feld der Macht und die technokratische Herrschaft«, in: Bourdieu, Pierre, *Die Intellektuellen und die Macht* (hg. von Irene Dölling, übersetzt von

Jürgen Bolder unter Mitarbeit von Ulrike Nordmann und Margareta Steinrücke). Hamburg: VSA-Verlag, S. 67–100.

— (1992), »Die feinen Unterschiede«, in: *Die verborgenen Mechanismen der Macht* (hg. von Margareta Steinrücke, übersetzt von Jürgen Bolder unter Mitarbeit von Ulrike Nordmann u. a.). Hamburg: VSA-Verlag, S. 31–47.

— (1993), *Soziologische Fragen* (übersetzt von Hella Beister und Bernd Schwibs). Frankfurt a. M.: Suhrkamp.

— (1994), *Raisons pratiques. Sur la théorie de l'action.* Paris: Seuil: dt. *Praktische Vernunft. Zur Theorie des Handelns* (übersetzt von Hella Beister). Frankfurt a. M.: Suhrkamp 1998.

— /Boltanski, Luc (1975), »Le titre et le poste: rapports entre le système de reproduction«, in: *Actes de la recherche en sciences sociales*, 2/3, S. 95–108: dt. »*Titel und Stelle: Zum Verhältnis von Bildung und Beschäftigung*« (übersetzt von Achim Leschinsky), in: Bourdieu, Pierre/Boltanski, Luc/Saint Martin, Monique de/ Maldidier, Pascale, *Titel und Stelle: Über die Reproduktion sozialer Macht.* Frankfurt a. M.: EVA, 1981, S. 89–116.

— /Boltanski, Luc/Saint Martin, Monique de (1973), »Les stratégies de reconversion. Les classes sociales et le système d'enseignement«, in: *Social Science Information*, 12, S. 61–113, dt. »Kapital und Bildungskapital. Reproduktionsstrategien im sozialen Wandel« (übersetzt von Gottfried Pfeffer). in: Bourdieu, Pierre/Boltanski, Luc/Saint Martin, Monique de/Maldidier, Pascale (1981), *Titel und Stelle: Über die Reproduktion sozialer Macht.* Frankfurt a. M.: EVA, S. 23–88.

— /Saint Martin, Monique de (1978), »Le patronat«, in: *Actes de la recherche en sciences sociales*, 20/21, S. 2–82.

— /Saint Martin, Monique de (1982), »La sainte famille. L'épiscopat français dans la champ du pouvoir«, in: *Actes de la recherche en sciences sociales*, 44/45, S. 2–53.

— /Saint Martin, Monique de (1987), »Agrégation et ségrégation. Le champ des grandes écoles et le champ du pouvoir«, in: *Actes de la recherche en sciences sociales*, 69, S. 2–50.

— /Passeron, Jean-Claude (1964), *Les héritiers. Les étudiants et la culture.* Paris: Éditions de Minuit.

— /Passeron, Jean-Claude (1971), *Die Illusion der Chancengleichheit* (übersetzt von Barbara und Robert Picht). Stuttgart: Klett.

— /Wacquant, Loïc J.D. (1992), *Réponses pour une anthropologie réflexive.* Paris: Seuil: dt. *Reflexive Anthropologie* (übersetzt von Hella Beister), Frankfurt a. M.: Suhrkamp 1996.

Bürklin, Wilhelm/Rebenstorf, Hilke u.a. (1997), *Eliten in Deutschland. Rekrutierung und Integration.* Opladen: Leske + Budrich.

Byrkjeflot, Haldor (2000), *Management Education and Selection of Top Managers in Europe and the United States.* Bergen: LOS-Center Rapport 0103.

Chevallier, Jacques (1997), »L'élite politico-administrative, une interpénétration discutée«, in: *Pouvoirs. Revue Francaise d'etudes constitutionelles et politiques*, 80, S. 89–100.

Cookson, Pete W./Persell, Caroline Hodges (1985), *Preparing for Power. America's Elite Boarding Schools*. New York: Basic Books.

Cutts, Robert L. (1997), *An Empire of Schools. Japan's Universities and the Molding of a National Elite*. Armonk: M.E. Sharp.

Dahl, Robert (1961), *Who Governs? Democracy and Power in an American City*. New Haven: Yale University Press.

— (1964), *Power, Pluralism and Democracy: A Modest Proposal, Vortrag auf der Jahresversammlung der American Political Science Association*, Chicago, 9.–12. September 1964.

— (1982), *Dilemmas of Pluralist Democracy*. New Haven: Yale University Press.

Dahrendorf, Ralf (1961), *Gesellschaft und Freiheit. Zur soziologischen Analyse der Gegenwart*. München: R. Piper & Co.

— (1962), »Eine neue deutsche Oberschicht? Notizen über die Eliten der Bundesrepublik«, in: *Die neue Gesellschaft*, 9, S. 18–31.

— (1965), *Gesellschaft und Demokratie in Deutschland*. München: R. Piper & Co.

— (1972), *Konflikt und Freiheit*. München: R. Piper & Co.

— (1974), *Pfade aus Utopia. Arbeiten zur Theorie und Methode der Soziologie*. München: R. Piper & Co.

— (1987), *Fragmente eines neuen Liberalismus*. Stuttgart: Deutsche Verlags-Anstalt.

Dargie, Charlotte/Locke, Rachel (1999), »The British Senior Civil Service«, in: Page, Edward C./Wright, Vincent (Eds.), *Bureaucratic Élites in Western European States*. Oxford: Oxford University Press, S. 178–204.

Dingeldey, Helmut (1964), »Zur Einführung«, in: Le Bon, Gustave, *Psychologie der Massen*. Stuttgart: Alfred Kröner, S. XIII–XXIII.

Domhoff. G. William (1967), *Who Rules America?* Englewood Cliffs: Prentice-Hall.

— (1971), *The Inner Circles*. New York:Viking.

— (1978), *Who Really Rules? New Haven and Community Power Reexamined*. New Brunswick and London: Transaction Books.

— (Ed.) (1980), *Power Structure Research*. Beverly Hills: Sage.

— (1983), *Who Rules America Now? A View for the '80s*. Englewood Cliffs: Prentice-Hall.

— /Dye, Thomas R. (Eds.) (1987), *Power Elites and Organizations*. Beverly Hills: Sage.

Dreitzel, Hans P. (1962), *Elitebegriff und Sozialstruktur. Eine soziologische Begriffsanalyse*. Stuttgart: Ferdinand Enke.

Dülmen, Richard van (1982), *Entstehung des frühzeitlichen Europa 1550–1648. Bd. 24. Fischers Weltgeschichte*. Frankfurt a.M.: Fischer Verlag: Lizenzauflage (1998), Augsburg: Weltbild Verlag.

Dye, Thomas R. (1976), *Who's Running America?* Englewood Cliffs: Prentice-Hall.
— (1979), *Who's Running America? The Carter Years.* Englewood Cliffs: Prentice-Hall.
— (1983), *Who's Running America? The Reagan Years.* Englewood Cliffs: Prentice-Hall.
— (1985), *Who's Running America? The Conservative Years.* Englewood Cliffs: Prentice-Hall.
— (1990), *Who's Running America? The Bush Era.* Englewood Cliffs: Prentice-Hall.
— (1995), *Who's Running America? The Clinton Years.* Englewood Cliffs: Prentice-Hall.

Edwards, Tony/Fitz, John/Whitty, Geoff (1989), *The State and Private Education: An Evaluation of the Assisted Place Scheme.* London: The Falmer Press.
Eisermann, Gottfried (1987), Vilfredo Pareto. *Ein Klassiker der Soziologie.* Tübingen: Mohr Siebeck.
Euriat, Michel/Thelot, Claude (1995), »Le recrutement social de l'elite scolaire en France«, in: *Revue française de sociologie*, 36, S. 403-438.

Field, G. Lowell/Higley, John (1983), *Eliten und Liberalismus* (übersetzt und eingeleitet von Dieter Claessens). Opladen: Westdeutscher Verlag.
Feldman, Penny Hollander (1988), *Recruiting an Elite.* New York: Garland Publishing.

Giddens, Anthony (1974), »Elites in British Class Structure«, in: Stanworth, Philip/Giddens, Anthony (Eds.), *Elites and Power in British Society.* Cambridge: Cambridge University Press, S. 1–21.
Greene, Howard R. (2000), *Inside the Top Colleges. Realities of Life and Learning in America's Elite Colleges.* New York: Cliff Street Books.

Hamann, Rudolf (1964), *Paretos Elitentheorie und ihre Stellung in der neueren Soziologie.* Stuttgart: Gustav Fischer.
Hartmann, Michael (1990), *Juristen in der Wirtschaft. Eine Elite im Wandel.* München: C.H. Beck.
— (1996), *Topmanager – Die Rekrutierung einer Elite.* Frankfurt a.M.: Campus.
— (1997), »Die Rekrutierung von Topmanagern in Europa. Nationale Bildungssysteme und die Reproduktion der Eliten in Deutschland, Frankreich und Großbritannien«, in: *Archives Européennes de Sociologie*, 38, S. 3–37.
— (1999), »Auf dem Weg zur transnationalen Bourgeoisie? – Die Internationalisierung der Wirtschaft und die Internationalität der Spitzenmanager Deutschlands, Frankreichs, Großbritanniens und der USA«, in: *Leviathan*, 27, S. 113–141.
— (2001a), »Klassenspezifischer Habitus oder exklusive Bildungstitel als Selektionskriterium? Die Besetzung von Spitzenpositionen in der Wirtschaft«, in: Krais,

Beate (Hg.), *An der Spitze. Deutsche Eliten im sozialen Wandel*. Konstanz: UVK, S. 157–215.

— (2001b), »Bildung und andere Privilegien«, in: *Kursbuch 143: Der Neid*. Berlin: Rowohlt: S. 39–53.

— (2002), *Der Mythos von den Leistungseliten. Spitzenkarrieren und soziale Herkunft in Wirtschaft, Politik, Justiz und Wissenschaft.* Frankfurt a. M.: Campus.

— (2003), »Juristen – Abschied aus den Vorständen der Großkonzerne«, in: Machura, Stefan/Ulbrich, Stefan (Hg.), *Recht – Gesellschaft – Kommunikation*. Baden-Baden: Nomos, S. 118–128.

Henwood, Doug (1998), *Wall Street. How it works and for whom*. London/New York: Verso.

Herzog, Dietrich (1975), *Politische Karrieren. Selektion und Professionalisierung politischer Führungsgruppen*. Opladen: Westdeutscher Verlag.

— (1982), *Politische Führungsgruppen*. Darmstadt: Wissenschaftliche Buchgesellschaft.

— (1990), »Der moderne Berufspolitiker. Karrierebedingungen und Funktion in westlichen Demokratien«, in: Wehling, Hans Georg (Red.), *Eliten in der Bundesrepublik*. Stuttgart: Kohlhammer, S. 28–51.

Higley, John/Hoffmann-Lange, Ursula/Kadushin, Charles/Moore, Gwen (1991), »Elite integration in stable democracies: a reconsideration«, in: *European Sociological Review*, 7, S. 35–53.

Hoffmann-Lange, Ursula (1990), *Eliten in der Bundesrepublik Deutschland*. Habilitationsschrift Universität Mannheim. 2 Bde.

— (1991), »West German Elites: Cartel of Anxiety, Power Elite or Responsive Representatives?« in: Hoffmann-Lange, Ursula (Ed.), *Social and Political Structures in West Germany. From Authoritarianism to Postindustrial Democracy*. Boulder: Westview Press, S. 81–104.

— (1992), *Eliten, Macht und Konflikt*. Opladen: Leske + Budrich.

— /Neumann, Helga/Steinkemper, Bärbel (1980), *Konsens und Konflikt zwischen Führungsgruppen in der Bundesrepublik Deutschland*. Frankfurt a. M.: Peter Lang Verlag.

Hohorst, Gerd/Kocka, Jürgen/Ritter, Gerhard A. (1975), *Sozialgeschichtliches Arbeitsbuch. Materialien zur Statistik des Kaiserreichs 1870–1914*. München: C. H. Beck.

Hübner, Peter (1967), *Herrschende Klasse und Elite. Eine Strukturanalyse der Gesellschaftstheorien Moscas und Paretos*. Berlin: Duncker & Humblot.

Ishida, Hiroshi (1993), *Social Mobility in Contemporary Japan. Educational Credentials, Class and the Labour Market in a Cross-National Perspective*. London: McMillan Press.

Kanter, Rosabeth Moss (1996), *Weltklasse: im globalen Wettbewerb lokal triumphieren*. Wien: Ueberreuter.

Keller, Suzanne (1963), *Beyond the Ruling Class. Strategic Elites in Modern Society.* New York: Random House.

— (1968), »Elites«, in: Sills, David L. (Ed.), *International Encyclopedia of the Social Sciences*, Vol. 5. New York: The Macmillan Company & The Free Press, S. 26–29.

Kerbo, Harold R./McKinstry, John A. (1995), *Who Rules Japan? The Inner Circles of Economic and Political Power.* Westport: Praeger.

Kerviel, Sylvie (1991), »Qui devient bachelier?« in: *Le Monde L'EDUCATION*, No. 179: Fevrier 1991, S. 40–44.

Kesler, Jean-François (1997), »L'Enarchie n'existe pas«, in *Pouvoirs. Revue Francaise d'etudes constitutionelles et politiques*, 80, S. 23–41.

Kornhauser, William (1959), *The Politics of Mass Society.* New York: Free Press of Glencoe.

Krais, Beate (2001), »Die Spitzen der Gesellschaft. Theoretische Überlegungen«, in: Krais, Beate (Hg.), *An der Spitze. Deutsche Eliten im sozialen Wandel.* Konstanz: UVK, S. 7–62.

— /Gebauer, Gunter (2002), *Habitus*. Bielefeld: transcript Verlag.

Krugman, Paul (2002), »For Richer«. *The New York Times*, October 20th.

Lasswell, Harold D. (1934), *World Politics and Personal Insecurity.* Chicago: University of Chicago Press.

— (1936), *Politics: Who Gets What, When and How.* New York: Mc Graw-Hill.

— (1948), *Power and Personality.* New York: W.W. Norton.

— /Kaplan, Abraham (1950), *Power and Society, A Framework for Political Inquiry.* New Haven: Yale University Press.

— /Lerner, Daniel (1965), *World Revolutionary Elites. Studies in Coercive Ideological Movements.* Cambridge. Mass.: MIT Press.

Le Bon, Gustave, (1895), *Psychologie des foules.* Paris: Alcan; dt. *Psychologie der Massen.* Stuttgart: Alfred Kröner, 1964.

Leif, Thomas/Speth, Rudolf (2003), *Die stille Macht. Lobbyismus in Deutschland.* Opladen: Westdeutscher Verlag.

Lerner, Robert/Nagai, Althea K./Rothman, Stanley (1996), *American Elites.* New Haven and London: Yale University Press.

Levy, Alan H. (1990), *Elite Education and the Private School. Excellence and Arrogance at Phillips Exeter Academy.* Lewiston: Edwin Mellen Press.

Mann, Michael (1990), *Geschichte der Macht. Bd. 1: Von den Anfängen bis zur Griechischen Antike.* Frankfurt/M.: Campus.

— (1991), *Geschichte der Macht. Bd. 2: Vom römischen Reich bis zum Vorabend der Industrialisierung.* Frankfurt/M.: Campus.

Mannheim, Karl (1935), *Mensch und Gesellschaft im Zeitalter des Umbaus.* Leiden: Erweiterte Auflage. Bad Homburg v.d.H.: Verlag Gehlen, 1967.

Marceau, Jane (1977) *Class and Status in France. Economic Change and Social Immobility 1945–1975*. Oxford: Oxford University Press.

— (1989a), *A Family Business? The Making of an International Business Elite*. Cambridge: Cambridge University Press.

— (1989b), »International Management and the Class Structure«, in: Clegg, Stewart R. (Ed.), *Organization Theory and Class Analysis: New Approaches and New Issues*. Berlin: De Gruyter.

Michels, Robert (1911), *Zur Soziologie des Parteiwesens in der modernen Demokratie. Untersuchungen über die oligarchischen Tendenzen des Gruppenlebens*. Leipzig: Verlag Werner Klinkhardt.

— (1908), »Die oligarchischen Tendenzen in der modernen Gesellschaft. Ein Beitrag zum Problem der Demokratie«, in: *Archiv für Sozialwissenschaft und Sozialpolitik*, 27, S. 73–135. Wiederabdruck: in: Röhrich, Wilfried (1975) (Hg.), *»Demokratische« Elitenherrschaft. Traditionsbestände eines sozialwissenschaftlichen Problems*. Darmstadt: Wissenschaftliche Buchgesellschaft, S. 47–116.

Mills, C. Wright (1956), *The Power Elite*. New York: Oxford University Press: dt. *Die amerikanische Elite. Gesellschaft und Macht in den Vereinigten Staaten* (übersetzt von Hans Stern, Heinz Neunes und Bernt Engelmann). Hamburg: Holsten-Verlag, 1962.

— (1958), »The Structure of Power in American Society«, in: *The British Journal of Sociology*, 9, S. 29–41. dt. »Die Machtstruktur in der Amerikanischen Gesellschaft«, in: Röhrich, Wilfried (Hg.) (1975), *»Demokratische« Elitenherrschaft. Traditionsbestände eines sozialwissenschaftlichen Problems.* Darmstadt: Wissenschaftliche Buchgesellschaft, S. 267–286.

Mosca, Gaetano (1896), *Elementi di Scienza Politica*. Turin: Bocca (erweiterte Auflage 1923): dt. *Die herrschende Klasse* (übersetzt von Franz Borkenau). München: Leo Lehnen Verlag, 1950.

Mougel, Francois-Charles (1990), *Élites et système de pouvoir en Grande-Bretagne 1945–1987*. Bordeaux: Presses Universitaires de Bordeaux.

Palmade, Guy (1975) *Das bürgerliche Zeitalter. Bd. 27. Fischers Weltgeschichte*. Frankfurt a. M.: Fischer Verlag: Lizenzauflage (1998), Augsburg: Weltbild Verlag.

Pareto, Vilfredo (1916), *Trattato di Sociologia generale*. 2 Bde. Florenz: Barbera: dt. in Auszügen: *Allgemeine Soziologie* (ausgewählt, eingeleitet und übersetzt von Carl Brinkmann). Tübingen: J.C.B. Mohr (Paul Siebeck), 1955. *Paretos System der Allgemeinen Soziologie* (Einleitung, Übersetzung und Anmerkungen von Gottfried Eisermann). Stuttgart: Ferdinand Enke, 1962.

— (1935), *The Mind and Society. A Treatise on General Sociology*. (4 Bde.) (übersetzt von Andrew Bongiorno and Arthur Livingston). New York: Dover Publications.

Parsons, Talcott (1959), »General Theory in Sociology«, in: Merton, Robert K./Broom, Leonard/Cottrell, Leonard S. Jr. (Eds.), *Sociology Today. Problems and Prospects*, New York: Basic Books: 3–38.

Parsons, Talcott/Smelser, Neil J. (1956), *Economy and Society*. London: Routledge & Kegan.

Phillips, Kevin (2002), *Wealth and Democracy. A Political History of the American Rich*. New York: Broadway Books. dt. *Die amerikanische Geldaristokratie. Eine politische Geschichte des Reichtums in den USA*. Frankfurt a. M.: Campus 2003.

Rebenstorf, Hilke (1995), *Die politische Klasse. Zur Entstehung und Reproduktion einer Funktionselite*. Frankfurt a. M.: Campus.

Riesman, David (1953), *The Lonely Crowd*. New York: Doubleday.

Röhrich, Wilfried (Hg.) (1975), *Demokratische Elitenherrschaft. Traditionsbestände eines sozialwissenschaftlichen Problems*. Darmstadt: Wissenschaftliche Buchgesellschaft.

Rohlen, Thomas P. (1983), *Japan's High Schools*. Berkeley: University of California Press.

Romano, Ruggiero/Tenenti, Alberto (1967), *Die Grundlegung der modernen Welt. Bd. 12. Fischers Weltgeschichte*. Frankfurt a. M.: Fischer: Lizenzauflage (1998), Augsburg: Weltbild Verlag.

Rothacher, Albrecht (1993), *The Japanese Power Elite*. London: McMillan Press.

Roulin-Lefebvre, Valérie/Esquieu, Paul (1992), *L'origine sociale des étudiants (1960–1990). NOTE d'INFORMATION 92.39.*

Rouban, Luc (1999), »The Senior Civil Service in France«, in: Page, Edward C./ Wright, Vincent (Eds.), *Bureaucratic Élites in Western European States*. Oxford: Oxford University Press, S. 65–89.

Saint Martin, Monique de (1993), *L'espace de la noblesse*. Paris: Éditions Métailié: dt. *Der Adel. Soziologie eines Standes* (übersetzt von Jörg Ohnacker). Konstanz: UVK 1993.

Schnapp, Kai-Uwe (1997a), »Soziale Zusammensetzung von Elite und Bevölkerung – Verteilung von Aufstiegschancen in die Elite im Zeitvergleich«, in: Bürklin, Wilhelm/Rebenstorf, Hilke u. a. (1997), *Eliten in Deutschland. Rekrutierung und Integration*. Opladen: Leske + Budrich, S. 69–99.

— (1997b), »Soziodemographische Merkmale der bundesdeutschen Eliten«, in: Bürklin, Wilhelm/Rebenstorf, Hilke u. a.(1997), *Eliten in Deutschland. Rekrutierung und Integration*. Opladen: Leske + Budrich, S. 101–121.

Scott, John (1991), *Who Rules Britain?* Cambridge: Polity Press.

Sklair, Leslie (2001), *The Transnational Capitalist Class*. Oxford: Blackwell Publishers.

Stammer, Otto (1965a), »Das Elitenproblem in der Demokratie«, in: Stammer, Otto, *Politische Soziologie und Demokratieforschung. Ausgewählte Reden und Aufsätze zur Soziologie und Politik*. Berlin: Duncker & Humblot, S. 63–90.

— (1965b), »Zum Elitenbegriff in der Demokratieforschung«, in: Stammer, Otto, Politische *Soziologie und Demokratieforschung. Ausgewählte Reden und Aufsätze zur Soziologie und Politik*. Berlin: Duncker & Humblot, S. 169–182.

— (1969), »Elite und Elitenbildung«, in: Bernsdorf, Wilhelm (Hg.), *Wörterbuch der Soziologie*. Stuttgart: Ferdinand Enke, S. 217–220.

Suleiman, Ezra (1997), »Les élites de l'administration et de la politique dans la France de la V. République: Homogénéité, puissance, permanence«, in: Suleiman, Ezra/ Mendras, Henri (Eds.), *Le recrutement des élites en Europe*. Paris: Éditions La Découverte, S. 19–47.

Treiman, Donald J. (1977), *Occupational Prestige in Comparative Perspective*. New York: Academic Press.

Wehler, Hans-Ulrich (1995), *Deutsche Gesellschaftsgeschichte. Dritter Band: Von der »Deutschen Doppelrevolution« bis zum Beginn des Ersten Weltkrieges*. München: C.H. Beck.

Werner, Welf (2003), »Zurück in die Zeit des Great Gatsby? Änderungen in der amerikanischen Einkommensverteilung im späten 20. Jahrhundert«, in: Fluck, Winfried/Werner, Welf (Hg.), *Wieviel Ungleichheit verträgt die Demokratie? Armut und Reichtum in den USA*. Frankfurt a.M.: Campus, S. 23–46.

Wildenmann, Rudolf/Kaase, Max/Hoffmann-Lange, Ursula/Kutteroff, Albrecht/ Wolf, Gunter (1982), *Führungsschicht in der Bundesrepublik Deutschland*. Mannheim.

Zapf, Wolfgang (1965a), *Wandlungen der deutschen Elite*. München: R. Piper & Co.

— (1965b), »Führungsgruppen in West- und Ostdeutschland«, in: Zapf, Wolfgang (Hg.), *Beiträge zur Analyse der deutschen Oberschicht*. München: R. Piper & Co., S. 9–29.

— (1965c), »Die deutschen Manager. Sozialprofil und Karriereweg«. in: Zapf, Wolfgang (Hg.), *Beiträge zur Analyse der deutschen Oberschicht*. München: R. Piper & Co., S. 136–149.

— (Hg.) (1971): *Theorien des sozialen Wandels*. Köln: Kiepenheuer & Witsch.

Register